故事成語教材考

樋口敦士【著】
Higuchi Atsushi

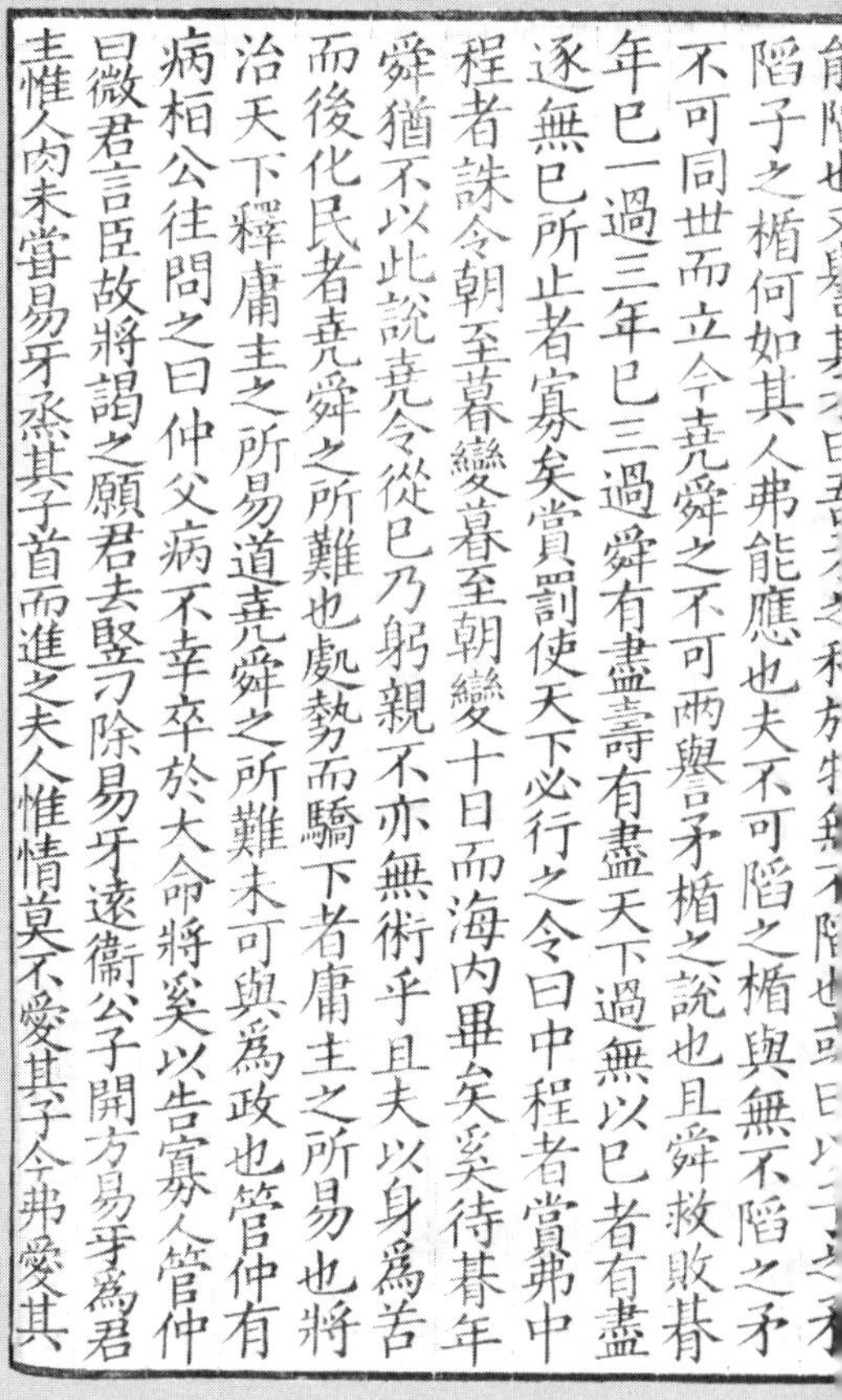
能陷也又譽其矛曰吾矛之利於物無不陷也或曰以子之矛
陷子之楯何如其人弗能應也夫不可陷之楯與無不陷之矛
不可同世而立今堯舜之不可兩譽矛楯之說也且舜救敗朞
年已一過三年已三過舜有盡壽有盡天下過無已者有盡
逐無已所止者寡矣賞罰使天下必行之令曰中程者賞弗中
程者誅令朝至暮變暮至朝變十日而海內畢矣奚待朞年
舜猶不以此說堯令從己乃躬親不亦無術乎且夫以身爲苦
而後化民者堯舜之所難也處勢而驕下者庸主之所易也將
治天下釋庸主之所易道堯舜之所難未可與爲政也管仲有
病桓公往問之曰仲父病不幸卒於大命將奚以告寡人管仲
曰微君言臣故將謁之願君去豎刁除易牙遠衛公子開方易牙爲君
主惟人肉未嘗易牙烝其子首而進之夫人惟情莫不愛其子今弗愛其

文学通信

「故事成語教材考」目次

序章

「故事成語」の教材観
――漢文教材の魅力を伝えるために――

一　国語教材としての「故事成語」

本書は高等学校で取り扱う「故事成語」の定番教材について国語教育的観点に照らして考察を加えた論考である。一般的に「故事成語」と言えば、中国古典の寓話を典拠としており、今日でも日常生活に密着した漢文素材であることは改めて述べるまでもない。これまで筆者は教科用指導書、副教材、問題集などの執筆や校閲に積極的に携わってきた。各社の教科書における「故事成語」単元の採録状況については大同小異であり、その指導内容も由来の解説に焦点を置いた画一的な体裁であることに、幾分かの物足りなさを感じていた。そもそも「蛇足」、「矛盾」、「五十歩百歩」といった「故事成語」は、高校生にとって既知である場合も多く、授業の現場で教材として取り扱ったところで学習者に新鮮な感動を与えるとは考えにくい。すでに定番化した「故事成語」について言語の習得に加えて、生徒の興味関心を深めるためにはその関連教材や指導方法についての見直しが求められる。中国古典に由来する「故事成語」ではあるが、中学校や高等学校の国語教育の中で漢文教材を取り扱う以上、わが国における受容状況といった観点は必須のことになるものと思われる。

　改めて国語教育の観点に照らせば、「故事成語」は従来知識教養の中に位置づけられており、これらを対象とした本格的な教材研究や実践報告はなされてこなかった感がある。総じて漢文教材と言えば、思想、史伝、詩文の三つの分野を柱として構成されており、上記の各分野にはそれぞれすでに優れた先行研究がある。これに対し、「故事成語」は学習者に漢文への親しみを持たせるための入門期の導入教材としての位置づけであり、伝統的な言語文化の一翼を担う名目程度に扱われてきた状況がうかがえる。つまり、「故事成語」はあくまで知識・技能の習得を目指す単元に過ぎないのであって、思考を通して新たな知見を生み出す発展的な役割までは期待されてこなかったのである。ただ、こうした従来型の指導方法では学習者の目には「故事成語」が魅力的に映るはずがない。中国古典から誕生した珠玉の名句である「故事成語」は言語感覚を深めるうえで重要であり、ひいては漢文教育の必要性の糸口となるものと思われる。

　そもそも中国古典由来の「故事成語」はわが国で誕生した「世話（せわ）」や「俚諺（りげん）」の類とは大きくその性格を異にしている。特筆すべきこととして、前者には成語誕生に伴う歴史的背景が包括されている点がある。たとえば、江戸カルタの「犬も歩けば棒に当たる」、「論より証拠」、「花より団子」などについては、その内容はすでに簡潔な言い切りの形で示されており、言語的な深みを味わうことまで想定されたものではない。従って、わが国の俚諺を援用する場合には、その成立過程においてどのような事情があったのか想像を巡らすことはない。

　これに対して、多くの場合「故事成語」は歴史的背景を踏まえた一場面において著名人の言葉によって紡（つむ）ぎ出されたものであり、「言葉」と「歴史」が直結しているものと結論づけられるのである。「温故知新」、「漁父（ぎょふ）の利」、「水魚（すいぎょ）の交わり」などをはじめとする「故事成語」については典拠が明確なことから、誰がどのような状況下で発した言葉なのか詳細に現在まで伝わっている。その一方で、このように親しまれた「故事成語」でありながら、わが国での受容状況についてはこれまであまり重視されてはこなかった。例えば、『韓非子』「難一編」で語られた「矛盾説」がわが国では近代になってある人物の読み誤りにより「ホコトン」の俗語が誕生して大流行した事例、また『戦国策』「楚策」に典拠をもつ「狐借虎威（狐、虎の威を借る）」がわが国では江戸時代に「虎の威を借る狐」などとその言い回しに変容が生じた事例、さらに『淮南子』「人間訓」に由来する「塞翁失馬」の四字熟語の形で使用され続けていたものが、わが国では典拠も不明瞭な禅僧の頌句の一節「人間万事塞翁が馬」の伝来に伴い、後者が現在に至るまで人口に膾炙されてきた事例からも「故事成語」が独自の発展を遂げてきた点はもっと注目を受けてもよいだろう。本書ではこの観点に照らし、日本語としての「故事成語」の実態解明に重点を置いている。

二　近年の学習指導要領と古典科目

平成二十六年（二〇一四）十一月に、文部科学大臣下村博文は中央教育審議会に対して「初等中等教育における教育課程の基準等の在り方について」を諮問した。そこでは、ある事柄に関する知識の伝達だけに偏らず、学ぶことと社会とのつながりを意識した教育により、子どもたちがそのプロセスを通じて、基礎的な知識・技能を習得するとともに、実社会や実生活の中で自ら課題を発見し、その解決に向けて主体的・協働的に探究し、学びの成果等を表現し、さらに実践に生かしていけるようにすることが重要であるという視点が盛り込まれている。そのために必要な力を子どもたちに育むうえで、「何を教えるか」という知識の質や量の改善はもちろんのこと、「どのように学ぶか」といった学びの質や深まりを重視することが必要であり、課題の発見と解決に向けて主体的・協働的に学ぶ学習（「アクティブ・ラーニング」）及び、そのための指導の方法等を充実させていく必要があること、こうした学習・指導方法は知識・技能を定着させるうえでも子どもたちの学習意欲を高めるうえでも効果的であることがこれまでの実践の成果から指摘されている。具体的には学習指導要領等の改訂に関する議論を通して指導法を一定の型にはめることで教育の質の改善のための取り組みがなされる一方で、狭い意味での授業の方法や技術の改善に終始するのではないかといった懸念の声もあげられた。平成二十八年（二〇一六）十二月の中教審答申では、よりよい学校教育を通じてよりよい社会を創るという目標を学校と社会が共有し、連携・協働しながら、新しい時代に求められる資質・能力を子どもたちに育む「社会に開かれた教育課程」の実現を目指し、学習指導要領等が学校、家庭、地域の関係者が幅広く共有し活用できる「学びの地図」としての役割を果たすべく、その枠組みを改善するとともに、各学校において教育課程を軸に学校教育の改善・充実の好循環を生み出す「カリキュラム・マネジメント」の実現を目指すことなどが求められた。「アクティブ・ラーニング」については、子どもたちの「主体的・対話的で深い学び」を実現するために共有すべき授業改善の視点として、その位置づけを明確にすることとした。このような潮流の中で、中等教育機関における国語科指導は大きな変革が迫られている。

かくして平成二十九年（二〇一七）三月告示「小学校・中学校学習指導要領」、平成三十年（二〇一八）三月告示「高等学校学習指導要領」においては前年の中教審答申「主体的・対話的で深い学びの実現」の一項が盛り込まれることとなった。その一方で、平成十七年（二〇〇五）「教育課程実施状況調査（高等学校）」（国立教育政策研究所）において古文・漢文に苦手意識を持つ生徒が七割にものぼる実態が明らかとなり、古典科目の取り扱いに関して具体的に検討すべき課題が浮かびあがった。このような流れを受けて、古典科目の教育的意義について各方面からの検討が進められた。今回の学習指導要領改訂において、やはり特筆すべきこととして「現代文分野」と「古典分野」の垣根が取り払われるという六十年ぶりの大きな変革である点があげられる。学習者の古典に対する苦手意識といった現状に鑑み、これを既存の枠にとどめず現代文との有機的な関連を持たせることで、伝統的な言語文化として「ことばが持つ価値」への気づきをねらったものであると考えられる。

現行の高等学校学習指導要領が施行された令和四年（二〇二二）度より、従来の古典分野は一学年では新科目「言語文化」、翌五年（二〇二三）度より二学年以上では「古典探究」の中で取り扱われる形となった。今回の改訂により評価においても「知識・技能」、「思考・判断・表現等」、「学びに向かう力、人間性等」の三つの柱が提示された。従来の古典教育もこうした時代の流れに合わせて教材観を見直す時期が来ている。本書で取りあげる中国古典由来の「故事成語」は「知識・技能」に焦点が置かれる傾向にあり、「思考・判断・表現等」の観点から取り扱われることは少ないものと考えられる。つまり、具体的な指導案では「故事成語」の語源と意味を解説したうえで、どのような場面で当該成語が用いられるか発問するといった授業展開が計画されることがほとんどではないだろうか。そのため、漢文入門期においてゆっくりと時間をかけて「故事成語」教材を見つめる授業計画案の報告は少ない。

遡ると、前々回平成二十年及び二十一年（二〇〇八・二〇〇九）告示の学習指導要領に「伝統的な言語文化と国語の特質に関する事項」の観点が独立して盛り込まれたことにより小・中・高と長期的なスパンで古典習得が目指されることとなった。さらに、平成三十年（二〇一八）三月告示の高等学校学習指導要領において「言語文化」が新科目として初めて登場し、令和四年（二〇二二）度入学生より実施された。つまり、この「言語文化」の新設によって古文・漢文と近現代の詩・小説が同一科目として取り扱われるのである。旧課程の「国語総合」では一つの科目名とはなっているものの、実態として「現代文分野」と「古典分野」の截然（せつぜん）とした区分がなされていた。令和四年（二〇二二）度の旧課程「国語総合」の廃止に伴い、新課程では「現代の国語」と「言語文化」の二科目が新設されるという大改編がおこなわれた。前者は評論文・実用文を指導の対象とし、後者は古文・漢文・小説・詩などの伝統文化教材を取り扱うといった区分の変化は現場にも少なからぬ混乱をもたらした。新設科目「言語文化」の教科書作成に向けて各教科書会社は試行錯誤を重ね、高等学校に向けて創意工夫を凝らした見本を届けた。しかし、いざ蓋を開けてみると、新課程仕様の教科書よりも旧課程「国語総合」の体裁にとどめたものに多くの採択が集まったことが問題視され、国語教育改革が混迷の度を深めた実態も浮き彫りとなった。この「言語文化」の新設により、表向きは古典教材の教育的意義が重視される形となったが、限られた授業時間数の中では取り扱う単元に優先順位をつけざるを得ない。裏を返せば、現代文分野と古典分野の混在が可視化され、授業の現場においてどちらの文体に重点を置いて指導するかは最終的には教員側の裁量にゆだねられた。総体的には古典科目の授業時間数の減少を余儀なくされる可能性も懸念されるところである。この限られた配当時間の中で、漢文の導入期教材たる「故事成語」を取り扱う時間は至ってわずかなものとなる。国語教員が「伝統的な言語文化」に照らしながら漢文教材の魅力を伝えるためにも教材観や指導法を改めて見直す時期が来ていることは言うまでもない。

三　近世までの「故事成語」観

中国古典由来の「故事成語」は先秦時代から漢代にかけて『論語』、『孟子』、『荘子』といった思想書並びに『史記』、『戦国策』、『漢書』といった歴史書の中で誕生し、唐宋時代には『芸文類聚(げいもんるいじゅう)』、『太平御覧(たいへいぎょらん)』、『古今事文類聚(ここんじぶんるいじゅう)』などの類書の登場によって用語としてまとめられたほか、多くの詩文作品にも詠まれた。さらに、著名人物の故事逸話集には唐代李瀚(りかん)の幼学書『蒙求(もうぎゅう)』があり、その表題は四字句の韻語で構成されている点に特徴がある。わが国において『蒙求』は平安時代にはすでに伝わっており、「勧学院の雀は蒙求を囀る」といった成語が人口に膾炙されるとともに、「蛍雪の功」、「白眼視」、「枕流漱石」などの用語を幅広く伝えた功績は大きい。わが国では鎌倉時代に源光行『蒙求和歌』、室町時代に清原宣賢『蒙求聴塵』、江戸時代には宇都宮遯庵『蒙求詳説』、毛利貞斎『故事俚諺絵鈔』、細合半斎『韓本蒙求』、岡白駒『箋注蒙求』、亀田鵬斎『旧注蒙求』、林述斎『古本蒙求』、田興甫『蒙求国字解』など、後世多くの注釈書や関連書籍が世に問われた。

一方の中国では、宋明代に様々な分野のキーワードを見出しに取った故事集が現れた。胡継宗『書言故事大全』、鄭以偉『金璧故事』、程允升『雅俗故事読本』、張瑞図『日記故事大全』、汪廷訥『勧懲故事』など「故事」を冠する書籍に加えて、明代には楊慎『古今諺』や『風雅逸編』、清代には翟灝『通俗編』など後続書籍は枚挙に暇がない。歴史的故事を通じて知識を獲得せんとする中国文化の叡智が結実する形となった。中国古典文学者の長澤規矩也はこうした成語集の隆盛について次のように語っている。

> 故事とは、昔あつた事柄であるが、それからある意味の言葉が出来て、之を文中に用ひると、表現が非常に簡略に済むので、古来彼我に使はれ、宋元の頃は、蒙求といふ一書が弘く使はれたが、わが室町時代から江戸時代にかけて、蒙求はもとより、その続撰の書、更に明代に俗用された、明人編纂の故事熟語解説の漢籍が、特に江戸時代には流行し、文章を作撰するときの参考書として、又、古典を理解するときの必読書として流通した。
>
> （『和刻本類書集成　第三輯』「解題」）

この明代には「故事成語」を書名に冠した丘瓊山『新鐫詳解丘瓊山故事必読成語考』の登場を見る。丘濬（瓊山）は広東省瓊山県出身の朱子学者で字は仲深。早くに父を亡くして家は貧しかったが、苦学の末に景泰五年（一四五四）の進士で文淵閣大学士に至ったとのことである（『明史』巻百八十一「列伝第六十九」）。前掲書で長澤は現存する伝本について明末清初の坊刻本を復刻したものであり、丘氏の名も仮託されたものと推測している。わが国では天和二年（一六八二）に中島義方（浮山）の訓点、寛政三年（一七九一）に三宅元信の訓点により刊行された。天和版に序文を寄せた紀伊和歌山藩儒荒川天散には次のように丘瓊山の偉業を讃えている。

> 夫レ学者トハ所三以ニシテ得ル二斯ノ道ヲ於身ニ一而文者トハ亦タ所下以載テ二斯ノ道ヲ一而伝ヘ二之ヲ於人ニ一達スル中之ヲ於悠久ニ上也。故ニ学テレ道ヲ而不ルハレ能ハレ為ルコトレ文ヲ、猶ヲシ下識テ二于心ニ一而口不ルカ上レ能ハレ言フ焉。文之於ルレ道ニ也、不ニ亦タ関係スルコト之大ナラ一乎。明ノ丘瓊山氏ノ所ロノレ作ル故事成語考ノ一巻ハ蓋シ為ニシテ二童蒙学フレ作ルコトヲレ文ヲ者ノ一而作レリ也。其ノ為ルレ書ヲ也大ニシテ而自リ二堪輿歳時一小ニシテ而至マテ二于人事技芸之末ニ一博ク摘テ二諸書ノ成語ヲ一為メニ之カ訓釈ヲ一使シテ（ママ）ムルナリ下乙児輩ノ欲スルレ識ント二成語ヲ一者ヲ上一ヒ覧テ便チ尽サ甲矣。寔ニ童蒙学フレ文ヲ之一筌蹄也。顧フニ夫レ文之於ケルレ道ニ所ロノレ関ル已ニ大ニシテ而此ノ書之於ケルレ文ニ亦タ有ルトキハレ功ニ於童蒙ニ一則チ此ノ書之於ケルレ道ニ也、亦タ不レ可カラレ謂フ三之ヲ無ト二小ク補ヒ一焉。苟モ其ノ所ロノレ業トスル亦タ不シテ三徒ニ止ラ二於此ニ一而旁ク及シテ二之ヲ五車万軸之博キ神経鬼牒之秘ニ一以テ至テハ二于胸中ニ一具二在スルニ自然之成語ヲ一則チ存スル二乎其ノ人ニ一而已矣。

天散はここで「学」とは「斯道（儒学）」を身につける方法であり、「文」とは「斯道（儒学）」を盛り込んで遥か後世の人々に伝える方法である点を踏まえつつ、『故事必読成語考』が童蒙の学習に大いに資するものであることを力説する。翻ってわが国では平安時代前期の藤原佐世『日本国見在書目録』からは『晏子春秋』や『世説新語』などの逸話集が伝わっていた状況は明らかであり、その後、源為憲により『世俗諺文』の形で「故事成語」がまとめられた。こちらは現在上巻のみ現存し、残念ながら全貌を摑むことができないが、当時においても「故事成語」への関心の高さをうかがい知ることができる。鎌倉時代には藤原良経『玉函秘抄』、藤原孝範『明文抄』、菅原為長『管蠡抄』・『文鳳抄』、編者未詳『塵袋』、室町時代には『壒嚢鈔』、『下学集』、『拾芥抄』、『運歩色葉集』、『文明本節用集』、『温故知新書』などの辞書類が陸続と現れた。江戸時代にも各種の『節用集』が刊行されたほか、皆虚『世話焼草』、蔀遊燕『漢語大和故事』、貝原好古『諺草』、井沢蟠龍『本朝俚諺』など書名に「世話」、「故事」、「俚諺」を冠した書籍も多く世に問われ、いずれも中国古典由来の「故事成語」とわが国で誕生した「世話」、「俚諺」を分け隔てなく収録している。「故事成語」がわが国で親しまれた証左であり、識字率の上昇とともに成語への関心が高まったことは容易に想像がつく。その一方で江戸時代を通じて体系的な成語研究の形跡は見られない。

四　近代以降の「故事成語」観

近代になってわが国における成語研究の少なさを指摘した哲学者大西祝は明治三十年（一八九七）一月に発行された雑誌『太陽』第三巻第二号に掲載した「俚諺論其一」において東西諸国の金言名句が俗諺俚語から採用されたものは少なくないとして次のように述べている。

「古き智恵の破片にして、其の簡約且適確なるの故を以て、なべての物の瓦解破滅の中に能く保存せられたるものなり」とアリストテレースの曰へりし如く、現在人口に膾炙する俚諺の中種々なる時勢の変遷と制度の頽廃とを経過したるもの数多あり。人は死し国は亡びたるも、其の俚諺はこれと共に死せず、千百年の後尚能く其の活気を保てり。一国民の俚諺は其の貴重すべく保存すべき国宝の一なりと云ふも過言にはあらじ。国民の資質、才智、精神を其の俚諺に認むるを得とベーコンの云へりしは宜なるかな。其の編述如何に粗笨なるものにはあれ、貝原益軒が「諺草」を編みたるの見識は彼れが尋常一様の儒者にあらざりしを示すに足る。俚諺の淵源、来歴、種類、比較、及び其の含蓄する教訓を考ふるはいと興味ある研究なり。其の一見殊更に考ふべきことの無きが如くにして、少しく其が考究を進めゆかば其の趣味の津々たる、思ひ半ばに過ぐるものあるは、トレンチの一小冊を繙読しても明かなるべし（Trench, Proverbs and their Lessons）。我が国にては未だ這般研究の結果を伝ふる書冊のあらざるは遺憾のことなり。啻に俚諺に籠もれるの詩趣と教訓と及びそが歴史と比較との攷究をなせるもの無きのみならず、我が古来の諺の悉くとは云ひ得べからざるも其の多くを蒐（＊あつ）めたる俚諺集と称すべきほどのものさへも無きは、我が現時の文学上の一大欠点ならずや。

大西博士がここで述べている「俚諺」とはわが国に伝わる「俚諺」のみならず、長年親しまれてきた「故事成語」を含んでおり、中国古典由来の「百聞一見に如かず」についても「わが国の俚諺となるものと見て可なるべし」と明言する。続く「俚諺論其二」では、狭義の諺といえば、「或種類の教訓、警戒、諷刺、又其の他の諸種の観察経験に成れる智識を言ひ表はせるもの、約言すれば吾人の生活に関する実際的真理を発表せんことを目的とせるものの謂ひなり」と述べたうえで、その特性として「誇張を喜ぶと同じ理由を以て俚諺は一見まことしやかならぬ言句（パラドックス）を用うるを喜ぶ。此の種の諺に深く味ふべきもの少なからず」とその魅力を語っている。ただ、こうした俚諺を国宝としながらも、そのまとまった研究がこれまでなされていなかった点を指摘する。「一国民の言ひ慣れたる俚諺の内容を深く研究すれば、其の国民の歴史、気質、風俗、人情、学術、宗教、社会制度等其の一切の生活と其の生活の理想とに就いて発見する所多々あるべし」と研究の意義に触れながら、その採集につとめる決意で締めくくっている。国文学者の藤井乙男（ふじいおとお）は『俗諺論（ぞくげんろん）』（明治三十九年〈一九〇六〉）で各国の俚諺の特性について触れながら、中国古典由来の「故事成語」を次のように評している。

支那の諺は、質実沈重の気に富み、浮世の辛酸を嘗め尽くせる老人の、児孫を訓戒するが如く、身を守り世に処して過なきに庶幾しと雖も、勇往進取の意気欠如し、乾坤一擲の壮語なく、開口嚎笑の快味なし。古より政治上、社会上共に労苦多く、愉楽少なかりし人民は、物の長所、美所を観ずしてその短所、弱点をのみ認むるより、その観察おのづから鋭利沈痛にして、白眼世上を見るの趣なき能はず。（「諺の比較及び地方的特色」）

ここでは厭世的な雰囲気が「故事成語」に漂っていると述べているが、果たしてこのように断言できるものだろうか。いずれにせよ、わが国では多くの成語が愛好され、様々な状況下において使用されてきた経緯がある。大正時代には、教育学者谷本富が京都の尋常小学校において諺を用いた教育実践をおこなっている（「諺の教育的研究」『芸文』第四年一号）。このように明治以降は単なる俚諺俗語としての扱いから昇格し、西洋の名言とも比較しようとする動きも垣間見られる。かくして明治末期には池田四郎次郎『故事熟語辞典』、簡野道明『故事成語大辞典』、藤井乙男『諺語大辞典』、山崎弓束『漢和故事成語海』など大部の成語辞典類も現れた。こうした「故事成語」の概説書は受験参考書のみならず、むしろ一般教養書として現代まで版を重ねている。近年では駒田信二『中国の故事名言』（ベストセラーズ　一九七二）、藤堂明保『中国名言集』（朝日新聞社　一九七四）、飯塚朗『中国故事』（角川書店　一九七四）・『故事遍歴　中国成語集』（時事通信社　一九八二）、大石智良『故事と成語』（さ・え・ら書房　一九七八）、陳舜臣『弥縫録　中国名言集』（読売新聞社　一九八〇）、合山究『故事成語』（講談社　一九九一）、多久弘一『故事成語で中国史を読む』（筑摩書房　二〇〇八）、陳力衛『日本の諺・中国の諺――両国の文化の違いを知る――』（明治書院　二〇〇八）、草森紳一『古人に学ぶ中国名言集』（河出書房新社　二〇一〇）、松本肇『故事成語の知恵』（日本経済新聞社　二〇一一）、小林祥次郎『日本語のなかの中国故事』（勉誠出版　二〇一七）、阿部幸信『中国史で読み解く故事成語』（山川出版社　二〇二一）などが刊行され、中国古典に由来する「故事成語」がわが国でいかに愛されてきたかを物語っている。ただ、こうした書籍は「故事成語」の由来と意味に重点が置かれ、日常生活での用途に着目している点に工夫が見られるものの、中身は大同小異である。いずれも語源（発言者とその時代背景）に説明が割かれており、受容の過程でどのような言語的変容がなされたのかその軌跡に迫ったものは少ない。その中で、湯浅邦弘『故事成語の誕生と変容』（角川書店　二〇一〇）は、成語受容を考えるうえで、大変示唆に富むものである。「杞憂」、「出藍の誉れ」、「朝三暮四」などの「故事成語」の受容において唐代の『芸文類聚』や宋代の『太平御覧』といった唐宋以降の類書の存在が不可欠であることが明確に示されており、その点では大変画期的な書籍であるが、残念ながらわが国の用例にはほとんど言及されてはいない。中国古典由来の「故事成語」がわが国に伝わって根を張り、どのような発展を遂げたのかを知ることは、言語観の涵養にも大いに資するものとなるだろう。

五　現代中国の「故事成語」観

現代中国では「故事成語」はどのような分類がなされているのだろうか。昭和五十八年（一九八三）十一月発行の陳浦清『中国古代寓言史』（湖南教育出版社）では、その時代や特性に照らして「故事成語」を以下のように五つに区分している。

㈠先秦寓言…秦代以前は古代寓言が多く作られて発展した黄金時代であり、哲学や政治主張を盛り込んだ性質を持っている。これを「哲理寓言」と言う。

㈡両漢寓言…前漢・後漢は帝国時代の長久を案じた時期であり、先秦時代を踏襲して政治・生活上の経験を踏まえた勧戒の性質を持っている。これを「勧戒寓言」と言う。

㈢魏晋南北朝寓言…中国史上における明らかな転換期であり、哲学・文学・芸術上のあらゆる面で過渡期な役割を果たしている。

㊃唐宋寓言…唐宋時代は古代中国の寓言創作における第二高潮期に当たり、この時期のものは風刺性が強く哲学性が弱いものが多く見られる。これを「風刺寓言（ふうしぐうげん）」と言う。

㊄元明清寓言…元代以降の寓言には冷嘲熱諷的で笑話的な性質のものが多く見られる。これを「詼諧寓言（かいかいぐうげん）」と言う。

上記から「故事成語」は時代によってその特性が変遷している状況がうかがえる。本書では漢文の定番教材における「故事成語」を取り扱う観点から、㊀先秦時代の「哲理寓言」と㊁両漢時代の「勧戒寓言」をその対象としている。我々が日常的に親しんでいる「故事成語」の多くがそれぞれ二千年以上の歴史を有している事実に改めて驚かされる。このような観点を踏まえることで効果的な指導につなげたいところである。

六　本書の三つの特徴

本書は定番「故事成語」教材を取りあげてその受容状況と国語教育的観点から考察するものだが、その中で特筆すべきは以下の三点である。一つ目は、中国古典由来の「故事成語」のわが国における受容状況の実態解明である。本書で取りあげた江戸時代の資料では序文や刊記等からその使用年代をある程度特定することが可能であり、どのような形で「故事成語」が定着していったかその実態を垣間見ることができる。二つ目は、江戸時代の諸書を通して様々な文体における用例の比較を容易にしている点である。当時すでに「故事成語」は人口に膾炙されて普及していたため、漢詩文から戯作まで幅広い分野に散見される。本書では管見の及ぶ限り諸書における用例の網羅につとめており、この点には一読の価値があるものと考えている。三つ目は、「故事成語」の教材観を掘り下げている点である。従来の関連書籍は成語の由来とその用途の解説に重点が置かれており、一般教養書として取り扱われているが、本書は国語教育の観点から「故事成語」を考察し、教育現場における指導方法についての提言を試みる。各章でも触れているように、そもそも「故事成語」には近代以降の学校教育との有機的な親和性が垣間見えることにも言及しておきたい。

七　本書の構成

一般的に「故事成語」と言われるものを本書ではあえて二つに分類した。古人の言葉を忠実に切り取って提示したもの（以下、本書ではこれを「引用型成語」と称す）と、故事の概要を後人の手でまとめて名称を付けたと考えられるもの（以下、本書ではこれを「摘要型成語」と称す）との区分である。前者には「百聞は一見に如かず」、「先づ隗より始めよ」、「奇貨居くべし」などがあり、後者には「愚公山を移す」、「人間万事塞翁が馬」、「臥薪嘗胆」などがある。もちろん両者は明確に線引きできるものではない。同じ「故事成語」にしても蘇秦の発言を直接切り取って「寧ろ鶏口と為るも牛後と為る無かれ」と言えば前者に当たり、これを四字熟語に簡略化して「鶏口牛後」と言えば後者に区分できる。ただ、この区分に着眼することは「故事成語」の理解を深めるうえで重要だと考えている。

本書の構成として第一章「矛盾考」、第二章「臥薪嘗胆考」、第三章「江南橘考」、第四章「先従隗始考」、第五章「狐借虎威考」、第六章「塞翁馬考」、第七章「燕雀鴻鵠考」、第八章「三国志考」となり、いずれも有名な「故事成語」を取り扱っている。このうち、第四章「先従隗始」及び第七章「燕雀鴻鵠」が「引用型成語」に該当し、残りは「摘要型成語」となる。ただし、厳密に言えば、第二章「臥薪嘗胆」の派生語「会稽之恥」は「引用型成語」に含まれるし、第四章「先従隗始」の派生語「市駿骨（駿骨を市ふ）」は「摘要型成語」として取り扱うべきかもしれない。こうした用例からも「故事成語」は様々な変容を経て現代まで伝わっている状況が明らかである。第一章から第七章までは和漢における「故事成語」の用例を踏まえながら、成語ごとの特性に合わせた教材研究の提言である。また、第八章「三国志考」は『三国志』由来の「故事成語」をもとに、高校三学年の大学受験期を見据えた一学級における年間を通じて取り組んだ実践報告となっており、体系的な「故事成語」の可能性を考察したものである。よって、ここで引かれている教材や教育目標は当時のものとなっていることをご了承願いたい。「故事成語」は知識教養としての位置づけのみならず、その受容史を踏まえた指導のあり方により真価が問われるものである。

八　「故事成語」から漢文の魅力を見つめ直す

漢文教育が「危急存亡の秋」と言われて久しい。近代国語教育史を繙くと、中等教育機関における漢文廃止論は今に始まったことではない。第一の危機は明治三十年代における日清・日露戦争の大陸進出期に帝国議会に提出された中学校漢文廃止論である。自然主義文学の盛行により文学界では言文一致体が主流となった当時において、漢文はすでに時代遅れのものと見なされていた。その役割は「普通文」と呼ばれる漢文訓読基調の文語文体の拠り所として名目上の位置づけがなされたのである。特に漢文教材を取り扱うのは中学校段階ではなく、より上級の高等学校や専門学校等で専門的に履修すべきとする声も大きかった点は現代にも通底する見解で注目できる。第二の危機は戦後、漢文教育に向けられた「逆コース」への批判である。敗戦後の昭和二十二年（一九四七）、文部省は漢文を必修科目から除外したが、これは戦時体制と結びついたことに対する反動によるものだった。その後、漢文教育関係者の働きかけにより昭和二十七年（一九五二）に「東洋精神文化振興に関する決議案」が衆議院本会議で可決されてその必修化を果たして以降、多くの批判に晒されながら現在に至っている。そしてグローバル社会と呼ばれる今日、再度浮上している古典教育不要論により、新たに第三の危機を迎えている。こうした状況下において、改めて漢文の定番教材の魅力を見つめることから始めていく必要があるのではなかろうか。一般的にわが国において最も早くから接する漢文教材は『論語』でも『史記』でも漢詩などでもなく、何よりもまず「故事成語」である。幼少期に読み聞かされた昔話や大人との会話の中には「故事成語」が多分に含まれており、日常生活の中でも「虎の威を借る狐」、「百聞は一見に如かず」、「良薬は口に苦し」などを知らず知らずのうちに口にしている。中等教育段階においてこうした「故事成語」の単元をいかに魅力的に取り扱うかは大変重要なことになるだろう。これからは知識としての「故事成語」から活用できる「故事成語」を目指すべきではないだろうか。

本書の中でもたびたび触れているように、そもそも「故事成語」は近代以降の学校教育との深い結びつきがうかがえる。中国古典由来の「故事成語」を国語教育の観点に照らして、成語それぞれに備わった特徴を見出すことは大変意義深い。各単元の指導の際に教育的観点を加えることで、学習者にとって漢文教材の重要性への理解はもちろんのこと、新たな知見が磨かれるものと思われる。つまり、国語教育にとって「故事成語」のテキストからどのような教材観を読み解くかが重要な鍵となることだろう。本書では「故事成語」の受容状況を探るべく諸書の用例が多く引かれるが、その主たる目的は新たな教材的観点の提言にある。中国古典由来の「故事成語」には中国文学・東洋哲学・東洋史学・国語学・国語教育といった複層的な要素を持っており、こうした発展的教材との有機的な関連を持たせることが必要であると考えた次第である。

初出の段階では紙面の都合により、やむなく用例や項目を省かざるを得ない部分もあったが、本書では可能な限り多くの用例を収集することで成語の受容状況の実態を俯瞰するようにつとめた。また、本文では基本的に通用字体を採用しており、漢籍資料には訓点を施し、漢詩には書き下し文を添えるなどして読みやすさをはかった一方で、江戸時代に刊行された現存する板本・写本などの用例は資料的価値に鑑みて可能な限り原本に忠実に翻刻する方針を取った。このような体裁により、当時の人々の息づかいをじかに感じてもらえることだろう（ただし、中世以前の資料については諸本による文字の異同があるため、この限りではない）。なお、成立年代が不明瞭なものは通説に従いつつ、その年次に「〇〇年頃」や「〇〇年間」といった表記を当てている。さらに、本文における人名・書名には「現代仮名遣い」でふりがなを付した一方で、資料の引用箇所には歴史的仮名遣いを施している。

本書は「故事成語」の定番教材の考察を主題に掲げているが、成立における時代背景や和漢の用例を取りあげているため、国語教育の関係者のみならず、故事成語関連の一般書籍としてもお読みいただくことも可能である。先人たちが「故事成語」とどのように向き合い、どのように使用してきたのか、読者諸賢にその一端だけでもお伝えすることができれば幸甚の至りである。本書が「故事成語」を取り扱ううえでの一助となることを願ってやまない。

第一章　「矛盾考」
――漢文教材における反証的観点に照らして――

一　はじめに

中等教育の生徒にとって最もなじみがあり、日常的に使用している故事成語と言えば、何よりもまず「矛盾」があげられることだろう。楚国の商人の口から語られる「矛」と「盾」に象徴された自家撞着性については、思春期の中高生にも共感が得られるようで、その由来となる寓話を含めて説明できる者も多く見られる。あまりに広く人口に膾炙しているため、これが漢文由来の故事成語であることに気づかない場合すらあるものと思われる。令和四年（二〇二二）度以降、中学校一学年「国語」で取り扱われる（一部、高等学校一学年次履修科目の「言語文化」にも採録される）「矛盾」の典拠は『韓非子』「難一編」であり、原文は以下の通りである。

楚人ニ有リ下鬻グニ盾ト与ヲ一レ矛者上。誉メテレ之ヲ曰ク「吾ガ盾之堅キコト、莫キニ能ク陥ス一也ト。」又誉メテニ其ノ矛ヲ一曰ク「吾ガ矛之利キコト、於イテレ物ニ無キレ不ルレ陥サ也ト。」或ヒト曰ク「以テニ子之矛ヲ一、陥サバニ子之盾ヲ一、何如ト。」其ノ人弗ルレ能ハレ応フル也。

内容は楚国の武器商人が自らの商売道具を持ち出して、いかなる矛をも突き通すことのできない「盾」の売り口上を終えたあと、いかなる盾も貫通させる「矛」を持ち出して商品を喧伝（けんでん）するのだが、傍聴者により「その矛でその盾を突いた場合、どのような結果になるのか」と尋ねられ、返答に窮する姿を描いたものである。授業の現場では音読や文体に触れたのち概要の説明により簡略にまとめられる傾向にあるが、当該教材には漢文特有の裏読みの視点を引き出すうえで適した要素が含まれている。実はこの「矛盾説」は同じく『韓非子』「難勢編」においても取り扱われているが、こちらの結末箇所には「夫レ賢勢ハ不ルコトモ二相容（い）レ一亦（ま）タ明ラカナリ矣」とあることから、科学史家山田慶児（やまだけいじ）は「難勢編」における賢人と勢力とは相容れない関係性に注目し、両編の「矛盾説」用法の違いを指摘している。*1 本章は単元「矛盾」に着目しながら漢文教材における反証的な視点を考察するものである。

二　故事成語「矛盾」の成立と受容

「矛盾」は中学校一学年の教材に多く採録される。光村図書「国語1」には「今に生きる言葉」という単元の中で書き下し文の体裁で採録されている。令和三年（二〇二一）度より使用されている「中学校国語学習指導書1」に記載される指導目標は次の項目である。

〔知識・技能〕

●音読に必要な文語のきまりや訓読のしかたを知り、漢文を音読し、古典特有のリズムを通して、古典の世界に親しむことができる。……〔言語文化(3)ア〕

〔思考・判断・表現〕

●文章を読んで理解したことに基づいて、自分の考えを確かなものにすることができる。……〔C読む(1)オ〕
●書く内容の中心が明確になるように、段落の役割などを意識して文章の構成や展開を考えることができる。……〔B書く(1)イ〕

〔主体的に学習に取り組む態度〕
●言葉がもつ価値に気づくとともに、進んで読書をし、わが国の言語文化を大切にして、思いや考えを伝え合おうとする。……〔学びに向かう力・人間性等〕*2

ここでは漢文教材を通じて伝統的な言語文化に気づかせることが留意されている。令和二年(二〇二〇)度以前に使用されていた指導書には、主に故事成語に関する知識理解と訓読を通じた漢文特有のリズムに慣れることが掲げられており、生徒が日常的に使用する「矛盾」の成り立ちに触れることで、「伝統的な言語文化」の観点から「故事成語の価値」や「漢文の文体」に親しむことが明記されていた。前回のものと比較すると、わが国における単元教材としての「矛盾」については薄められた形となるが、引き続き言語文化の一つとして「言葉がもつ価値」に重点が置かれている。なお、令和四年(二〇二二)度使用の東京書籍・数研出版・文英堂「言語文化」(高校一学年履修科目)にも故事成語「矛盾」は採録されており、中等教育機関のどこかで必ず取り扱うべき教材であると考えられていることにも注意したい。

例年、筆者は担当する高等学校一学年次の漢文入門期の授業において故事成語「矛盾」の理解状況を確認しているが、大半の生徒がこの寓話を熟知しており、成り立ちまでしっかりと説明する様子があった。そうした意味では、当該単元の目標はおおむね達成されていると言えよう。しかし、生徒の意識は内容理解にのみとどまり、当該成語について批評的な観点から捉える発言はあまり見受けられない。教員側から「この故事成語を聞いて不自然に感じる点はないだろうか」、「諸君なら楚の商人のような売り方をするだろうか」と発問したところ、生徒からは「あまり突き詰めて考えたことはなかった」、「そもそもセールストークとはそのようなものではないか」などの返答が見られた。つまり、「矛盾」寓話については一つの笑話として捉えている程度に過ぎず、その中に込められた批判精神を読み取るまでには達していない。典拠に照らせば、これはある歴史的故事の寓喩であり、楚の商人の「愚行」には儒家の言説に対する批判的寓意が込められている。この「矛盾」寓話の前には歴史的故事にまつわる次のような思想的な問題が付される。

歴山之農者侵レ畔ヲ。舜往キテ耕シ焉、期年甽畝正シ。河浜之漁者争フレ坻ヲ。舜往キテ漁シ焉、期年ニシテ而譲ルレ長ニ。東夷之陶スル者ハ器苦窳ナリ。舜往キテ陶シ焉、期年ニシテ而器牢シ。仲尼嘆ジテ曰ク「耕漁ト与ハレ陶、非ザル二舜ノ官ニ一也。而モ舜往キテ為スレ之ヲ者ハ所二以救フ一レ敗ヲ也。舜ハ其レ信ニ仁ナル乎。乃チ躬ラ藉ミテ処リテレ苦シキニ而民従フレ之ニ。故ニ曰ク「聖人之徳化ナル乎ト。」」或ヒト問ヒテ二儒者ニ一曰ク「方リテ二此ノ時ニ一也、堯ハ安ニカ在ルト。」其ノ人曰ク「堯ハ為リト二天子一。」「然ラバ則チ仲尼之聖トスルハレ堯ヲ奈何。聖人ノ明察ニシテ在ルハ二上位ニ一、将ニレ使メント二天下ヲシテ無カラ一レ姦也。今、耕漁不レ争ハ陶器不ンバレ窳ナラ、舜又何ノ徳ニシテ而化セン。舜之救フレ敗ヲ也、則チ是レ堯ニ有レバレ失也。賢トセバレ舜ヲ則チ去リ二堯之明察ヲ一、聖トセバレ堯ヲ則チ去ラン二舜之徳化ヲ一。不ルレ可カラ二両ツナガラ得一也。（下略）」

ここでは聖帝堯の治世下における賢人舜の具体的な徳行に焦点が当てられ、各地の民俗（漁業・農業・作陶）の弊風を改善させた舜の積極策と、明察によりそれまでこれを黙認していた堯帝の消極策との両者を並び称することは可能であるのかを問うものとなる。つまり、「聖堯の明察」と「賢舜の徳化」が最強の「盾」と最強の「矛」にたとえられているのである。「堯」と「舜」といえば「三皇五帝」に数えられ、聖天子と讃えられた二人の人物である。直接的な血縁関係のない両者ではあるが、前者が後者の人柄を見込んで帝位の禅譲に至ったと伝わる。右の文では孔子（仲尼）が堯舜を称賛したとあるが、中国の歴史家で擬古派に属する顧頡剛は、堯舜禅譲譚は『論語』に見られないことから後世墨家により唱えられたものが儒家に引き継がれたものだと解釈する。[*3] 堯舜によるその理想的な治世は後世、「鼓腹撃壌」と高く評価され、儒家は古代の堯舜の時代を振り返って尚古的に讃えるわけだが、法家に連なる韓非子はそのような見解を疑問視する。そもそも堯の治世下に揉め事や粗悪品が存在していたのならば、太平の世であったとは言えないのではないか。百歩譲って弊習の中にも堯の明察に光るものがあれば、舜の徳化は無用なことになる。よって二人の聖帝間における明察及び徳化は並び立たないという結論に達する。堯が非の打ち所のない徳治を施していれば舜には目立った業績があげられるはずはなく、また舜の徳行に焦点が置かれるのであれば、堯の治世に根源的な欠陥があったことを意味する。つまり、堯舜の同時賛美は論理破綻が生じる結果となることを「矛盾」の寓話に置き換えて提示しているのである。このほかに『韓非子』に見える儒家批判には、唱歌「待ちぼうけ」として有名な「五蠹編」の「守株待兎」説話がある。

この「矛盾」寓話に論理性を読み解こうとしたのは中国古典哲学者加地伸行である。〈最強の矛〉と〈最強の盾〉との同時存在に〈時差〉の発生を見抜きながらも、当該寓話の目的は〈論理的矛盾〉の表現にあるのではなく、常識的な〈不合理〉・〈背反〉・〈齟齬〉・〈抵触〉といった〈現実的矛盾〉にあったとする。[*4] さらに、韓非子が意図する主張の歴史性を明らかにしていく必要があるとも述べている。つまり、本単元の根幹をなす〈堯舜神話〉が省略された結果、学習者は単純にこの寓話に批判的観点を持ち込まず聞き流す形となり、笑話の一つとして当該教材を受容している実態が明らかとなった。あくまで神聖不可侵たる両帝賛美の問題に照射したときにはじめてこの寓話の本質的意図が浮かびあがる。当然のことながら、現今の中学生にとって「矛盾」の背景にある儒家思想や堯舜についての知識は複雑極まるものとなろう。おそらく彼らの視点は売り文句を聞く側の「客」にあるだろうが、話す側の「商人」に視点を転ずれば、なぜ一見して無策な商法をこの場面であえて持ち出したのか考える必要に迫られるはずである。これを理解したうえで改めて典拠に照らせば、結果的に堯舜両帝の結びつきも絶対的ではないとする裏読みの目も開かれることとなる。

戦国時代の韓の王族に生まれた韓非子は法による現実的な統治の必要性を考え、結局のところ尚古趣味に耽（ふけ）る儒家の様相を批判することになる。「戦国の七雄」の中で最も劣位にあった韓は紀元前三七五年に鄭（てい）国を滅ぼして領土を拡張した。『史記』中に韓非子は李斯（りし）とともに荀子（じゅんし）の門下であったとの記載があり、一般的にはそのように解されている。これに対し、東洋史学者の貝塚茂樹（かいづかしげき）はこの師弟関係を疑問視し、併呑された鄭国にはもともと議論好きな風土があり、それが韓国にも引き継がれた背景、つまり鄭の宰相にして中国で初めて成文法を作った子産（しさん）の影響が『韓非子』には色濃く現れていると指摘する。*5

それでは、この「矛盾説」は後世どのように伝わったのだろうか。当該成語は先秦時代には『韓非子』のほかに『尸子（しし）』を典拠とする説も伝わっている。尸子とは戦国時代の人物であるとする（『史記』巻七十四「孟子荀卿列伝第十四」。また、唐代の楊士勛（ようしくん）『春秋穀梁註疏（しゅんじゅうこくりょうちゅうそ）』巻二十には『荘子』を典拠として付記する〈哀公二年〉）。その後、後漢の王符（おうふ）は儒家思想に法家思想を取り入れ、法術による徳治を説いたことでも有名であり、その著述『潜夫論（せんぷろん）』巻七「釈難」には『韓非子』の「矛盾説」について以下のように言及している。

庚子（こうし）問ヒテ二於潜夫一曰ク「堯舜ノ道徳ハ不ルコトレ可カラ二両（ふた）ツナガラ美ナル一、実ニ若（ごと）キ二韓子ノ戈伐之説クガ一邪ト」潜夫曰ク「是レ不シテレ知ラレ難ヲ而不レ知ラレ類ヲ。今夫（か）ノ伐ナル者ハ盾也。厥（そ）ノ性ハ利ナリ。戈ナル者ハ矛也。厥（そ）ノ性ハ害ナリ。是レ伐ヲ為シレ賊ト、伐シテ為スレ禁ト也。其ノ不ルコト二倶（とも）ニ盛ナラ一、固（まこと）ニ其ノ術也。夫（か）ノ堯舜之相（みちび）クハ二於人ヲ一也、非ザル二戈ト与ニ一レ伐也。其ノ道同ジクシテレ仁ヲ不ル二相害セ一也。舜ノ伐ハ何如（いかん）ゾ弗（ざ）ランレ得二倶ニ堅（かた）キコトヲ一。堯ノ伐ハ何如（いかん）ゾ不ランレ得二倶ニ賢ナルコトヲ一

哉。且ツ夫ノ堯、舜之徳ハ譬ヘバ猶(な)ホ偶燭(ぐうしょく)之施スキ三二明ヲ于幽室ニ一也。前燭(ぜんしょく)即チ尽(ことごと)ク照スレ之ヲ矣。後燭入リテ而益(ますます)明ナリ。此レ非ザル二前燭昧(くら)ウシテ而後燭彰ナルニ一也。乃(すなは)チ二者相因リテ而成ス二大光ヲ一。二聖相徳シテ而致ス二太平之功ヲ一也。是ノ故ニ大鵬(たいほう)之動クハ非ザル二一羽之軽ニ一也。騏驥(きき)之速ヤカナルハ非ザル二一足之力ニ一也。衆良相徳シテ而積ム二施ヲ乎無極ニ一也。堯舜両ツナガラ美ナルハ蓋(けだ)シ其ノ則也ト。」伯叔(はくしゅく)曰ク「吾子過(あやま)テリ矣。韓非之取リ二矛盾ヲ一以テ喩(たと)フル者ハ将ニ假リテ二其ノ不ルヲ一レ可カラ二両ツナガラ立ツ一、以テ詰(なじ)リテ二堯舜之不ルレ得レ並ビ之勢ヲ一而論ズルハ二其ノ本性之仁ト与ヲ一レ賊、不三亦(ま)タ失ハ二是レ譬喩之意ヲ一乎ト。」潜夫曰ク「夫レ譬喩也者ハ生ズ二於直ニ告グル之不ルニ一レ明ナラ。故ニ假リテ二物之然(しか)ルヤ否ヤヲ一以テ彰(あきらか)ニスル三之ノ物之有ルヲ二然ルト否ト一也。非ザルレ以テスルニ二其ノ文ヲ一也。必ズ以テスル二其ノ真ヲ一也。（以下略）」

堯舜の政治をたとえた韓非子の「矛盾説」を話題に取りながら、寓喩の効果について検証している箇所である。

ここで潜夫（王符）は二つの燭火を例示しながら堯舜が協力し合って治世をおこなったことから、両帝賛美は成り立つとの見解を示している。史書には、『陳書(ちんじょ)』巻五「前後舛互(せんご)シテ自相矛楯シ」、『魏書(ぎしょ)』巻八十四「卿ノ言豈(あ)ニ非ズヤ二自相矛盾ニ一」、『梁書(りょうしょ)』巻十六「而今党二協シテ釁余(さんよ)ニ一、翻(ひるがへ)リテ為ス二矛楯ト一」・巻四十三「臣子当ニシ二勠(あは)セレ力ヲ同ジクス一レ心ヲ、豈ニ可(べ)ケン二自相矛盾ス一」、『宋書(そうじょ)』巻十三「甘石之書モ互ヒニ為ス二矛楯ヲ一」・巻十八「於イテレ是ニ倫比(りんぴ)ナリ。自ラ成ス二矛盾ヲ一」・巻五十七「隠シレ末ヲ出ダシレ端ヲ、還(かへ)リテ為ル二矛楯ト一」・巻七十一「首尾乖互(かいご)シテ、自ラ為ス二矛楯ヲ一」などがあり、この中には「食い違い」と「仲違い」の双方の意味が見られる。詩文でも中唐の韓愈「念昔塵埃両相逢　争名齟齬持矛楯（念(おも)ふ昔塵埃(じんあい)に両(ふた)つながら相逢ふことを　名を争ひて齟齬(そご)して矛楯を持す）」（「贈崔立之評事」）、北宋の王安石「后始卓犖称軻丘　聖賢与命相楯矛（后始(こうし)卓犖(たくらく)たる軻丘(かきう)を称(たた)ふ　聖賢与(とも)に命相楯矛(あひじゅんむ)す）」（「哭梅聖兪」）などが詠まれた。北宋の李昉(りぼう)ほか編『太平御覧(たいへいぎょらん)』兵部八十四及び南宋の胡継宗(こけいそう)『書言故事大全(しょげんこじたいぜん)』巻十二などの類書にも当該成語は所収されたほか、明代の楊慎(ようしん)『楊升庵文集(ようしょうあんぶんしゅう)』巻四十六「今人謂ヒテ三言不ルヲ二相副(そ)ヘ一曰フ二自相矛盾ト一」、方日升(ほうにっしょう)『古今韻会(ここんいんかい)

挙要小補』巻十三「今人謂フ二自相矛盾ト一」に加えて、現代の中国辞書『漢語大詞典』（上海辞書出版社）や『新華成語大詞典』（商務中書館）などには四字熟語「自相矛盾」が定着している様子もうかがえる。

一方で「矛盾」の語句は仏教語とも深く結びついている。初唐の道世『法苑珠林』巻六十八「崇敬ノ者無キレ終ルコト二厥ノ寿ヲ一。計ルニ応シ二蘊ムルトキレ福ヲ延キレ慶ヲ積ミレ悪ヲ招ク一レ殃ヲ。何ゾ乃チ進退矛盾ス。情状皎然トシテ去取シテ自ラ乖ケン」、北宋の睦庵善卿『祖庭事苑』巻六「矛盾」のほか、元代の徐行善『科註妙法蓮華経』巻二上「譬喩品」には「昔住セシ二学地ニ一仏常ニ教化ストイフ者、昔執ル二三教ヲ一也。如クレ今ノ聞キレ処ヲレ未ダレ聞カ執ル二昔ノ一理ヲ一也。良ニ以テ如来在昔説キテレ三ヲ已ニ云フ二究竟ト一。於イテレ今ニ又説キテレ一ヲ為ニ二真実ノ一矛盾ノ致スレ迷ヲ故ニ皆堕スル二疑惑ニ一也」と注しているが、釈迦の十大弟子の一人舎利弗はここで釈迦が三教（声聞・縁覚・菩薩のいわゆる「三乗」）を伝えたあと、「一乗（阿耨多羅三藐三菩提）」を説いたことに疑惑の念を覚えた態度を「矛盾」の語を用いて表現している。

わが国ではすでに平安時代には『性霊集』巻五「時至リ人叶フトキハ則チ道被ラシム二無窮ニ一。人ト時ト鉾楯スルトキハ教則チ墜ツレ地ニ一」、『菅家文草』巻七「自リレ古師資不レ絶ヘ積ミテレ習ヒ為スレ常ト。論スル者東西ニ相牙ニ矛楯ス」、鎌倉時代には『雑筆往来』「止メ二諍論之思ヒヲ一、不レ可カラレ成ス二鉾楯ノ働キヲ一」、『北野縁起』巻上「叡山に戒壇を建立すべきよし宣旨を下されにき。されども論者たがひに鉾楯せしかば、慈覚大師是をいたみて、顕揚大戒論をゑらび給ひしかば」などの用例が見られる。室町時代に浄土真宗（本願寺派三世）の僧侶覚如が宗門内の異端派教義を批判して口述した『改邪鈔』にも「一談義カクルトナツケテ、同行知識ニ鉾楯ノトキアカムルトコロノ本尊聖教ヲウバヒトリタテマツル。イハレナキ事」とあり、宗門における論難の意味に用いている。また、江戸末期の本法院義譲は当該箇所について『韓非子』「矛盾説」を取りあげながら「義絶」の意味として次のような注を施している。

○鉾楯トハ、或ハ矛盾トモ書クナリ。矛楯ニテコレ義絶スルコトヲ我朝ニテハ鉾楯ト申シナラハセタリ。ソノモトハ韓非子十五ニ出ル故事ヨリオコレリ。（中略）物ノ相違シタルコトヲタトフル言ナリ。今ハ師弟相背キ中違コトヲ鉾楯ト名ク。
（『改邪鈔丙午録』巻下）

わが国の仏書を繙くと、室町時代の浄土宗の僧侶了誉聖冏『伝通記糅鈔』巻四「鉾盾ト者有人云相違ノ義也。弘決ニ云フ一人ノ売ルノレ鉾ヲ時可シトレ徹ル二百千ノ盾ヲ一。売ルノレ盾ヲ時ハ百千ノ鉾モ不トレ云レ可カラレ壊ス（已上略抄）此ノ二義ノ下ハ許ス二二義ノ差ヲ一」、京都五山の相国寺鹿苑院蔭涼軒主『蔭涼軒日録』巻三「三更之前ニ号ス二大衆ノ起ニ一。法堂前後ニ有リレ勢。鉾楯等耀クコトレ月ニ如クレ昼ノ顕然タリ」（長享三年〈一四八九〉七月）などがあり、江戸時代には空誓『因陀羅網』巻七（寛文五年〈一六六五〉）「鉾楯」、観応『補忘記』巻上（貞享四年〈一六八七〉）「鉾楯」はともに「武（ム）の部」に所収され、仏教とも深い関連性を持った言葉となっている点からも、現在まで漢音の「ボウトン」ではなく、呉音の「ムジュン」が使用され続けているものと推察される。

このほか、中世以降の用例には、『住吉詣』「舟にてわたり見ばやなどおもへど、又世中の鉾楯により人のをそれもいかがなれば、一夜をあかし都にかへりぬ」、『嘉吉記』「長尾一族及ビ二鉾楯ニ一、成氏不シテレ克タ而走ル二古河ニ一。自リレ是居リ二古河ニ一」・「畠山両家鉾楯ニ及ビ、細川、畠山、山名宿意出来テ、赤松遂ニ本国ヲ安堵シケリ」、『北条記』巻四「武田信玄と鉾楯に及、又北国の敵を退治致し、数年方々の合戦無レ隙候間、謙信本意を失ふ」、『河越記』「北条左京大夫平氏綱は今豆相の守護としてたがひに国務をあらそひ、闘諍鉾楯する事年久し」、『快元僧都記』「上総国住人武田真里谷三河守入道ト、同小弓城主原二郎及二矛盾一」、柴屋軒宗長『東路のつと』「このごろ那須と鉾楯すること出で来て、合戦たびたびに及べりとなむ」・「このごろ、越後の国の鉾楯により、武蔵上野の侍進発のことありて」、細川幽斎『九州道の記』「九州大友島津わたくしの鉾楯をとどめらるべきために御進発の事あり」などが散見される。また、江戸時代になって執筆された戦国軍記物にも、小瀬甫庵『太閤記』巻五「秀吉卿与二柴田修理亮勝家及鉾楯起之事」・巻九「信雄卿与秀吉卿及鉾楯起之事」、神部良政『勢州軍記』巻上「東国甲州武田入道信玄及鉾楯、北国越後長尾入道謙信窺其隙。関東北条氏政逞武威」、槙島昭武『関八州古戦録』巻二「然ハ関東八ケ国古河方平井方小田方と立分て鉾楯の絶る隙もなく昨日の敵ハ今日の味方と成」など、歴史上の著名な戦いにも引かれている。中世の古辞書類にも「矛盾」の語は採録され、『下学集』巻下「矛楯　矛ハ欲シテ殺サント人ヲ、盾ハ欲ス不ラント殺サレ人ヲ。故ニ人ノ謂テ相敵スルヲ曰フ矛楯也」（態芸門）、『温故知新書』巻下「矛楯」、『文明本節用集』「矛楯　中違之義也」、『日葡辞書』「Mujun　ムジュン（矛盾）Foco, tate（矛・盾）敵対または争い。Mujunni voyobu（矛盾に及ぶ）戦う、または喧嘩する」とある。当時は「仲違い」や「戦い」の意味で主に使用されていた状況がうかがえるが、近世（江戸時代）になると、「言葉の食い違い」の意味に焦点が置かれるようになる。

---

①松浦某『世話支那草』巻上（寛文四年〈一六六四〉）
矛楯（中略）自いふ事の相違するを矛楯ともいひ、又人とも敵対するを矛盾といふ。矛は人をさゝんとし、楯は人をふせかんとする故なり。

②苗村丈伯『理屈物語』巻一（寛文七年〈一六六七〉）
是より自いふことの相違するを矛楯といふなり。

③若耶三胤子『合類節用集』巻八（延宝四年〈一六七六〉）
矛盾　又鉾楯同　自言ノ相違ヲ云矛盾ト。又曰与人中違ヲ

④松浦黙『斉東俗談』巻一（延宝七年〈一六七九〉）
矛盾　韻府ニ載戸子云、（中略）物ノ相違スルヲ、矛盾ト云ハコノ故事ナリ

⑤蔀遊燕『漢語大和故事』巻三（元禄四年〈一六九一〉）

矛楯トハ自曰コトノ、相違スルヲ矛楯ト云。

⑥洛東隠士『字尽重宝記綱目』巻下（元禄六年〈一六九三〉）

矛盾　鉾楯同。自言ノ相違ヲ矛盾と云。又人ト中違ヲ矛盾と云。

⑦宮川道達『訓蒙故事要言』巻九（元禄七年〈一六九四〉）

○是ハ自言フコトノ相違スルコトヲ矛楯ト云。又ハ人ト中ノ不和ニナリタルヲモ矛楯ト云。矛ハ人ヲサヽント云。盾ハ人ヲフセガントシテ互ニ相違ク物ナリ。

⑧貝原好古『諺草』巻一（元禄十二年〈一六九九〉）

矛盾　物のすりちがいたる事を云。俗にむじゅんとも唱ふ。

⑨人見友竹『文家必用』巻上（正徳五年〈一七一五〉）

矛盾 [和弁] ウラハラナ・ト云詞ニアタル也。尸子ニ出タル故事ナリ

⑩槙島昭武『書言字考節用集』巻九（享保二年〈一七一七〉）

矛盾　矛ハ欲シレ殺サントレ人ヲ、盾ハ欲スレ不ントレ殺。故ニ人ノ謂テニ相敵スルヲ一、為レ持スルトニ矛盾ヲ一。事ハ見 [韓非子]

⑪中西敬房『倭漢節用無双嚢』（宝暦二年〈一七五二〉）

矛盾　矛盾　自詞の違をし又人と間違も

[代酔] [小補匀会]。

⑫谷川士清『和訓栞』中編巻二十六（安永六年〈一七七七〉）

むじゅん　矛盾の音なり。或牟楯に作れり。もと韓非子に出て自言の相違する事をいへり。後世通俗文にハ互に中のあしきに意も転用せり。

このほか、伊藤玄節『愈愚随筆』巻八「矛盾」（寛文十二年〈一六七二〉）、松葉軒東井『譬喩尽』（天明六年〈一七八六〉）「鉾楯す」、下河辺拾水『万宝節用富貴蔵』（天明八年〈一七八八〉）「矛楯　矛楯」、山崎美成『永代節用集』（天保元年〈一八三〇〉）「矛盾　鉾楯　矛ホコ盾タテ　鉾ホコ楯タテ」、須原屋茂兵衛版『数引節用集』（天保十四年〈一八四三〉）「矛盾　矛盾」、宮田彦弼『万代節用集』（嘉永元年〈一八四八〉）「矛盾　矛盾」、山下重政『大全早引節用集』（嘉永四年〈一八五一〉）「矛盾　矛盾」など諸書に「矛盾」の語彙は所収される。また、江村北海『授業編』巻六（天明三年〈一七八三〉）「気ヲ付テ、文論ト齟齬矛楯セザルヤウニアリタキモノナリ」、滕太冲『太冲詩規』（天明四年〈一七八四〉）「李商隠ガ西崑体トテ異字ヲツカフ事ヲスキテ、昔ヨリ龍門ト云ヲバ、虬戸トシ、竹馬ヲハ篠驂トスルヤウニ珍シク云カヘ〱スルユエ、字面アシク意モ矛楯スル事アルナリ」のほか、滝沢馬琴『南総里見八犬伝』第百五十八回（天保十一年〈一八四〇〉）では八犬士の一人犬山道節の発言中に引用されている。

「言憚り候へども、矛と盾とを鬻ぐに似たり。昔、楚国に矛と盾とを売者ありけり。其矛を、買んといふ者ある時ハ、我這矛をもて刺せバ、鉄の盾也とも、必よく徹すといひけり。又其盾を、買んといふ者あるときハ、我這盾をもて防げバ、矛も箭も徹らずといへり。後に人ありて是を詰りて、しからバ汝が矛をもて、汝が盾を刺さバ誰何にと傾けしに言窮りて、売らずなりぬといふ譬喩ハ、韓非子に出たるを、瑯琊代酔篇にも載て候歟。約莫言の齟齬ひぬるを、矛盾としもいふ義ハ、誰も知りたる事ながら、御軍令も庶しとせん歟」

これは主君里見義成から仇敵扇谷定正を生け捕るようにとの命令が出された際に、道節は「矛盾」の語句の由来を説明しながら命令に対して難色を示したものである。やや説明口調な台詞の中にも馬琴の啓蒙的な一面が読み取れることだろう。このように当該成語を持ち出す場合には、ついつい由来を説明したくなるものと思われる。

以上のように、諸書の用例からは「矛盾（鉾楯）」には「むじゅん」と「ぼうじゅん」の二通りの読みがなされ、意味としては中世までは「武器」や「戦い」の意味が多かったのに対し、近世以降は現代のように「食い違い」の意味に定着した様子がうかがえる。

また、明治時代には「矛盾」の語に対して「ホコトン」という俗語まで造られた。明治二十五年（一八九二）五月、第三回帝国議会衆議院本会議において衆議院議員長谷川泰が、同じく衆議院議員渡辺洪基の地震予防調査会の予算についての説明を指して「少シ「ホコトン」シテ居ルヤウデアリマスガ」と述べたところ、場内から笑いが起こる。その後何度も「ホコトン」が議場に登場するが、同席した議員佐々木正蔵からは、「ホコトントハ何ノ事ダ」と質問が入ると、長谷川は「ホコトント云フノハ矛盾ノ事ダ」と答えている（『第三回帝国議会衆議院議事速記録第十五号』）。この言い回しはその後には辞書にも所収されるに至る。「ほことん　矛盾（大学者議員の発明語）」（『日本滑稽辞林』明治三十六年〈一九〇三〉）、「【ホコトン】無学なる国会議員の矛盾をかく誤読せしより起りし語」（藤井乙男『諺語大辞典』明治四十三年〈一九一〇〉）、「ほことん〔矛盾〕物の間違ひたるを云ふ。衆議院議員某が、むじゅんと読むべきを、ほことんと読み誤りたる笑柄より出づ」（小峰大羽『東京語辞典』大正六年〈一九一七〉）などに散見される。戯談の中にも「矛盾」の造語が広く流行した経緯からは当該成語がわが国で親しまれた実態が浮かびあがる。我々が日頃から慣れ親しんでいる故事成語「矛盾」が、先秦時代の『韓非子』に由来することはよく知られているところだが、時代の変遷に伴い、諸書において意味・読みともに様々な変容がなされた点には注意しておきたい。

三　反証的視点から読み解く漢文教材

漢文教材の主題には、概して既成概念に対する反論を取り扱ったものが多い。学習者は通説に対して果敢に提示された新説を目の当たりにして意外性を持ちながらもその論理展開を眺めることとなる。つまり、常識もまた盤石とは言えず、常に「反証」に晒されている現状にあることを意味している。「反証」とは通説を否定的に捉えて証明する論法であり、カール・R・ポパーの論が有名である。昭和九年（一九三四）に『探究の論理』を世に問うたポパーは従来の科学分野で用いられてきた帰納的方法に疑義を唱え、ある一つの理論は「反証（テスト）」による検証が必要であるとの見解を述べている。

　より大きな内容をもった理論は、より厳しくテストできる理論である。この考察は、次の点をはっきりさせる理論にと導いた。すなわち、科学的進歩は観察の集積にあるのではなく、劣った理論を打ち倒し、よりよい理論にとって代えることにある、という点である。*6

改めて「矛盾」寓話で確認したいのは儒家批判の背後にある反証的視点である。『韓非子』には〈堯舜神話〉に感銘を受けて実行に移した人々にも批判の目が向けられる。戦国時代の燕王噲は堯舜に倣って寵臣子之に禅譲した結果、燕国内の混乱を招いたうえ、これに乗じた斉の攻撃に晒されて亡君の憂き目に遭った事例を取りあげ、「燕の子噲は子之を賢として孫卿（荀子）を非とす。故に身死して僇と為る」（「難三編」）と冷静に語っている。つまり、〈堯舜神話〉を礼賛する儒家に対して、韓非子の透徹した視点は両帝統治の連続性に楔を打ち、その理論の破綻を見抜いたのである。こうした裏読みの視点こそ漢文にもともと備わった要素として指摘できる。

　こうした理論は多くの漢文教材に見られる。漢文の言説にはもともと既成概念に対して新たな気づきの提示により検証を重ねて理論を構築してきた歴史があり、物事の裏側に潜む視点から事象を捉え直すことは有意義なことである。中国古典哲学者で漢文教育振興に尽力した阿部吉雄が「漢文の古典を通じて、国文の古典には欠如している思想性・論理性を養うのが、漢文教育の重要なねらいとなるはずである」*7と述べているように、物語や説話などといったストーリー展開に重点を置くわが国の伝統文化たる古文教材に比べて、漢文教材の問答や言説には一般通念にとらわれない論理が数多く含まれ、反論を通して新たな視点を開くことを訴えかける。高等学校における故事成語教材の中から反証的視点を持ったものを以下に掲げたい。

㈠孔子「無信不立」(『**論語**』)

孔子と弟子の子貢の問答である。子貢が国家に必須な食・信・軍のうち優先順位を問うたところ、孔子は「兵を去らん」、「食を去らん」、「民信無くんば立たず」と優先度の低い順に消去法的な答えをする。人の死は避けられないものだが、民心は国家に不可欠であることをその理由にする。

反証点 人間が生存するうえで「食」の存在が欠かせないのは自明である。ここでは「古より皆死有り」の根本論の指摘により即物的視点が切り落とされる一方で、儒教的徳性に焦点が当てられる。

㈡韓愈「雑説」(『**韓昌黎集**』)

韓愈の賢者登用策についての寓話である。「世に伯楽有りて然る後に千里の馬有り」という冒頭の記述から、千里の馬がその実力を遺憾なく発揮するためには伯楽のような名鑑定家の存在が必要であるように、優れた官僚もその能力を発揮するためには相応の待遇が求められるといった悲痛な訴えが読み取れる。

反証点 千里の馬であっても必ずしもその能力は十分に発揮できるものではなく、適切な指導者の存在が不可欠との主張である。誰しもが羨望する千里の馬が備わった実力を発揮することなく飼馬桶の中で駢死する(=有能な人材でも無為に生涯を終える)現状を浮き彫りにしている。

㈢晏子「江南橘為江北枳」(『**説苑**』)

斉国の晏子が楚に使者として赴いたときの話である。楚王は晏子を辱めるために、斉国出身で現在は楚に住まう盗人を連行させて「斉国出身者はこのように盗みを働く者が多いのか」と揶揄したのに対し、晏子は「この盗人も斉国にいる間は善人だったはずなのに、こちらの楚国に入ってその悪習に染まり、盗人にまで身を落とした。江南の『(甘い)橘』も江北では『(苦い)枳』になるのと同様だ」と切り返した。

反証点 出生地に伴うイメージといった固定観念を切り崩し、現在の生活圏内で受けた影響へと視点を転換する。ある種の属性から視点をずらすことで、新たな属性の発見を導き出している。

㈣孟子「五十歩百歩」(『孟子』)

梁(魏)の恵王の治世についての下問に答えた寓話の中にある。戦地において五十歩逃げた兵士が百歩逃げた兵士を嘲笑した寓話を提示すると、恵王は両者とも逃げたことには変わりないとの感想を漏らした。孟子はこの寓話を引きながら、どこの国の政治体制にも大差がないと諭したものである。

反証点 「五十歩」と「百歩」との具体的な歩数の差を話題にしながらも、改めて戦地における退却といった非常事態に置かれた際には、数値の差は意味をなさないことを指摘している。

㈤郭隗「先従隗始」(『十八史略』)

燕の昭王による賢者招聘策についての下問を受けた際に郭隗の答申に引かれた寓話である。古代の君主に涓人(使用人)に千金を持たせて千里の馬を買い求めに行かせた者がいた。入手には至らなかった使用人は一計を案じ、死亡した千里の馬の骨をあえて五百金で購入する。これが功を奏して年内に千里の馬三頭の将来に成功する。

反証点 あえて大金を出してまで死馬を買い求めることは常識では考えられない。涓人には話題づくりにより周辺国の注目を浴びることで千里の馬を自然と呼び寄せるねらいがあった。

このように原則に対して反証を通して別解を提示する内容の漢文教材は枚挙に暇がない。以上の成語教材のみならず、そもそも漢文教材のうち思想分野には反証的要素が構造的に組み込まれている。儒家内部の性説論争もその一例である。春秋時代に孔子は「性相近、習相遠（性は相近く、習へば相遠し）」（『論語』「陽貨編」）、人間に先天的に備わった性質は似通っていたはずだが、後天的な習慣の差異によってかけ離れていく現状を述べた。戦国時代に入ると、告子が「性善不善説」を唱えたのに対して、孟子は「性善説」を掲げて、人間の本性はもともと「善」であると強調した。さらに荀子は「性悪説」を説き、人間の本性は「悪」であると断じた。後世には前漢の揚雄「性善悪混交説」、中唐の韓愈「性三品説」、李翺「復性説」、南宋の朱子「性即理」など様々な性説が出現した。

この「徳治主義」を唱えた儒学に対して、さらに「無為自然」を説く道家や「法治主義」を掲げる法家など、既存の思想に向けて反証で畳みかけることで新たな思想が生じたのだが、この視点こそ漢文教材の潜在的な魅力として注目できる。これに対し、日本人の国民性を指し示すものとして「場の空気」とも称される「同調圧力」の存在がしばしば指摘される。丸山眞男の「無責任の大系」、吉本隆明の「共同幻想論」、山本七平の「臨在感的把握」と称された現象もこれと通底するものだろう。*8 こうした感性は現代に限ったことではなく、古典の中にも見られるものであり、南北朝時代の兼好法師は「噂」の真偽の検証の際に、わが国の群衆心理に触れている。

> 皆人の興ずる虚言は、ひとり、「さもなかりしものを」と言はんも詮なくて、聞きゐたるほどに、証人にさへなされて、いとど定まりぬべし。
>
> （『徒然草』七十三段）

周囲が興じる噂話の場において内心「ありえない話だ」と思いつつも、和んだ雰囲気に水を差すことに躊躇して聞き流しているうちに、「あなたもその場にいましたよね」と話を振られて証人にまでされることがあり、噂話自体が現実味を帯びて事実として定着してしまう。他者と異なる自己主張を好まない人々の潜在意識をよく描き出している。このほかにも江戸中期の儒者雨森芳洲（あめのもりほうしゅう）が和漢における論議観の違いに言及している。

もろ人会議（クワギ）する時、「この事いかゞおもひ給ふや」ととへバ、上（カミ）をはゞかり、かたへを見あハせ、とやかくするうちに、「われハかくこそおもひ侍るなれ」どかしらだちたる人いひいだせバ、おほかたハ「おほせさる事なり」とのミいひてしりぞくものなり。ちゐある人もふときゝてハ、さしておもひよりも侍らずといふべきほかやあるべき。これは会議に似たれど、その実（ジツ）ハ会議にはあらず。もろこしをまなびて、めい〳〵そのおもひよりをかきつけて、たてまつるやうにありたきもの也。

（『たはれぐさ』巻上）

わが国では会議とは名ばかりで、周囲に遠慮して発言を渋っているうちに、結局は上位者の意見に沿うように口裏を合わせている現状があることを指摘し、参加者の忌憚（きたん）のない意見が提示される中国式が望ましいと説いている。周囲の空気に受動的に流されるのではなく、自身の意見の表明が重要であると見るものだ。漢文教材にはこうした事実をあぶり出す視点が現在まで脈々と受け継がれている。一例として平成初期において当該成語を当時の時事問題に当てはめた次のような用例も見受けられる。

たとえば、フォークランド紛争や湾岸戦争などをみてもわかるように、先進国は発展途上国に武器を売り、それで金もうけをしているが、いざ事が起きると、「平和」をスローガンに、自分の武器で自分の武器と戦うという文字通り二重の矛盾をおかしているのである。今の人がどうして遠い昔の楚国の武器商人を笑うことができようか。*9

具体的個別の戦争事例を取りあげながら、その実態を摘示している点からも当該成語が単なる笑話にとどまらないことは明らかである。故事成語は単純に言葉としての理解にとどめておくのではなく、様々な状況下において活用されてこそその命脈を保ち得ることは言うまでもない。

四　学習指導要領から見る漢文教材の「批判力」の要素

戦後の漢文教育は紆余曲折を辿り、その教育意義にも再考が余儀なくされた。戦時体制と結びつけられたことから、漢文教育の見直しが求められたのである。[*10] 昭和二十二年（一九四七）四月に文部省が「必修国語には漢文を含まぬ」と言明すると、旧制中学教諭により発足された漢文教育懇談会はこれに猛抗議し、国会に制度としての必修化を要請する。その後、昭和二十七年（一九五二）二月に「東洋精神文化振興に関する決議案」が国会で可決し、「国語甲」の配当時間が増えて漢文が必修化された。文相天野貞祐（あまのていゆう）も戦後の道徳教育の必要性を力説する一方で漢文教育の必修化を求めていた。この見解は漢文教育の識者たちからは受け入れられ、漢文が道徳性の涵養に資するものとの理解が得られた。その一方で、中国古典文学者吉川幸次郎（よしかわこうじろう）やフランス文学者桑原武夫（くわばらたけお）はこの風潮を疑問視し、当時実施されていた漢文選択科目制の継続を訴えた。[*11] 戦後まもない当時、漢文には戦前復古的なイメージが根強く残っており、「逆コース」との批判を受け続けた背景がある。かくして漢文教育の意義づけが改めて問い直された。

昭和三十一年（一九五六）告示の高等学校学習指導要領国語科編が告示される。これは、学習指導要領一般編（昭和二十六年〈一九五一〉改訂版）のうち高等学校に関する部分を改訂したものであり、昭和三十一年（一九五六）度入学生から実施されることが明記される。国語科の目標には「鑑賞力・批判力」の記載がある。

・言語文化を広く深く理解できるように、読解力を豊かにし、特に鑑賞力や批判力を伸張させ、その読解の範囲も、現代文と並んで古文や漢文にまで拡充させる。（「国語科」）

・訓点のついた漢文について、それを読解する豊かな能力が身につき、あわせて批判や鑑賞ができる。

（「国語科漢文」）

その後、昭和三十五年（一九六〇）告示の高等学習指導要領には国語科が再編成され、「現代国語」と「古典」の二本柱となり、漢文は古典の領域に組み込まれた。「思考力・批判力」は昭和四十五年（一九七〇）告示のものにも盛り込まれており、当時は重要な観点であったことがうかがえる。

【昭和三十五年】

・古典としての古文や漢文について、概観的な理解を得させ、読解し鑑賞する能力を養い、思考力・批判力を伸ばし、心情を豊かにする。
（「古典甲」目標）

・古典としての漢文を読解し鑑賞する能力を養い、思考力・批判力を伸ばし、心情を豊かにするとともに、特にわが国の言語、文学、思想などと関係の深い漢文の読解を通して、そこに盛られている文化の特質や意義がわかるようにする。
（「古典乙Ⅰ」目標）

・古典としての漢文を読解し鑑賞する能力を高め、思考力・批判力を伸ばし、心情を豊かにするとともに、特にわが国の言語、文学、思想などと関係の深い漢文の読解を通して、そこに盛られている文化の特質や意義がわかるようにする。
（「古典乙Ⅱ」目標）

【昭和四十五年】

・古典としての古文と漢文の基本的な作品を読んで、古典を読解し鑑賞する基礎的な能力を養い、思考力・批判力を伸ばし、心情を豊かにする。
（「古典Ⅰ甲」目標）

・古典としての漢文を読解し鑑賞する能力を養い、思考力・鑑賞力を伸ばし、心情を豊かにするとともに、わが国の言語、文学、思想などと関係の深い漢文を読むことを通して、そこに盛られている文化の特質や、わ

が国の文化との関係などがわかるようにする。　（「古典Ⅰ乙」目標〈漢文〉）

・精選された作品を深く読み味わって、その作品の特質がわかるようにするとともに、思考力・批判力を伸ばし、心情を豊かにする。　（「古典Ⅱ」目標）

この「批判力」の観点は、当時の小学校・中学校の学習指導要領には明記されなかった。昭和三十年代当時、国語教材に関する小委員会の委員長であった国語学者時枝誠記（ときえだもとき）は、あえて高等学校学習指導要領にのみ「批判力」を盛り込んだ理由について次のように語っている。

この批判力といふ語については、指導要領委員会内部でも見解を異にし、あるものは、教材内容に対する批判の意に解すべきであるとするのであるが、私はこれを、国語に対する批判、即ち言語的実践の態度、技術、方法等に対する批判の意味にとるべきであると考へてゐる。そのやうに解するならば、批判といふことは、国語の自覚的実践、方法的実践と同意語に解すべきで、このやうな批判力の教育といふことは、高等学校の段階をまつて始められる事柄ではなく、学校教育のそもそもの出発点から問題にされなければならないことである。*12

ここでは「批判力」は高等学校のみならず、本来は学童期からの国語教育の根幹をなす理念であると論じられる。一方で「漢文科名称廃止論」を唱えた時枝に対する漢文学者からの反発は相当に強かった状況も報告されている。*13

この「批判力」については当時から賛否両論が見られた。まず、中国古典文学者鎌田正（かまたただし）は、昭和三十七年（一九六二）四月発刊の『高等学校国語教育実践講座』において漢文教材の持つ思想内容が人間形成の指導に役立つことを述べ、「思考力・批判力・心情の陶冶」の観点に触れている。特に、儒家思想を否定する道家や法家の教材などは戦前にはほとんど見られなかったが、これが当時の漢文教材には採録されている点も「批判力」の陶冶に資するものとして評価する。

外来の文化や思想を批判して摂取したというべきであるが、今日われわれが漢文古典を学習するにあたって、この批判的態度が必要であり、漢文古典の指導は、この面にも力を注がなければならない。狭い見解のもとに、一つの思想に盲従する弊害の大きいことは、敗戦というきびしい歴史的現実において、つぶさに体験したわれわれである。いかにすぐれた先哲の教えにしても、無批判に受容することは許されないであろう。(中略)特に思想的教材においては、儒家に配するに道家や法家をもってし、文学的教材においては唐宋の詩文が多く取材されている。これは思想の一辺倒を警戒し、豊かな人間形成をはかる上において好ましい現象であると思う。*[14]

これは戦前と戦後の漢文教育を比較しながらその目的を可視化するものだったが、実態としてそこまでは期待できないとの指摘も見られる。例えば、同年九月に実施された座談会において当時都立神代高校教諭であった益田勝実（ますだかつみ）は教育の現状に照らして次のような感想を漏らしている。

少なくとも指導要領が思考力とか批判力とかいう事で匂わせているような問題、すなわちコミュニケーションの外面的な要素、外言語的要素でなくて、もう少し内言語といいますか内面領域に相わたるような所をねらって行かなきゃいけないんじゃないか、現代の社会科学や自然科学や芸術のような精神文化の領域が蓄積して来たものを自分の心の中にも蓄積して行って、そして心の中に言葉が太って心の中の思いが深まって行って、そして人間と人間を結びつける心となってその一端がにじみ出てくるような構造の教育でなければ、どうも人間の教育にならないんじゃないか。*[15]

ここでは「思考力・批判力」の内面性と人間形成について語られているが、この「批判力」の箇所は漢文教育にも受容されている。また、昭和四十年（一九六五）九月に開催された「古典教育における漢文」のシンポジウムにおいて、当時杉並高校教諭であった井関義久（いぜきよしひさ）は次のように述べている。

> 指導要領にある親しむとか、思考力を養うとか、批判力を養うとかいうことは、末梢的な意味ではやっておりますけれども、それが本質的に思考力・批判力を養う役に立っているかどうか、または、その読解をやっているかどうかというと、これは絶対にやっていないのではないかとさえ思います。*16

高等学校の教育現場では懸命になればなるほど空回りしているといった気持ちを吐露している。また、当時東京教育大学付属高校教諭であった田部井文雄（たべいふみお）も同様の見解を示している。

> 漢文教育の第一段階である〝入門期〟においてなすべきことが、この「読解・鑑賞の能力」を養うための基礎知識・訓読技術修得のための指導であることはまちがいない。しかし、「思考力・批判力を伸ばし…そこに盛られている文化の特質や意義がわかるようにする」ための指導が、この入門期においてじゅうぶんになし得るはずはないのである。*17

こうした現場からの声には、時枝が当初想定した「批判力」の観点が高等学校の教育現場の実態とは乖離（かいり）したものと考えられていた現状が見受けられる。かくしてその後の学習指導要領には具体的な「批判力」の観点は明記されないまま、昭和五十三年（一九七八）告示の高等学校学習指導要領からはこの文言が取り除かれ、「国語を的確に理解し適切に表現する能力」や「言語文化に対する関心」が国語の目標に掲げられた。

・国語を的確に理解し適切に表現する能力を養うとともに、言語文化に対する関心を深め、言語感覚を豊かにし、国語を尊重してその向上を図る態度を育てる。（「国語Ⅰ」）

・古典としての古文と漢文を読解し鑑賞する能力を高め、ものの見方、感じ方、考え方を深めるとともに、古典に親しむことによって人生を豊かにする態度を育てる。（「古典」）

指導事項も「理解・表現・言語事項」（「国語Ⅰ」）に重点が置かれる一方で、従来の「批判力」が影を潜め、「古典に親しむ」態度が強調された（なお、「思考力」については国語全般の目標としてその後も継続表記）。古典離れにますます拍車がかかる状況下で、生徒を必死につなぎ止めるために教材の積極的活用から内容理解重視へと方針転換された様子が読み取れる。

二十一世紀に入って、すでに二十年が経過した。日進月歩するグローバル社会の中で、技術革新により社会構造や雇用状況の変化に伴い、予測のつかない時代となっている。進化した人工知能（ＡＩ）が様々な判断をおこなったり、物流がインターネット経由で最適化されたりする新たな時代の到来により社会や生活が大きく変えられていくとの予測もなされている。このような時代の学校教育においては子どもたちが様々な変化に積極的に向き合い、他者と協働して課題を解決していくことや様々な情報を見極めて、知識の概念的な理解を実現し、情報を再構成するなどして新たな価値につなげ、複雑な状況変化の中で目的の再構築ができるようにすることが求められている。

平成二十八年（二〇一六）十二月の中教審答申「幼稚園、小学校、中学校、高等学校及び特別支援学校の学習指導要領等の改善及び必要な方策等について」には、「主体的・対話的で深い学びの実現」が盛り込まれた。このうち「深い学び」については次のような具体的な説明が付されている。

> 習得・活用・探究という学びの過程の中で、各教科等の特質に応じた「見方・考え方」を働かせながら、知識を相互に関連付けてより深く理解したり、情報を精査して考えを形成したり、問題を見いだして解決策を考えたり、思いや考えを基に創造したりすることに向かう「深い学び」が実現できているか。

こうした動きを受けて、「批評読み」を提唱した国語教育学者河野順子（かわのじゅんこ）は「テキストとの対話」、「友人との対話」、「自己内対話」の三つの対話により子どもの既有知識や既有経験に訴えかける指導の重要性を説いた。[*18] さらに、その論考において参照された「トゥルーミン・モデル」の中にも「反証」が含まれているが、「主張」の蓋然性を高めるうえでもこの過程を経ておくことが必須とされたのだろう。近年では中国古典文学者佐藤正光も今日のグローバル社会における漢文教育について「批評力」の必要性を再認識している。

> 漢文教育で言えば、教材の批評力を身につけることは重要である。批評力を身につければこそ、生涯にわたって愛好できる作品を自ら鑑賞し、他者へもその価値を説明できる能力を育くむことが可能なのである。[*19]

漢文教材はもともと反証的な視点を備えており、かつては「批判力」の養成にも適していた経緯は見逃すことはできない。「批判」という行為が常に否定的ニュアンスを帯びていた状況に着目した倫理学者古田徹也は相手とともに問題を吟味し理解を深めるために行う本来の意味に立ち返るべきである述べている。[*20] こうした動静の中で漢文教材が内包する「批判力」の観点を改めて見直すことも必要となろう。

多くの中学生にとって初めて触れる漢文教材「矛盾」は単なる笑話として受容させるのではなく、その取り扱いの際に寓話に対して常に疑問符を投げながら提示することで、反証的視点の糸口とする導入的役割が期待できる。学習者を単なる傍観者としての視座にとどめておくのではなく、指導者側からの「なぜこのような一見明白に理論破綻とも思える話を持ち出したと考えられるのか」、「身近にも論理が成り立たない事例としてどのようなものがあるだろうか」といった踏み込んだ発問を通して、彼らにも当事者意識を持たせつつ当該成語に向き合わせることが可能であり、これは漢文教材の魅力を伝えるうえで有効な手段になるものと考えられる。

五　まとめとして

ここまで中学校の漢文導入期における「矛盾」の成立背景及び、漢文教材が多分に含んでいる反証的視点を踏まえながら、かつての学習指導要領に明記された「批判力」などを確認した。漢文教材にはそもそも原則論に終始する展開は少なく、常識にとらわれない理論に着目することで、新たな視点を生み出す素地を残すものが多い。こうした裏読みの視点がそもそも備わっているにもかかわらず、教育現場では漢文嫌いの生徒の声に耳を傾けたためか内容解釈を目的とした一斉講義型授業が多い傾向にある。しかし、硬直した視点に縛られない要素にこそ漢文教材本来の魅力があることを忘れてはならない。

故事成語「蛇足」もまた定番教材として有名である。楚国の舎人たちが酒杯を賭けて地に蛇を描き、その早さを競い合うものだが、そもそもなぜ蛇に足を付けてしまったのか、その愚かさを見つめていかねばなるまい。これは戦功をあげることに生きがいを感じていた楚の令尹昭陽に対して、説客陳軫は一度の失敗によって全ての功績が無に帰すことを「蛇足」の寓話で諭したものだが、学習者には「蛇の足を描くことにどのような意味があると思うか」などの発問を通して、当該成語の登場人物の視点から読み取らせることも有効な指導方法であると考えられる。単純な笑話としての視点からの転換をはかりながらその教材的な意義を伝えていきたいところである。

漢文入門期における故事成語はとかく寓話の内容理解に重点が置かれる傾向にあり、漢文特有の論理的思考性の指導には踏み込んでいない現状が見受けられる。中学校一学年次の教材「矛盾」における反証的視点を通して、漢文教材の本質的意義に迫ることが指導上有効であると結論づけられるのである。

注

1 山田慶児「矛と盾」(『混沌の海へ　中国的思考の構造』筑摩書房　一九七五年十月)
2 光村図書『中学校国語学習指導書1』一三七頁。(令和三年〈二〇二一〉度より使用)
3 顧頡剛「禅讓伝説起於墨家考」三一頁。(『古史弁第七冊下篇　唐虞夏史考』一九三五年四月)
4 加地伸行「『韓非子』における〈矛楯〉説話」(『中国論理学史研究――経学の基礎的研究』研文出版　一九八三年七月)
5 貝塚茂樹「韓非とその歴史的背景」(『講談社学術文庫　韓非』講談社　二〇〇三年四月/初出　一九八二年五月)
6 カール・R・ポパー著・森博訳「知識の理論――『探究の論理』」一〇八頁。(『果てしなき探求―知的自伝』岩波書店　一九七八年九月)
7 阿部吉雄「古典教育の方向(漢文)」二七頁。(『国文学解釈と教材の研究』第六巻二号　一九六一年一月)
8 丸山眞男『現代政治の思想と行動』(未来社　一九五六年十二月)・吉本隆明『共同幻想論』(河出書房　一九六八年十二月)・山本七平『空気の研究』(文藝春秋　一九七七年四月)
9 合山究「故事成語と日本人」二八〇頁。(『故事成語』講談社　一九九一年十一月)
10 原田近貞「漢文教育の歴史――教育行政からみた――」二五頁。(岩波書店『文学』第二十九号　一九六一年三月)
11 吉川幸次郎「漢文教育の吟味」(『吉川幸次郎全集』第十七巻　筑摩書房　一九六九年一月/初出　一九五二年三月)・桑原武夫「漢文必修などと」(『桑原武夫全集　第三巻』朝日新聞社　一九六八年一月/初出　一九五二年六月)
12 時枝誠記「国語教育の目標と教科の特質」五二頁(『国語教育の方法改稿版』有精堂出版　一九六三年一月)
13 富安愼吾「昭和30年代前期の国語科教育課程における漢文学習の位置づけ――『高等学校学習指導要領国語科編』(昭和31年)改訂時の議論に注目して――」(『国語科教育』第六十一集　二〇〇七年五月)

14　鎌田正「古典としての漢文の指導と思考力・批判力・心情」四四～四五頁。(『高等学校国語教育実践講座第五巻　漢文の指導と実践』學燈社　一九六二年四月)

15　益田勝実「国語教育における古典と現代」九頁。(『国文学　言語と文芸』第五巻一号〈第二十六号〉一九六三年一月)

16　鎌田正・井関義久ほか「古典教育における漢文」五二頁。(『国文学　言語と文芸』第八巻二号〈第四十五号〉一九六六年三月)

17　田部井文雄「教材論　二、入門」一〇二頁。(『漢文教育の理論と指導』大修館書店　一九七二年二月)

18　河野順子『小学校国語科「批評読みとその交流」の授業づくり』明治図書　二〇一七年四月)

19　佐藤正光「漢文教育の今日的意義」(明治書院『日本語学』三六―七　二〇一七年七月)

20　古田徹也「規格化とお約束に抗して」(朝日新書『いつもの言葉を哲学する』朝日新聞出版社　二〇二一年十二月)

第二章

「臥薪嘗胆考」——「引用型成語」と「摘要型成語」の観点に照らして——

一　はじめに

故事成語「臥薪嘗胆」は、春秋時代の呉越興亡をもとにした復讐譚であり、「呉越同舟」という熟語からも両国が仇敵の間柄であることはよく知られている。教材においては『十八史略』が採録され、呉王夫差の「臥薪」と越王句践の「嘗胆」が対比されるが、『史記』をはじめとする史書には「臥薪」の逸話はなく、いずれも句践の「嘗胆」の記事しか見受けられないことはすでに多くの指摘がある。[*1] 現代中国の『漢語大詞典』（上海辞書出版会社）にも「臥薪事不知所出（臥薪の事出づる所を知らず）」と記されており、その典拠は不明とされている。呉越興亡故事からは「会稽の恥（を雪ぐ）」（以下、本章では「会稽型」と称す）と「臥薪嘗胆」（以下、本章では「嘗胆型」と称す」）の二つの成語が生まれた。一口に故事成語と言っても、古人の言葉を忠実に切り取って提示した「引用型成語」と、故事の概要を後人の手でまとめて名称を付けたと考えられる「摘要型成語」に分類できる。つまり、句践の口より直接発せられた「会稽之恥」は前者、後世において成語化された「臥薪嘗胆」は後者となる。日清戦争後の三国干渉の際に「臥薪嘗胆」がスローガンとなった事実はすでに周知のことだが、そこに至るまでの経緯がこれまで論じられることは少なかった。本章は故事成語「臥薪嘗胆」の成立と受容についての考察である。

二　漢籍における「臥薪嘗胆」用例

時は春秋時代、江南の地に呉と越の二国が起こった。呉国は現在の上海・蘇州の地に周の文王の伯父太伯により、越国はさらに南方、紹興酒で有名な紹興の地に禹王の末裔無余によりそれぞれ建国された。『史記』巻三十一「呉太伯世家第一」によると、呉国十九代目の寿夢没後、長子諸樊は父王の遺志を汲み取り、聡明な末弟季札に王位を継がせるように考えたが、季札は諸兄の存在を意識し、この申し出を辞退する。諸樊は一旦王位を継ぎ、たびたび季札に譲位を打診するが、なおも承諾しない。その後は次弟余祭、三弟余昧と兄弟順に王位に就かせて最終的に季札につなげるように取りはからうが、季札はなおも拒み、結果的に余昧の子僚が即位する。王僚の即位を不服とした公子光（諸樊の子）は、楚国からの亡命者伍員（子胥）や刺客専諸の力を借りて紀元前五一五年、クーデターにより王僚を除き王位奪還に成功する。これが呉王闔廬である。その後、闔廬は越国を攻めたが、前四九六年には負傷した指の悪化により没する。二年後、闔廬の子夫差が復讐を果たして越王句践を降伏させる。当時、孔子は六十歳を目前にして各地放浪の旅に出ていた頃である。句践は屈辱に耐えて生き延び富国強兵につとめ、前四七三年には夫差を破って呉国を滅亡させる。以下は『史記』における呉越双方の「臥薪嘗胆」場面である。

越因リテ伐チレ呉ヲ、敗ル二之ヲ姑蘇ニ一。傷ツケ二呉王闔廬ノ指ヲ一、軍却ク二七里ヲ一。呉王病傷シテ而死ス。闔廬使メテレ立タ二太子ノ夫差ヲ一、謂ヒテ曰ク「爾、而忘レタル三句践ノ殺シシヲ二汝ノ父ヲ一乎ト。」対ヘテ曰ク「不レ敢ヘテセ。三年ニシテ乃チ報ズトレ越ニ。」
（『史記』巻三十一「呉太伯世家第一」）

呉王闔廬の遺言「句践がお前の父を殺したことを忘れたのか」に対し、太子の夫差は「決して忘れません」と述べて三年以内の復讐を誓ってはいるものの、「臥薪」の一項は見られない。他方、「越世家第十一」には次のような記述がある。

呉既ニ赦スレ越ヲ。越王句践反リレ国ニ、乃チ苦シメレ身ヲ焦シレ思ヒヲ、置キ二胆ヲ於坐ニ一、坐臥スルニ即チ仰ギレ胆ヲ、飲食ニモ亦タ嘗ムレ胆ヲ也。曰ク「女忘レタル二会稽之恥ヲ一邪ト。」　（『史記』巻四十一「越世家第十一」）

このように越王句践側には「嘗胆」の後に「会稽の恥を忘れたのか」と問いかける場面がある。後世、「会稽之恥」の用例には以下のようなものが見える。呂不韋『呂氏春秋』巻九「越王苦シミ二会稽之恥ニ一、欲シ三深ク得ント二民心ヲ一、以テ致ス二必ズ死ヲ於呉ニ一」（「季秋記・順民」）、『史記』巻百二十九「貨殖列伝第六十九」「范蠡既ニ雪グ二会稽之恥ヲ一」、董仲舒『春秋繁露』巻九「雪ギ二会稽之恥ヲ一、卒ニ為ル二霸主ト一」（「対膠西王越大夫不得為仁」）、王充『論衡』巻二十七「句践欲シテレ雪ガント二会稽之恥ヲ一、拊二循シ其ノ民ヲ一、弔ヒレ死ヲ問ヒテレ病ヲ而民喜ブ」（「定賢」）、班固『漢書』巻九十一「貨殖伝第六十一」「十年国富ミ、厚ク賂ヒ二戦士ニ一、遂ニ報ジ二彊呉ニ一、刷グ二会稽之恥ヲ一」など、先秦から漢代にかけて「会稽之恥」が多く用いられた。盛唐期に完成した李瀚『蒙求』巻中所収の「仲連蹈海　范蠡泛湖」には「史記ニ范蠡事ヘ二越王句践ニ一苦シメテレ身ヲ勠セテレ力ヲ与ニ二句践一深ク謀ルコト二十余年。竟ニ滅シテレ呉ヲ報ユ二会稽之恥ヲ一」とあり、当該成語は句践のみならずその軍師范蠡にも結びつけられて受容された様子がうかがえる。同時代の李白の詩にも次のような用例が見られる。

誓雪会稽恥　　会稽の恥を雪がんと誓ひ
将奔宛陵道　　将に宛陵に奔らんとす　　（「贈従孫義興宰銘」）

これに対し、晋代には「枕戈嘗胆」なる熟語がしばしば使われた。「枕戈（戈を枕にす）」とは武具を備えて寝起きし常に警戒を怠らない状態を意味し、劉琨の「枕戈待旦」（「枕戈待旦、志梟逆虜」）が有名である。『礼記』壇弓上第三には「寝苫枕干（盾）」とあり、父母の仇を討つ者は安眠せぬことを心得とするものだが、この「枕干」から「枕戈」の語が派生したと思われる。盛唐の杜甫は「壮遊」の中で越王句践の故事として「枕戈」の語句を付している。

枕戈憶句践　　枕戈句践を憶ひ
渡浙想秦皇　　渡浙秦皇を想ふ　（『杜工部詩集』巻十五）

北宋の王洙は当該詩に「越王句践臥則枕戈。思有以報呉」と注を施すなど、「枕戈」は「句践」を連想させるものであった。盛唐の詩人王維は「燕支行」において三国時代の関羽の「刮骨療毒」逸話と並べて次のように詠み込んだ。

報讐只是聞嘗胆　　報讐只だ是れ嘗胆を聞く
飲酒不曾妨刮骨　　飲酒曾て骨を刮るを妨げず　（『王右丞詩集』巻一）

このほか、中唐の劉長卿「越王嘗胆安可敵　遠取石田何所益（越王嘗胆安くんぞ敵すべけんや　遠く石田を取りて何れの所か益せん）」（「登呉古城歌」）、李賀「思焦面如病　嘗胆腸似絞（思焦は面病のごとく　嘗胆は腸の絞るに似たり）」（「春帰昌谷」）などと詠まれた。

六朝以降の史書には、『宋書』巻九十九「所以枕戈嘗胆、苟全視息、志梟元凶、少雪仇恥」、『梁書』巻五「陛下英略緯天、沈明内断、横剣泣血、枕戈嘗胆」、『陳書』巻一「自寇虜陵江、宮闈幽辱、公枕戈嘗胆、提剣撫心」、『隋書』巻六十「臣任処関河、地居衝要

、嘗胆枕戈シテ、誓フニ以テス必ズ死スルヲ」、『南史』巻八「不能ハ撫シテ剣ヲ嘗胆、枕戈泣血シテ躬ラ先ンズ士卒ニ」などの用例がある。特に、南宋の宰相李綱は「正ニ当ニ枕戈嘗胆ス。使メバ刑政修メテ而中国強カラ、則チ二帝不シテ俟タ迎請ヲ而自ラ帰セン」(『南宋書』巻九)と奏上した。金侵攻により北宋末期の徽宗、欽宗の二帝が捕囚された靖康の変を忍ぶ気持ちに当該成語が引かれたのは象徴的である。

清代の張玉書ほか編『佩文韻府』巻五十七「嘗胆」により、これまで成語「臥薪嘗胆」の初出が北宋の蘇軾「僕受ケシ遺ヲ以来、臥薪嘗胆ス。悼ミ日月之逾邁キシヲ而嘆ク功名之不ルヲ立タ」(「擬孫権答曹操書」)にあると目されていたが、近年では、それより百年ほど前の五代後漢の隠帝(九四七~九五〇)「春令赦文」に「朕ノ所以ハ嘗胆臥薪スル、廃シテ食ヲ輟メ寝ヲ」の用例があったことも報告されている。*2 その後は南宋の朱熹『朱子語類』巻百十一「臥薪嘗胆シテ合シテ天下之智力ヲ、日夜図求シ」、呂祖謙『左氏伝説』巻三「恵公既ニ反ル国ニ之後、乗ジテ此ノ機会ニ能ク臥薪嘗胆シテ側身修行ス」、『宋史』巻三百八十五「兵未ダ強カラ、財未ダ裕ナラ、宜シク臥薪嘗胆シテ以テ図ル内治ヲ」などがある。*3 宋代の詩文においては、北宋の梅堯臣「引杯嘗胆未雪恥(杯を引きて嘗胆未だ恥を雪がず)」(「依韻酬永叔再示」)、南宋の劉克荘「図覇臥薪嘗胆(覇を図りて臥薪嘗胆す)」(「春夜温故六言二十首」)、元代の李坦之「江辺東越愁嘗胆(江辺東越嘗胆を愁ふ)」(「姑蘇台」)、葉懋「臥薪嘗胆竟何年(臥薪嘗胆竟に何年)」(「題越王廟」)、黄伯暘「離愁一味如嘗胆(離愁一味嘗胆のごとし)」(「黛眉顰色」)などの用例も見られる。かくして教科書にも採録される宋末元初の曾先之『十八史略』登場へと至る。

> 呉王闔廬、挙ゲテ伍員ヲ謀ラシム国事ヲ。員字ハ子胥、楚人伍奢之子ナリ。奢誅セラレテ而奔ル呉ニ。以キテ呉兵ヲ入ル郢ニ。呉伐ツ越ヲ。闔廬傷キテ而死ス。子ノ夫差立ツ。子胥復タ事フ之ニ。夫差志ス復セント讐ヲ。朝夕臥シ薪中ニ、出入スルニ使メテ人ヲシテ呼バ曰ク「夫差、而忘レタル越人之殺シシヲ而ノ父ヲ邪ト。」

周敬王二十六年、夫差敗越于夫椒。越王句践、以余兵棲会稽山、請為臣妻為妾。子胥言「不可。」太宰伯嚭受越賂、説夫差赦越。句践反国、懸胆於坐臥、即仰胆嘗之曰「女忘会稽之恥邪。」

（『春秋戦国』）

ここでは夫差の「臥薪」と句践の「嘗胆」が対偶的に描かれており、この頃から夫差の逸話が付記された様子がうかがえる。このほかに明代の宰相劉基（伯温）『覆瓿集』巻二「詠史」には次のように詠み込まれた。

夫差臥薪日　　夫差臥薪の日
句践嘗胆時　　句践嘗胆の時
人生各有志　　人生各おの志有り
況乃身践之　　況んや乃ち身、之を践むをや

その一方で、「臥薪」・「嘗胆」ともに句践の故事として記憶されてもおり、*4『宋史』巻四百十三「願陛下精思熟慮、約己愛民、必如句践之臥薪嘗胆、必如衛文公之帛衣布冠可也」、明代の余邵魚『春秋列国志伝』巻九「越王対曰「吾自会稽之恥而帰、臥薪嘗胆」」、瞿佑『剪灯新話』巻四「昔句践志於復讐臥薪嘗胆」、清初の侯方域『壮悔堂文集』巻十「当時以句践之堅忍、種蠡之陰計臥薪嘗胆」とあるように、「夫差臥薪説」は必ずしも一般的ではなかった。次に、「嘗胆」についての考察を進める。後漢の趙曄『呉越春秋』巻八には「嘗胆」の記事がより詳細に描かれる。

越王念復呉讐非一旦也。苦身労心、夜以接日。目臥則攻之以蓼。足寒則漬之以水。冬常抱氷、夏還握火。愁心苦志懸胆於戸、出入嘗之。不絶於口。中夜潸泣、泣而復嘯。

句践は呉への復讐心を忘れず、常に自身に苦痛を課していることがわかる。眠くなれば蓼（苦菜）を目に当て、足が寒いときには水に浸し、冬は常に氷を抱き、夏は火を握るなどをした後に、胆を戸に掛けて「嘗胆」を実践するが、ここでも「胆」が何を指すかは明かされない。前掲『春秋列国志伝』巻七には「句践更懸熊胆于座側、毎出入朝罷輒以舌嘗其胆以資其苦」とあり、「熊胆」が明記される。[5] 香川修庵『一本堂薬選』巻中（享保十四年〈一七二九〉）によれば、「熊胆」は「凡撰熊胆、以味極濃苦色黒光、有焦気運転如飛者、為佳（凡そ熊胆を撰ずるに、味極めて濃苦、色は黒光、焦気運転有りて飛ぶがごとき者を以て佳なりと為す）」とあり、やはりその苦味に特徴があったことがわかる。ただし、句践が舐めたものは「熊胆」のみに限られるものではない。前掲『呉越春秋』には越国降伏時、持病を患っていた呉王夫差の排泄物を越王句践が口で受けて病状をはかったとする逸話も見られる。「越王因拝、請嘗大王之溲、以決吉凶。」即以手取其便与悪而嘗之」（「句践入臣外伝」）とあり、句践は呉王夫差の屎尿を自ら舐め分け、その病状を明らかにして全幅の信頼を得たとされる。[6] 同じく『春秋列国志伝』巻八にも句践は「願請王之泄便」と申し出る場面がある。こうした逸話により、後述の「石淋を嘗めて会稽の恥をそそぐ」の成語化につながったものだろう。一方で、「臥薪」の関連語には「臥薪抱火（薪に臥して火に包まれた極めて危険なたとえ）」がある。これは前漢の賈誼による宮廷造営批判の逸話に由来し、三国時代呉の華覈の諫言「抱火臥薪之喩」にも引かれるが、当該成語とは直接結びつくものとは考えられない。やはり、宋代まで使用されていた「枕戈」が何らかの形で「臥薪」に付け変わったものと推測される。さらに、南宋の呂祖謙『左氏伝説』巻二十「坐薪嘗胆之時、為之則易。志満意得之時、持之甚難」、陳亮『龍川集』巻二十一「特未可知孤聖天子坐薪嘗胆之本意」、『金史』巻百「陛下当坐薪懸胆之日、奈何以球鞠細物動揺民間」（「朮虎筠寿」）の用例からは、「坐薪嘗胆」や「坐薪懸胆」

などの派生語が生み出された状況も垣間見える。

漢代ではもっぱら「会稽之恥」が使用されていたが、その後晋代には「枕戈嘗胆」が現れ、宋代には「臥薪嘗胆」に移行された形跡も浮かびあがった。以上の観点から、故事成語「臥薪嘗胆」は後世に確立された「摘要型成語」の一つであることが明らかである。

三　和書における「会稽之恥」用例（近世以前）

前節で確認した通り、中国では漢代までの「会稽型」から晋代以降「嘗胆型」に移ったのに対し、わが国では近代以前は「会稽型」が一般的であった。『日本書紀』巻二十六「枕戈嘗胆ス。必ズ存テ二拯救ヲ一」（斉明六年〈六六〇〉十月）、『太平記』巻三十九「両年を過ぐるまで秋刑の胆を嘗めて」、『一休和尚年譜』「兄能ク嘗胆シテ勿レ忘ルル焉」（応永二年〈一四一九〉）のほか、天陰龍沢『天陰語録』「嚼ミテレ歯ヲ討チ二父兄之讐ヲ一、山川復スレ旧ニ。嘗胆シテ雪ギテ二臣民之恥ヲ一、草木靡クレ風ニ」、策彦周良『策彦和尚詩集』「争若黔婁嘗父胆　焚香拝斗仰天祈（争でか黔婁の父の胆を嘗めしごとく　焚香拝斗して天を仰ぎて祈らん）」、「越王嘗胆媚呉王　唯為身謀柔勝剛（越王嘗胆して呉王に媚び　唯だ身謀を為し柔は剛に勝つ）」、中恕如心『碧雲稿』「一自会稽嘗胆後　楚台何処起西風（一たび会稽より嘗胆の後　楚台何れの処か西風起こる）」など一部の漢詩文には「嘗胆型」も見られるが、軍記物語を中心に「会稽型」が圧倒的に多い。ちなみに策彦和尚の漢詩に見られる「黔婁」とは六朝時代の官僚庾黔婁のことであり、「二十四孝」の一人に数えられる。父の糞便を舐めてその死期を悟り、北斗七星に向けて父の身代わりになるように祈りを捧げたとするその孝行譚に句践の「嘗尿譚」逸話が重ねられて詠み込まれている。

◆『将門記（しょうもんき）』

・介良兼不レ忘二本意之怨ヲ一、尚ホ欲レ遂ゲント二会稽之心ヲ一。

◆『陸奥話記（むつわき）』

・昔句践用ヰテ二范蠡之謀ヲ一、得タリレ雪グヲ二会稽之恥ヲ一。

◆『新猿楽記（しんさるがくき）』

・至リテハ二于会稽之時ニ一、未ダレ取ラ二属降（しょくかう）之思ヲ一。

◆『平治物語』巻下

・当国・他国より大勢来りてつきければ、終に呉王夫差をほろぼし、会稽の恥を雪ぐとはかやうの事をこそ申せ。

◆『平家物語』

・山門の大衆、六波羅へは寄せずして、すぞろなる清水寺におし寄せて、仏閣僧坊一宇ものこさず焼きはらふ。是はさんぬる御葬送の夜の、会稽の恥を雪（きよ）めむが為とぞ聞えし。（巻一）

・今度にあらずは、何れの日か会稽をとげん。（巻四）

・平家は水嶋のいくさに勝てこそ、会稽の恥をば雪めけれ。（巻八）

・時に臣等院宣をうけ給はり、ふたたび旧都にかへつて会稽の恥をすすがん。（巻十）

・朝の怨敵をもほろぼし、会稽の恥をも雪むべきものにて候か。（巻十二）

◆『愚管抄（ぐかんしょう）』巻五

・義朝ガ方ニハ郎等ワヅカニ十人ガ内ニナリニケレバ、何ワザヲカハセン。ヤガテ落テ、イカニモ東国へ向ヒテ今一度会稽ヲ遂ント思ヒケレバ、大原ノ千束ガガケニカヽリテ近江ノ方へ落ニケリ。

◆『吾妻鏡（あずまかがみ）』

・公私全フシテレ命ヲ廻ラサバ二計ヲ於外ニ一者、盍（なん）ゾランレ雪ガ二会稽之恥ヲ一哉。
（巻一　治承四年〈一一八〇〉八月二十四日）

・武蔵ノ国畠山ノ次郎重忠、且ツハ為メレ報ゼンガ二平氏ノ重恩ニ一、且ツハ為メレ雪（きよ）メンガ二由井ノ浦ノ会稽ヲ一、欲スレ襲ハント二三浦之輩ヲ一。
（巻一　治承四年〈一一八〇〉同月二十六日）

・惟義、已ニ雪キ二会稽之恥ヲ一、可キレ預ル二抽賞ニ一歟。
（巻三　元暦元年〈一一八四〉八月二日）

・顕シ二累代ノ弓箭之芸ヲ一、雪グ二会稽ノ恥辱ヲ一。
（巻四　元暦二年〈一一八五〉二月二十四日）

・自リ二祐成九歳、時宗七歳之年一以降（このかた）、頻（しきり）ニ挿（さしはさ）ミ二会稽之存念ヲ一、片時モ無クレ忘ルルコト、而ルニ遂ニ果シテレ之ヲ、
（巻十三　建久四年〈一一九三〉五月二十九日）

・今度ノ御上洛之次、欲スルノレ遂ゲント二会稽本意之由ヲ一巷説。
（巻十五　建久六年〈一一九五〉二月十二日）

◆『八幡童子訓（はちまんどうじくん）』巻上

・秦始皇帝殞二六国一。周武王焼テ二鹿台一殷紂ヲ戮シ、漢高祖討二漢陽一誅二項羽一。黄帝切二蚩尤一止二天下暗一。越王打二夫差一雪二会稽恥一ヨリ増タリ。

◆『松浦廟宮先祖次第并本縁起（まつうらびょうぐうせんぞしだいならびにえんぎ）』

・最爾新羅虎狼爾。心含二会稽之恥一、畜二句践之怨一、祈二祷群望一。搆二禍国家一者、日亦久乎。

◆『義経記（ぎけいき）』

・勅宣の使として朝敵を傾け、累代弓箭の性、会稽の恥辱を雪ぐ。
（巻四）

・三年に朝敵を平らげて、義朝の会稽の恥をも雪ぎたりき。
（巻五）

◆『曾我物語（そがものがたり）』

・そも〳〵五郎が、富士野にて、会稽の恥をきよむといひける由来をくはしくたづぬるに、昔、異朝に、呉国・越国とて、ならびの国あり。呉国王をば、闔閭の子にて、呉王夫差といひ、越国の王をば、大帝の子にて、越王句践をとぞいひける。（巻五）

・さる程に、国にとゞめおきし范蠡、この事をきゝ、うらみ骨髄にとおりて、忍びがたし。あはれ、いかにもして、我君を本国に返したてまつりて、もろともに計事をめぐらし、会稽の恥をきよめばやと、肺肝をくだきてぞ、かなしみける。（同）

・されば、古より今にいたるまで、俗の諺に、「会稽の恥をきよむ」とは、此事をいふなるべし。（同）

◆『梅松論(ばいしょうろん)』巻上

・伝聞、越王句践師に討負て呉王の為に囚まれしかども智臣范蠡が謀を廻らして囚囲を遁て、会稽山に戦て呉国を亡す事、偏に范蠡が遠慮によれり。会稽の恥を雪るとは是より申ならはせり。

◆『太平記』

・サレバ於(イテ)レ我ニ深ク存ズル子細アレバ、無(ク)二左右(一)自害スル事不(レ)可(カラ)レ有(ル)候。可(クン)レ遁(レツ)バ再ビ会稽ノ恥ヲ雪(キヨ)メバヤト思フ也。（巻十）

・備前国ノ住人児島三郎高徳、去年ノ冬、細川卿律師、四国ヨリ責上(セメノボリ)シ時、備前・備中数箇度ノ合戦ニ打負テ、山林ニ身ヲ隠シ、会稽ノ恥ヲ雪ガント、義貞朝臣ノ下向ヲ待テ居タリケルガ（巻十六）

・寄ルハ小勢ナレ共、サシモ名将ノ義貞、先日度々ノ軍ニ打負テ、此度会稽ノ恥ヲ雪メント、牙ヲ咀(カミ)名ヲ恥ヅト聞ヌレバ、御治世両統ノ聖運モ、新田・足利多年ノ憤モ、只今日ノ軍ニ定リヌト、気ヲツメヌ人ハ無リケリ。（巻十七）

・尾張守高経、五ノ城ニ火ヲ懸テ、其光ヲ松明ニ成テ、夜間ニ加賀国富樫ガ城へ落給フ。畑ガ謀ヲ以テ、義助黒丸ノ城ヲ落シテコソ、義貞ノ討レタリシ会稽ノ恥ヲバ雪ケレ。（巻二十一）

・哀レ大剛ノ者共哉。此人々ナクハ、争（イカデ）カ我等ガ会稽ノ恥ヲバ濯（スス）ガマシ。（巻三十八）

◆『保暦間記（ほうりゃくかんき）』

・十一月二日室山ニ付平家合戦ス。行家打負テ和泉国ヘゾ引退ク。平家ハ室山水嶋両度ノ合戦ニ打勝テゾ会稽ノ恥ヲバ雪ギケル。

◆『応永記（おうえいき）』

・范蠡仕㆓越王句践㆒ケルガ、与㆓呉王㆒戦テ軍破テ、越王被㆓生捕㆒テマサニ恥辱ヲ受。范蠡口惜キコトニ思テ、出入ニ嘗㆑胆。臥則枕㆑戈。其恨ヲ不㆑忘。果シテ与㆓呉王㆒戦テ終ニ雪㆓会稽恥㆒。越王是ヲ以テ大ニ欲㆑行㆑賞。辞シテ不㆑受㆑之。功成名遂身退天之道也トテ越ヲ去ル。是ヲコソ賢臣トハ申セ。

◆『看聞御記（かんもんぎょき）』

・七日山科へ押寄。土民等悉逃散畢。家百間許焼了。玉櫛被雪会稽恥云々。不思儀事也。

（応永二十四〈一四一七〉年二月七日）

◆『長禄寛正記（ちょうろくかんしょうき）』

・故入道徳本進退以外蒙㆓御哀憐㆒。并某被㆓召出㆒。雪㆓会稽之恥㆒候条無㆓比類㆒。上意辱存候。

◆『応仁記（おうにんき）』巻二

・勝元ノ伯父右馬頭入道勝元ニ向テ被㆑申候、「去正月ノ恥辱ヲ諸人嘲ニ成事、如何ニ思ヒ玉フラン。一度会稽ノ恥ヲ雪候ハデハ不㆑可㆑有。無情人々ノ覚悟哉」ト悲涙ヲヌサヘテ被㆑申ケレバ、

◆『総見院殿追善記（そうけんいんでんついぜんき）』

・或人述曰「異国の公冶長縲紲の中にあれども、其罪に非ず。本朝曾我五郎時宗は縄をかゝり、会稽の恥を雪ぐ。斯人これに同じ」

◆『惟任退治記（これとうたいじき）』

・或人述曰、「異国之公冶長、雖在縲紲之中非其罪。本朝曾我五郎時宗、懸縄雪会稽恥、汝亦非其謂哉。」

◆『北条記（ほうじょうき）』

・明智日向守光秀、以無道故、奉討信長公、此注進を聞届、弥彼表押詰、任存分不移時刻令上洛。逆徒光秀か頸を伐。奉報君恩雪会稽。（巻六）

◆『余吾庄合戦覚書（よごしょうがっせんおぼえがき）』巻下

・爰ニ佐久間玄蕃允盛政ハ、去ル廿日、江北余吾ノ合戦ニ打負テ、其身ヤウ〳〵落延ケルカ、一旦何国ニモ隠レ忍ヒ、時節ヲ待テ、越中ノ守護佐々内蔵之助ヲ初メ、国々ニアル処ノ勝家昵懇之諸侯ヲ頼ミ、再度会稽之恥辱ヲスヽカント、

◆『鴉鷺物語（あろものがたり）』

・請殊蒙一味同心合力、以仏法僧威力、速追伐辺都中鴨住山城守正素雪中其会稽状

◆『連集良材（れんじゅうりょうざい）』

・サレトモ西施美人ノ聞ヘ有ケレハ、呉王コレヲヱテ越王ヲユルス。越王皈（カヘ）テ会稽ノ恥ヲ雪事（キヨメン）ヲタクム。

◆謡曲「船弁慶」

・しかるに句践はふたたび世を取り、会稽の恥ぢをすゝぎしも、陶朱功をなすとかや。

◆謡曲「鞍馬天狗」

・驕れる平家を、西海に追つ下し、煙波滄波の、浮雲に飛行の、自在を受けて、敵を平らげ、会稽を濯がん。

上記の用例からも呉越興亡故事から離れて諸書において様々な人物の心情に沿って引用されていることがわかる。ただし、「会稽の恥」は「雪ぐ」ことでもっぱら本懐を遂げる結果に重点が置かれているため、堪え忍ぶ過程を強調する「臥薪嘗胆」とは必ずしもそのニュアンスが重なるものとは言えない。

このほかに、いくつかの物語には『呉越春秋』由来の「嘗尿譚」も描かれている。排泄に問題を抱えていた夫差に対し、降伏した句践が自ら呉王の「尿」もしくは「石淋」を舐めて病状を診断する逸話である。「石淋」については「茎中痛尿不能出。内引小腹、膨張急痛。尿下砂石、令人悶絶（茎中痛みて尿出づること能はず。内に小腹を引きて、膨張急痛す。尿、砂石を下し、人をして悶絶せしむ）」（許浚『東医宝鑑』巻四）とあるように膀胱結石を指す。こうした「嘗尿譚」は想像を絶する極めて屈辱的な行為であるが、試練に耐える句践の姿により、復讐心に燃えるイメージは一層鮮明となる。

・呉王病シケル時、医師ヲ請テ之ヲ見ス。医師云「尿ヲ人ニ呑セテ其味ヲ以テ命ノ存亡ヲ知ン」ト申セドモ、宮中ノ男女共ニ呉王ノ尿ヲ呑マント云者ナシ。句践進出テ云「吾君ノ為ニ命ヲ被レ助テ其恩尤深シ。尿ヲ呑テ報奉ラン」ト申テ即是ヲ呑。味タガハザリケレバ、呉王ノ病愈ニケリ。呉王後ニ越王ノ志ヲ悦テ本国ニ返遣ス。（中略）其後数万ノ軍ヲ起シテ、終ニ呉王夫差ヲ亡シケリ。サテコソ会稽ノ恥ヲバ雪メケレ。其ヨリシテゾ恥ミルヲバ会稽トモ申ケル。

（『源平盛衰記』巻十七「句践夫差事」）

・斯リケル処ニ、呉王夫差俄ニ石淋ト云病ヲ受テ、身心鎮ニ悩乱シ、巫覡禱レ共無レ験、医師治スレ共不レ痊、露命已ニ危ク見ヘ給ケル処ニ、他国ヨリ名医来テ申ケルハ「御病実ニ雖モレ重シト医師ノ術及マジキニ非ズ。石淋ノ味ヲ嘗テ、五味ノ様ヲ知スル人アラバ、輙ク可奉療治」トゾ申ケル。（中略）越王聞之玉テ「我呉王夫差ガ陣ニ降テ、忘恥嘗石淋助命事、全保国身ヲ栄ヤカサントニハ非ズ、只西施ニ為結偕老契ナリキ。生前ニ一度別テ死シテ後期再会、保万乗国何カセン。サレバ縦ヒ呉越ノ会盟破レテ二度我為呉成擒共、西施ヲ送他国事不可有」トゾ宣ヒケル。（中略）。古来ヨリ俗ノ諺曰、「会稽ノ恥ヲ雪ムル」トハ此事ヲ云ナルベシ。*7

（『太平記』巻四「呉越戦の事」）

典拠『呉越春秋』において「溲悪（屎尿）」と記されたものが、わが国の軍記物語では「尿」や「石淋」などと表現された。その後、江戸時代の文学作品では次のようなものが見られる。

◆作者未詳『藤葉栄衰記』巻上（寛永二年〈一六二五〉頃）

越王句践、終ニ会稽ノ恥ヲ雪メ給フ。御命ヲ全シ給フ故也。

◆三浦浄心『北条五代記』巻九（寛永十八年〈一六四一〉）

・無二に此城せめおとし、会稽の恥をすゝぐべしと数万の勢にて、せめたゝかふといへ共、上総守籠るゆへ、力せめにハ成がたし。（巻三）

・元日の礼を、一位つゞ赦免せらるゝにをいてハ、ほとんど会稽の恥辱をきよむべし。是生前の大幸なるべしと言上す。（同）

・下総、武州、上州の勢をもよほし、上杉殿を先立申、さかミの国へ乱入て、早雲を退治し、会稽の恥をすゝぐべしとそせんぎする。（巻九）

・今生の本望を達し、会稽の恥辱すゝき、亡君亡親へ黄泉のうつたいにせんと、かれらが来る道筋に、十人心ざしを一ツにして、草にふしてぞ待にける。（同）

・然ば古語に敵のいばりを呑でも本意を達すと云云。此詞用ひがたし。越王会稽の恥をすゝぎしハ一眼の亀の浮木にあへるかとごとし。（巻九）

◆神部良政『勢州軍記』巻上（寛永年間〈一六二四〜一六四四〉）

神戸家弁長野勢推寄神戸城攻之。小倉参河守雖防戦。神戸勢励勇力攻入於諸方。小倉家合戦失利。開城引退於千草也。神戸家悉追討之。再入当城。雪会稽之恥者也。

◆養真子『武家往来』巻中（寛文十年〈一六七〇〉）

・其時主上帯三種神器、幸九重之鳳闕、若不雪会稽之恥者、相当于人王八十一代之御宇

一、我朝之御宝引波、随風、

・源義経乍恐申上意趣者、被撰御代官其一、為勅宣御使傾朝敵、顕累代弓箭芸、雪会稽恥辱、可被行忠賞之処、

◆作者未詳『秀頼事記』（寛文十一年〈一六七一〉頃）

母北方ハ聞召テ、例ノアハタゝシク口サトクマシ〳〵テ、「源頼朝ハ、朽木ノ中ニカクレテ本意ヲトケ、越王ハ口ヲケカシテ会稽ノ恥ヲ雪クト申ス。命ヲスツルハカリヲ勇者ト可申ニ非ス。秀頼ノ為ト云ナラハ、人質ト成リテ関東へ下。如何成ウキ目ニアフトモツユハカリ厭フ心モ候ハズ。古参新参ノ人々ヲカタラヒ諌申ヘシ」トノ玉イケリ。

◆井原西鶴『男色大鑑』巻二（貞享四年〈一六八七〉）

川音の静まつて、人も寝時を過て、焼火に流れ木を拾ひ集め、石居て土竈をかけ、茶酒盛をはしめ、「二度代を取、会稽の恥を」とうたひながら、天目をすゞぎ、口拍子のきゝて、

◆多々良一龍『後太平記』（元禄五年〈一六九二〉）

・魏ノ文侯ハ呉起ヲ将トシ、斉ノ桓公ハ管仲ヲ立、越王句践ハ范蠡ヲ以テ、会稽ノ恥ヲ雪ギ、唐ノ高宗ハ裵行倹ヲ求テ、都支ヲ追テ、勝ッ事ヲ得タリ。（巻十四）

・此ノ上ハ遺恨ノ幡ヲ開テ、会稽ノ辱ヲ雪ント議々シケレバ、一家類葉悉ク此ノ義ニ同ジ。昼夜軍ノ評定ヲ決シケル。（巻二十二）

・元就一戦ノ刃勝ヲ求大内二代会稽ノ恥ヲ雪事。悉皆元就カ忠烈ナリ。定テ此事忘レ給フ事ハ有マシ。（巻三十）

・去ル程ニ太宰大弐義隆其夜ハ後根壱岐守カ宅所ニ休駕急キ鎮西推渡テ大友一類ヲ味方トシ再ヒ無念ノ幡ヲ建、会稽ノ恥ヲ雪キ、賊臣陶カ頭ヲ刎鬱憤ノ鋒先ニ掛ン、何条子細アラシト被レ議セ、（巻三十一）

◆作者未詳『小夜嵐』（元禄十一年〈一六九八〉）

此ころミしには引かへ、いづれも声花なるよろひ武者、きのふハあさはかなりし袖のいろを、けふはにしきのひたゝれとなす事、先以会稽のはぢをすすぐにゝたり。（巻五）

・范蠡種々の計略をめぐらし、西施と云美人越王にありしを呉王にたてまつり、句践を越にかへさる、会稽の恥をすゝぎ、范蠡が謀を以て、ほどなく呉王をうちとり、句践本意を達したまふほどに、（巻六）

◆戸部正直『奥羽永慶軍記』（元禄十一年〈一六九八〉）

・柳田兵衛尉ハ豊島新内と鑓先を合せしか推子山にして終に柳田討れにけり。新内も兄か会稽の恥を雪かんと身を軽んし死を忘れ鑓取て先に進ミ戦へたり。（巻二十七）

・舎弟登坂云甲斐なく白石の城を敵に渡し降人に出しと聞へけれハ口惜き事に思ひ未た政宗白石にそ在らんに

一戦して会稽の恥を雪かんと牙を噛て急きける所に、（巻三十一）

◆近松門左衛門『義経東六法』巻上（元禄十一年〈一六九八〉頃）

つたへきく陶朱公ハ句践をともなひ、稽山にこもりゐてしゆく〳〵のちりやくをめぐらし、つゐに呉王をほろぼして、句践の本意を、たつすとかや。然るに句践ハ、ふたゝび世をとりくハいけいのはぢをすゝきしも、たうしゆこうをなすとかや。

◆清地以立『通俗呉越軍談』巻七（元禄十六年〈一七〇三〉）

句践又熊ノ胆ヲ座ノ側ニ懸置、朝ニ出入スル毎ニ、舌ヲ以テ、コレヲ嘗テ其ノ苦志ヲ資、又近臣ヲシテ出入スルゴトニ呼シメテ曰「句践爾会稽ノ恥ヲ忘玉フヤ。」句践即応テ「敢テ忘ズ」ト云テ、心ヲ労シ志ヲ苦テ寝ノ間モ只会稽ノ恥ヲ雪、怨ヲ報ゼン事ヲ図ニアリ。

◆近松門左衛門『源五兵衛おまん薩摩歌』（宝永元年〈一七〇四〉）

よく年かたきを討おほせ、すねんの本望いこんをはらし、この小まんとふうふになり、本国本地にきさんしてくはいけいのちぢよくをすゝぎ、ぶもんの美名をかゝやかすも源五殿のおなさけ、御をんはうみ山、ほうじてもなをほうじがたし。

◆近松門左衛門『用明天皇職人鑑』第二段（宝永二年〈一七〇五〉）

姫ハとび立ばかりにて「コレそこなもの、母上の御詞じやけうと思ふか。あのおことばのねをつめて高名きハめミづからと夫婦になり、今あなづられしくハいけいをきよめんと思ふがハないか、あつと申しや。エゝふがいない」

◆近松門左衛門『雪女五枚羽子板』巻中（宝永五年〈一七〇八〉）

卞和が三どあしきられ本意をミがく夜光の玉。韓信ハ市に股をくゞり、句践ハ石淋をなめて会稽の恥をきよめしためし。

◆江島其磧『けいせい伝受紙子』巻五（宝永七年〈一七一〇〉）

宮内いさめて惣じて大義に組するものハ、小き恥辱なんどハ心にかける物にあらず。つたへきく越王句践ハ敵の不浄を嘗て会稽の恥を雪め、韓信漂母の一ッ飯をもらひ、飢をたすかり大功を立テしときく。必小事に心をくるしめ、おくればしし給ふな。

◆江島其磧『魂胆色遊懐男』巻五（正徳二年〈一七一二〉）

命ながければ恥おほし。四十にして死なんこそ、めやすかるべけれと兼好法師が書のこされし、つれ〴〵草を見てがてんしなから、死なずに恥をしのび、老てふたゝび、会稽の恥辱をきよめし類ひおほければ、めつたにはやふ死なふものにもあらず。

◆江島其磧『鎌倉武家鑑』巻五（正徳三年〈一七一三〉）

三太右衛門見て「おろかや敵の不浄をなめて命をたすかり会稽の恥を雪めし越王のむかしをきかずや。侍ハたゞ命を全ふ忍ふべき事を、よく堪しのび立身するを本意とせり。身をすてゝ人の為になるが、別而の心ざしでハないか」とすゝめられて

◆都の錦『忠義太平記大全』（享保二年〈一七一七〉）

・君父のあたにハともに天をいたゞかずといへり。いかでかいたづらに光陰のおくるべき。復讐の心なくんバ、人面獣心といひつべし。いかにもして尾花どのをうつて会稽のあたを報じ、此うらミをはらしなバ、たとひ此身ハ寸〴〵にきざまれ、骨ハ粉にはたかるゝとも、此おもひのこすかたあらじと、（巻三）

・范蠡もいまだながらへて、君のために肺肝をくだくといふ。心のほどもつげしめす。越王も范蠡がしわざなる事をしり、千難万苦をしのぎ、命をたすかり、国にかへつて、つゐに呉王をほろぼし、会稽の恥をすゝがれしも、ひとへに范蠡が忠功なりき。（巻五）

◆近松門左衛門『曾我会稽山』第四段（享保三年〈一七一八〉）

「是こそ祐経がふしど也。心しづかに本意をとげ、会稽の恥をすゝがれよ」と、いと念比の詞にすがり、御案内の程五百生のからだをやく共、いかでか報じつくすべき。

◆九二軒鱗長『和国小性形気』巻四（享保五年〈一七二〇〉）

是も先知六百石に二百石の御加増、勘平は下﨟なれども忠節の者とて砂金千両御ほうび被レ下、二度くわいけいの恥をすゝぎし。

◆槙島昭武『関八州古戦録』（享保十一年〈一七二六〉）

・異国の越王句践ハ呉王夫差の石淋を嘗て会稽の恥を雪かれしと云事、自他以能知ル処也。況是ハ身を救ふの妙薬何条苦しかるへからす。（巻五）

・留後の僅なる士卒を以愁に防戦する共、果々しき事仕出すへし共覚へす。只一口に城を渡し後日に府君御旗を挙られんする折柄、手際能奮撃して会稽の恥辱を雪にしかしと申けれハ、（巻九）

・去年味方の討れたる一倍を得たりけれハ吊ひ合戦のミに非す。会稽の恥を雪めたりとて悦ひあへる事限りなし。（巻十二）

・渡辺に繋き置たりし獵船に打乗り勝浦の城へと落行ける。鎌田ハ城を取返し会稽の恥を雪め再ひ城主と成にけり。（巻十五）

◆江島其磧『本朝会稽山』巻一（享保十三年〈一七二八〉）

越の范蠡、会稽の恥を侚ず、畢に句践の讐を復す。曹沫三敗の辱に死せず、已に魯国の羞を報ず。我朝源家中興の英雄、右大将頼朝卿。先年石橋山の合戦に討負給ひ、土肥の杉山に逃入、鵐の岩屋の臥木の中に隠れたまひ、

◆江島其磧『世間手代気質』巻二（享保十五年〈一七三〇〉）

五兵衛を回忠の者にして、埒もあかぬ金山にかゝらせん為、五兵衛と仕組での計略と、後に知て皆人我をおりぬ。それより次第に店はんじやうして、信徳世盛りの時にかハらず。大丈夫なる身上に成て、会稽の恥辱をすゝぎしと、藤助ハ范蠡が心になつて悦びけり。

◆江島其磧『其磧諸国物語』巻一（寛保四年〈一七四四〉）

北条新九郎入道早雲、伊豆駿河を打したがへ勢ひつよく、上杉家を亡して、東国を手に入んと、大軍を起し押寄来り、度々の合戦に及び、味方軍に利なくして、上総国へ引退き、ふたゝび大軍を催し、早雲を一時に亡し、会稽の恥をすゝがんと、軍勢を集めらるゝ。

◆八文字屋自笑『娘楠契情太平記』巻三（寛保四年〈一七四四〉）

内にばかりござつて平九殿の心ていを見ぬく。御はかりとこそあらまほしけれ。其うちにハ親御さまへわきから訴詔なされて、大夫様をも根から引ぬいて内方へお入なされバ、会稽の恥ハすゝぎ給ふ道理。助六こそあそびまけてくるわを引たりと。

◆八文字屋其笑『優源平歌嚢』巻三（寛延四年〈一七五一〉）

大功ハ細瑾をかへりミず。韓信ハ市人の胯を潜り、句践ハ呉王夫差が不浄をなめて、ふたゝび会稽の恥をすゝ

ぎしためし。平家の悪叛重科するといへども、一門広く家族多ければ、中〱一朝一夕にハほろぼしがたし。

◆横井也有『鶉衣』続編（安永年間〈一七七二〜一七八一〉）

かくとりへなき物なれとも、猶其の徳を尋るに、地蔵の開眼に一休の法力ハ、茶のミ噺の真偽をしらす。昔鴻門の会に、高祖ハ是にかこつけて危き座敷をはつし給ひ、越王ハこれをなめて会稽の恥をすゝぐ。

◆浜松歌国『会稽三浦誉』巻一（文政三年〈一八二〇〉）

土屋三郎宗遠おくれはぜにかけ来つて御前はるかに畏まり、君会稽の恥を雪んと思召立、義兵の門出敵に攻られ、烏帽子を捨て大わらハにて落行給ひしと世の人口を口惜く存しさるべき。烏帽子商人を尋出し召具したり。

◆滝沢馬琴『近世説美少年録』第十九回（文政十二年〈一八二九〉）

かくてや魚腹に葬られ、只興房が乗たると、雑兵の船の二艘のミ、命つれなく真金ふく、吉備の前なるこの地の浦に、辛くも流れ寓りしかバ、いかでわれ会稽の、恥を雪めて左界の城を、再とりも復さずハ、主君に見参すべからず。

◆滝沢馬琴『近世説美少年録』第二十三回（天保二年〈一八三一〉）

「和君知らざる所あり。在下故郷にありしとき、猜拳にハ頗名を得たり。何曾〱目比反掌打、何まれ和君の得たる技もて、復会稽の恥をしも、雪んとならバ敵手になるべし。咱のミ嬴ては興なし」と親切めかして諭すにぞ、

◆鼻山人『春色由佳里の梅』第三編巻中第三（天保二年〈一八三一〉）

褒姒を笑しむ幽王あれバ、貴妃と契る玄宗あり。文王羑里に囚れて雛妓服を着せられ、越王位娼を見立換て、

会稽の恥を雪ぐ。

◆滝沢馬琴『南総里見八犬伝』第九十四回（天保五年〈一八三四〉）

孝嗣見かへりて、馬に拍れ、両三番、輪馳をしつゝ遽しく、弓に箭刺ひ弯固めて、「やをれ犬山道節忠与、君夫人の仇、父の怨、且我君の会稽の、恥ハ異日の戦ひに、雪んと欲する孝嗣が、誓の征箭は恁こそ」と名告かけつゝ、彯と射る。

◆滝沢馬琴『南総里見八犬伝』第百二回（天保五年〈一八三四〉）

「今又躬方の雑兵們が、還りまゐりて稟せしよしの、這那既に吻合したれバ、疑霧越に霽て、正に当家を守らせ給ふ。神の冥助を感悟せり。然バ義通幼弱にて、敵の擒になりたりとも、他が与に会稽の、恥を雪ん事易かるべし」

◆滝沢馬琴『南総里見八犬伝』第百七回（天保六年〈一八三五〉）

親兵衛ハ謹て帰陣を祝して稟すやう、「他御覧せよ。素藤を、長杉木の杪まで太きに、登して御陣へ牽し侍り。恁てハ君が会稽の、恥を雪るに足りぬべし。快々出させ給ひね」といふに、

◆滝沢馬琴『南総里見八犬伝』第百九回（天保六年〈一八三五〉）

「抑這里ハ孰国にて、女菩薩ハ亦幾の時候より、這頭に庵を締びたる、勢ひいハるゝ如く也とも、我を幇助る術あるや。願ふハ為に会稽の恥を雪るよし欲得。いかで〳〵」

◆滝沢馬琴『南総里見八犬伝』第百十一回（天保六年〈一八三五〉）

当下願八、盆作は真先に找む声高やかに「当城の奴們、いまだ知らずや。我主蟇田頭の相公、会稽の恥を雪ん」とて、当晩数千の逞兵を領て、当城を拿復し給へり。

◆滝沢馬琴『南総里見八犬伝』第百二十回（天保七年〈一八三六〉）

いかで便直を旋らして、賊徒を伐て、会稽の、恥を雪んと欲するに、五十三太が乾児們ハ、都て市中の生侠客にて、軍旅の事に熟ざれバ、衆多かりとても憑しからず。

◆滝沢馬琴『南総里見八犬伝』第百二十一回（天保七年〈一八三六〉）

「原来寄隊に攻破られて、城ハ只今落るにやあらんずらん。疾這獄舎を脱出て、賊徒を撃て、会稽の、恥をし越に雪ずハ、孰の時を期すべきや」と、

◆滝沢馬琴『南総里見八犬伝』第百二十二回（天保七年〈一八三六〉）

しかるに浦安牛之助友勝、登桐山八郎良于ハ神火の冥助に獄舎を出て、名ある賊徒を生拘りて、会稽の恥を雪めし事を尤奇特に思召さる。宜く本領を安堵すべし。

◆滝沢馬琴『南総里見八犬伝』第百五十一回（天保十年〈一八三九〉）

逸時景能承り相歓びて稟すやう、「臣等ハ、曩に犬江親兵衛の好意に憑りて、会稽の恥を雪むといへども、纔に附驥の小功のミ。然るを思ひかけざりし、恁る一大事の副使を承り候ハ一期の面目、この上や候べき」

◆滝沢馬琴『南総里見八犬伝』第百七十七回（天保十二年〈一八四一〉）

汝の諫めを听ずして、この大敗に及びしに、青松の操終始易らず。今日の忠戦、再度の送迎。現我家の范蠡なる哉。今より志を更めて、賢に親ミ佞を退けて、会稽の恥を雪めまく欲す。

◆滝沢馬琴『南総里見八犬伝』第百七十九回下（天保十二年〈一八四一〉）

当城ハ是なる有種が、僅に一擘の力をもて、攻捕りて会稽の、恥を雪めし所也。然ども今和睦の上ハ、返しまゐらするに異義あらず。

◆滝沢馬琴『南総里見八犬伝』第百八十勝回下編（天保十二年〈一八四一〉）

「大夫を危くせしハ、巨田道灌也。他は扇谷の大夫でありながら、君の安危を見かへらず、安全として粕屋に在り。是を忠臣といふべきや。夙く道灌を誅戮し給ハゞ、我扇谷と和睦して、兵を合せて会稽の、恥を雪めん」といひしを。

◆為永春水『正史実伝いろは文庫』第七十九回（天保年間〈一八三〇〜一八四四〉）

イヤ御両所お揃ひで、扨は原氏にハ先日の碁に敗北いたされたから、会稽の恥辱をすゝぐ積りで、今日ハ鉞寺を雇ツてお出と見へるね。

◆池田東籬『絵本呉越軍談』巻十（嘉永六年〈一八五三〉）

句践又熊の胆を座の側らに懸置、朝に出入する毎に、舌を以てこれを嘗て其苦志を資、又近臣をして出入するごとに呼しめて曰「句践なんぢ会稽の恥を忘れ給ふや。」句践即ち応へて「敢て忘れず」と云て心を労し志を苦めて寝の間も只会稽の恥を雪ぎ、うらミを報ぜんことを図るにあり。

上記のように、「会稽型」は浮世草子、浄瑠璃、読本など幅広い用例が見られるほか、『信田会稽山』、『会稽松の雪』、『会稽故郷錦』などの書名にも用いられる。

一方で「嘗胆型」には、松下見林『異称日本伝』巻下四（元禄元年〈一六八八〉）「爾チ為メニレ倭ノ請二封貢ヲ一。若シ果シテ得ハレ請フコトヲ則倭必ス益く感シテ二中国ヲ一而且ッ徳トセン二朝鮮ヲ一。必ス罷テレ兵ヲ而去ン。倭去テ而爾カ国ノ君臣遂ニ苦シメレ心ヲ焦シレ思ヲ、臥シレ薪ニ嘗メレ胆ヲ以テ修ム二句践カ之業ヲ一。天道好テレ還ルコトヲ安ンソ知ンレ無コトヲ二報スルレ倭ニ日一也」といった朝鮮出兵にまつわる記述のほか、清地以立『通俗呉越軍談』巻九（元禄十六年〈一七〇三〉）「吾会稽ノ恥ヲ受テヨリ以来薪ニ臥シ胆ヲ嘗テ寐ノ間モ、コノ怨ヲ雪ントスルニアリ」などがあり、ここでは越王句践自身の言葉の中にも見える。さらに尾田玄古『通俗続後三国志』後編巻五（享保三年〈一七一八〉）「則士民仰戴臣見世崇遊佚一、俗尚奢華、非所以有臥薪嘗胆、報仇伐叛之志者」のように東晋の郭璞が国力の増強に向けて主君元帝に奉呈した上奏文の中にも現れている。また、滝沢馬琴『南総里見八犬伝』第四十五回（文政五年〈一八二二〉）「犬山監物貞知入道道策が独児に、乳名道松と呼れたる犬山道節忠与とハわが事也。君父の讐を復さんとて、薪に臥し、胆を嘗、千辛万苦の宿望を、今こそ果す、怨の刃、受よやッ」があり、八犬士の一人犬山道節が自らの素性を明かす場面に引かれるが、概して漢籍に準じた文体のときに「臥薪嘗胆」が用いられる傾向にある。このほかに、赤穂浪士の討ち入りなどに照らした漢詩の一節などにも詠み込まれた。

◆亀井南冥「赤城義士墓下作」

英雄一死羽毛輶　英雄一死　羽毛輶し
忠勇憐他殲国讐　忠勇憐む他の　国讐を殲すを
幾歳共嘗句践胆　幾歳か共に嘗む　句践の胆*8
半宵争酌月支頭　半宵争ひ酌む　月支の頭

◆大塩中斎「四十七士」

臥薪嘗胆幾辛酸　臥薪嘗胆　幾辛酸
一夜剣光映雪寒　一夜剣光　雪に映じて寒し
四十七碑猶護主　四十七碑　猶ほ主を護り
凛然冷殺奸臣肝　凛然として冷殺す　奸臣の肝

◆東条琴台「詠史」

凛然偉略一時雄　　凛然たる偉略　一時の雄
嘗胆坐薪計不窮　　嘗胆坐薪　計窮まらず
活路已知屈伸理　　活路已に知る　屈伸の理
何妨貨殖有朱公　　何ぞ妨げん貨殖に　朱公有るを

このように、「嘗胆型」の用例はある種の格調を帯びていることから、その表現方法には特殊で限定的な様子がうかがえる。「会稽型」の汎用性と比較すると、こちらは一般的な用語ではなかった状況が明らかである。

次に中世以降の古辞書類にはどのように記されているか確認したい。文安元年（一四四四）成立『下学集』巻下には「雪レ恥ヲ　越王句践誅二呉王夫差ヲ一遂ニ雪二会稽之恥ヲ一」（態芸門）、文明年間（一四六九～一四八六）成立『文明本節用集』にもほぼ同様の記述があり、天文十七年（一五四八）成立『運歩色葉集』には「雪フ二会稽恥ヲ一」などとあり、定型句として確立していた。その後江戸時代の俳書や古辞書類には「会稽型」が多く散見される。

◆松江重頼『犬子集』巻十五（寛永十年〈一六三三〉）
「まて会稽のはちをすゝかん」
◆皆虚『世話焼草』巻二曳言之話（明暦二年〈一六五六〉）
「会稽の恥辱」・「句践の本意」
◆松浦某『世話支那草』巻中（寛文四年〈一六六四〉）
「会稽乃恥辱といふ事○越王句践が事今しるすに不レ及」
◆恵空『新刊節用集大全』巻四（延宝八年〈一六八〇〉）
「雪二会稽之恥一　雪二会稽之恥一　起二越王ノ故事ヨリ一」

◆万屋庄兵衛版『広益二行節用集』巻四（貞享三年〈一六八六〉）
「雪二会稽之恥一　雪会稽之恥」

◆貝原好古『諺草』巻四（元禄十二年〈一六九九〉）
「会稽の恥をすゝぐ」

◆貝原益軒『和漢古諺』巻上（宝永三年〈一七〇六〉）
「会稽の恥をそそぐ」

◆恒亭主人『童蒙古事談』巻二（正徳元年〈一七一一〉）
「越王句践ノ覇タルハ会稽ノ辱ヨリ生ス」

◆槙島昭武『書言字考節用集』巻九（享保二年〈一七一七〉）
「雪ム二会稽恥ヲ一」出 史貨殖范蠡伝

◆龍草廬『仄韻礎』乾（延享五年〈一七四八〉）
「会稽ノ恥」

◆寛斎『尾張俗諺』（寛延二年〈一七四九〉）
「会稽の恥をすゝぐ　諺 合」

◆松葉軒東井『譬喩尽』（天明六年〈一七八六〉）
「会稽之雪レ恥　史記ニ遂ニ雪クニ会稽之恥ヲ一」

◆風月庄左衛門ほか版『掌中節用急字引』（寛政五年〈一七九三〉）
「会稽之恥」

◆太田全斎『諺苑』（寛政九年〈一七九七〉）

「会稽ノ恥ヲスヽグ」

◆田宮仲宣『字引大全』（文化三年〈一八〇六〉）

「雪会稽恥　雪会稽恥」

◆高田与清『松屋筆記』巻二（文化十二年〈一八一五〉頃）

「会稽の恥　同巻に会稽事問如何答彼又処名也。越王雪レ恥山の名也」

◆須原屋茂兵衛ほか版『大全早引節用集』（文政十年〈一八二七〉）

「雪会稽恥　雪会稽恥」

◆留守友信・千手興成『増補語録訳義』（文政十三年〈一八三〇〉）

「嘗胆　勤苦励其志曰嘗胆○呉越春秋曰呉王敗句践越王反国坐臥嘗胆以思報其仇○胆味苦嘗以勤苦○興成云
古人苦参黄連熊胆ヲ丸薬トシテ習学中ニコレヲ含テ勤苦ヲ助ケタルノ類也」

◆山崎美成『永代節用集』（天保元年〈一八三〇〉）

「雪会稽之恥　史記　雪会稽恥」

◆中村国香『いろは節用集大成』（天保十三年〈一八四二〉）

「雪会稽之恥　史記　雪会稽恥」

◆三橋春長『新いろは節用集大成』（嘉永二年〈一八四九〉）

「会稽之恥」

雑俳集『誹風柳多留』にも「会稽の恥」の用例は散見され、「会稽の恥をきよむる三会目」（三十九篇　文化四年

〈一八〇七〉)、「会稽でなめた口まですゝぎ上ゲ」(八十一篇　文政七年〈一八二四〉)、「会稽の恥辱土瓶の酒に酔」(百十五篇　天保二年〈一八三一〉)などと詠まれている。以上により、「会稽型」が中世の軍記物語では様々な復讐譚に引かれ、近世の古辞書類にも立項された事実と比較してみると、前近代においては「嘗胆型」が一般的な常套句には至らなかった状況がうかがえる。さらに、後漢時代に成立した『呉越春秋』の逸話には越王句践の「嘗尿譚」があり、これをもとにした成語「石淋を嘗めて会稽の恥を雪ぐ」も生み出され、軍記物語を中心に数多く散見できる。

四　和書における「臥薪嘗胆」用例(近代以降)

わが国で近代以降に「臥薪嘗胆」が一般に普及するのは、通説のように日清戦争後の「三国干渉」によるところが大きい。日清両国間で結ばれた下関条約に対し、明治二十八年(一八九五)四月二十三日、ロシア、フランス、ドイツの三国が手を組んで、遼東半島(りょうとうはんとう)の清への返還を求める「三国干渉」が起こる。日本はこの干渉により五月四日、遼東半島を手放すことになるが、これが禍根を残し、続く日露戦争につながっていく。こうした列強の仕打ちに対し、同年五月十五日及び二十七日に三宅雪嶺(みやけせつれい)は新聞「日本」に「嘗胆臥薪」を寄稿してその屈辱を訴える。

> 外邦の干渉を受けて自家領分内の事を左右するは洵(*まこと)に容易の儀にあらず、若し我国にかの伯林(*ベルリン)会議に敗を取り、独国を恨て憤死せしゴルチヤコフ其人あらば、挙天下為めに敵愾心の充塞するを看ん、たゞ伊藤伯の寛厚よく民心を柔げ、敢て外邦に対して怨恨を挟ましまざるに似たりと雖も、嘗胆臥薪の念それ何人の懐をか去らん。[*9]
> (「嘗胆臥薪〈中〉」五月二十七日号)

ここでは「臥薪」と「嘗胆」の語順が入れ替わっているが、故事成語「臥薪嘗胆」が徐々に定着していく様子は諸書からも明らかである。同年六月五日、雑誌『太陽』第六号（博文館）にも「臥薪嘗胆三国の好意、必らず酬ひざるべからず、我が帝国々民は決して忘恩の民たらざればなり」と記されている。このほか、明治二十九年（一八九六）三月発行の『少年世界』第六号（博文館）、五月発行『新少年』第九号（東京新少年社）にも遼東半島還付をめぐる「臥薪嘗胆」のコラムが見られ、年少者にも当該成語が浸透していった経緯が浮かびあがる。[*10] かくして「臥薪嘗胆」をスローガンにした日本は、明治三十一年（一八九八）三月に遼東半島を手に入れたロシアに対し、明治三十五年（一九〇二）一月には日英同盟にこぎつけて後顧の憂いを断ち、その二年後の明治三十七年（一九〇四）二月に日露開戦へと至ることとなる。

◆田口卯吉（たぐちうきち）『商業史歌（しょうぎょうしか）』（明治三十四年〈一九〇一〉）

日清の役終へし後　連戦勝利の喜びと
遼東還付の怒りとは　一時に脳を刺激して
臥薪嘗胆声高く　唯々感情に走りけり

◆徳冨蘆花（とくとみろか）『寄生木（やどりぎ）』（明治四十二年〈一九〇九〉）

明治二十七八年戦役は日本の勝利で平和になつたが、三国干渉遼東還附以来露西亜は将来の患（うれひ）である事、日露は早晩（さうばん）戦はざるを得ずとの一念は、嘗胆臥薪（しやうたんぐわしん）の警語と共に日本国民の頭を支配した。

◆有島武郎（ありしまたけお）『或る女（あるおんな）』（大正八年〈一九一九〉）

その当時は日露の関係も日米の関係も嵐の前のやうな暗い徴候を現はし出して、国人全体は一種の圧迫を感じ出してゐた。臥薪嘗胆といふやうな合ひ言葉が頻りと言論界には説かれてゐた。

◆大杉栄（おおすぎさかえ）『自叙伝（じじょでん）』（大正十二年〈一九二三〉）

此の会での一番大きな問題は、遼東半島の還附だつた。僕は『少年世界』の投書欄にあつた臥薪嘗胆論と云ふのを其儘演説した。皆んなはほんたうに涙を流して臥薪嘗胆を誓つた。

◆黒島伝治『明治の戦争文学』（昭和七年〈一九三二〉）

日清戦争後三国干渉があつた。「臥薪嘗胆」なるスローガンは、国内大衆の意識を次の戦争へ集中せしめた。そして、十年して日露戦争が始つた。出版物のあらゆるものが圧倒的に戦争に動員された。作家も、文学もまたその例外ではあり得なかつた。

さらに第一次世界大戦当時、河上肇は『貧乏物語』（大正六年〈一九一七〉）に「戦後も暫くの間は、諸国民とも戦時と同じ程度の臥薪嘗胆を必要とするで有らうから、戦時中の組織は恐らく戦争の終結と共に直に全く崩れて仕舞つて、凡てが尽く元の通りになるといふ事はあるまい」と語っており、その後も国難時の戦意高揚において当該成語がたびたび常套句となる。また、大正末期に憲政会議員永井柳太郎は「臥薪嘗胆とは何ぞ」を寄稿し、当時の英米各国における禁酒運動の様子を紹介し、大衆に向けた生活改善の呼びかけに当該成語を諧謔的に用いている状況も垣間見える。*11

明治末期の辞書類には「嘗胆型」と「会稽型」の双方を目にすることができる。池田四郎次郎『故事熟語辞典』（明治三十九年〈一九〇六〉）「臥薪嘗胆【意義】讐を報ひんが為めに苦心するをいふ」・「会稽之恥【意義】越王句践が呉王夫差に攻められて会稽山に隠れ苦しみたるをいふ」、簡野道明『故事成語大辞典』（明治四十年〈一九〇七〉）「【臥薪】呉王闔廬、越を伐ちて越王句践と戦ひ、傷きて死す。その子夫差立ちて復讐せんことを志す。（中略）この故事より復讐の志を忘れざるをいふ」・「【会稽ノ恥ヲ雪グ】（雪二会稽之恥一）」、藤井乙男『諺語大辞典』（明治四十三年〈一九一〇〉）「会稽ノ恥ヲ雪グ　越王句践、呉王夫差のために会稽山に破られしが、後呉を打ち亡ぼして、前の恥辱を雪ぎしなり」・「臥薪嘗胆　復讐の念を忘れざるをいふ」・「石淋ノ味ヲ嘗メテ会稽ノ恥ヲ雪グ」などの記載が見える。また、文学作品一般に「臥薪嘗胆」は多く引かれており、この頃から「会稽の恥」に代わってこちらが一般用語となった様子がうかがえる。[12]

◆夏目漱石『吾輩は猫である』（明治三十九年〈一九〇六〉）

「臥薪嘗胆其の苦辛の結果漸く茲に独力以て我が理想に適するだけの校舎新築費を得るの途を講じ候」

◆中里介山『大菩薩峠』（大正八年〈一九一九〉）

「焉んぞ知らん。この間にあつて道庵先生は臥薪嘗胆の思ひして、復讐の苦心をしてゐたのであります」

◆太宰治『お伽草紙』（昭和二十年〈一九四五〉）

「あまりにも腕前の差がひどかつたならば、その時には臥薪嘗胆、鞍馬山にでもはひつて一心に剣術の修行をする事だ。昔から日本の偉い人たちは、たいていそれをやつてゐる」

大正三年（一九一四）一月七日、旧制第一高等学校柔道部は第四回対二高柔道試合において、宿敵たる旧制第二高等学校に敗北を喫した。この一件を振り返って「嗚呼人生敗者たること勿れ、吾人は血を啜り骨を削つて捲土重来を期せざるべからず、臥薪嘗胆は由来向陵健児の気魂なり矣」の感想が述べられる。[13] また、昭和十一年（一九三六）八月二日、全国高等学校クリンエイト対抗競漕が隅田川で開催された。決勝戦は一高と二高とで行われ、二高は悲願の勝利を収めた。二高はそれまで一度も一高に勝利したことがなかったばかりか、前年の松島湾での練習の際に遭難したため、多くの選手が命を落とした。この様子について「選手は臥薪嘗胆必死の練習をなし、必勝を期して今年の競漕に臨んだ」との報告がある。[14]

昭和四年（一九二九）生まれのノンフィクション作家伊佐千尋は、戦前に沖縄県立第二中学校（現沖縄県立那覇高等学校）に通学していたが、自らの体験を回顧して旧制中学校時代には応援歌「臥薪嘗胆」を憶えさせられたことを述懐する。*15 例えば、福岡県立修猷館高等学校（近世中期に藩校として設立され、戦前は旧制中学校）には応援歌「輿望は重し」があり、現代まで歌い継がれている。*16

輿望は重し　修猷の健児　臥薪嘗胆　過ぎにし恥辱
いかで雪がん　雪がめや　会稽山下の　わが選手

旧制中学校（戦後は新制高等学校に移行）では応援歌が盛んに作られ、当該成語が歌詞に用いられた。「臥薪嘗胆幾度か　年を重ねて今日ここに」（富山県立礪波高等学校）、「臥薪嘗胆幾星霜　心砕く吾が選手」（広島県立三次高等学校）など各地の伝統校が応援歌を通して「臥薪嘗胆」を愛唱し、広く人口に膾炙した様子がうかがえるが、これはもはや悲壮感を歌うものではない。また、戦前の受験情報雑誌に掲載された合格体験記の中にも故事成語「臥薪嘗胆」が引かれている。以下は一年間の浪人生活を過ごして翌春に旧制第六高等学校（現岡山大学）に合格したある学生の手記である。

不合格通知を受けた私は一時どうしようかと悲嘆の涙にくれましたが周囲の人に励まされたり、私も、よし来年迄臥薪嘗胆、きつと会稽の恥を雪ぎ、かの越王たらんと勇気を振ひ起しました。もともと楽天家の私のこと、忽ち元の笑顔に立ち直つて受験勉強を始めました。何もかも新しくやり直しです。そして越王句践の忠臣范蠡として欧文社通信添削会に入りました。*17
（「六陵に会稽の恥を雪ぐ」）

わが国では江戸時代まで「会稽の恥を雪ぐ（清む）」（「会稽型」）が主流であったが、近代になって日清戦争後の三国干渉に対して「臥薪嘗胆」（「嘗胆型」）が標語となり、その後の戦時態勢に際してもしばしば登場する。また、「臥薪嘗胆」は様々な文学作品にも受容される一方で、戦前にはスポーツや受験勉強など教育活動と結びつけられて広く普及した様子がうかがえた。このように、故事成語は意味や由来の説明に終始するのではなく、その受容状況への理解も学習者の言語観涵養のうえで必要となることだろう。

五　まとめとして

故事成語「臥薪嘗胆」は定番教材の一つに数えられるが、すでに指摘されているように、『史記』をはじめとする史書には「臥薪」の逸話は見られないため、後世に成立した「摘要型成語」としての観点から改めて考察した。中国では漢代まで「会稽之恥」が用いられたが、晋代には「枕戈嘗胆」、宋代には「臥薪嘗胆」への変容が見られ、「会稽型」から比較的早い段階で「嘗胆型」に切り替わった状況が確認された。これに対し、わが国では近世まで「会稽型」が主流であり「嘗胆型」の用例はさほど多く見られるものではなかったが、日清戦争後の「三国干渉」をめぐって「臥薪嘗胆」が標語として採用され一般用語として定着する。また、当該成語は旧制中学校など各地の伝統校の応援歌として愛唱されたフレーズともなった。

当該成語「臥薪嘗胆」は単なる復讐譚として理解するのみではなく、受容状況を踏まえた言語的視点もまた重要となるはずである。また、今回触れてはいないが、当該教材の使用の際に呉王夫差、越王句践それぞれの事跡はもちろんのこと、父兄の仇を討つために祖国を捨て常に復讐心を忘れなかった呉臣伍子胥の前半生に焦点を当てることも成語「臥薪嘗胆」の理解を深めるうえで有効な指導であると思われる。春秋時代の越王句践個人的言動（「会稽之恥」・「嘗胆」）に端を発した当該成語が、時代を経て様々な変容を受けながら一国の世論を形成し、人口に膾炙されるに至った経緯を俯瞰することも成語受容の観点から注目すべきではなかろうか。

注

1 例えば、若林力「教材研究・臥薪嘗胆について」(大修館書店『漢文教室』第一五三号　一九八五年十二月)、高島俊男「臥薪嘗胆」(『お言葉ですが…㊂せがれの凋落』文藝春秋　一九九九年一月)、三浦哲志「『臥薪嘗胆』小考」(『金城紀要』第四四号　二〇二〇年三月)などには同様の指摘がある。

2 程国興「〈呉越説話〉のゆくえ」三〇一頁。(『日本における〈呉越説話〉の展開』汲古書院　二〇二二年五月)

3 このほかに『遼史』巻七十一「不如塞姦邪之路兮、選取賢臣。直須臥薪嘗胆兮」、『金史』巻百十五「哀宗欲修宮室、尉忻極諫、至以臥薪嘗胆為言」、『元史』巻百八十六「陛下宜臥薪嘗胆、奮発悔過、思祖宗創業之難」などの用例が見える。

4 諸橋轍次監修『大漢和辞典』巻九にも「一説に臥薪と嘗胆との二事とも句践のこととする」とある(三九一頁)。

5 藤堂明保はこの「胆」を「にがいシカの胆」と解釈する(「呉越の民」四五頁。『中国の歴史と故事』旺文社　一九八五年三月)。

6 『史記』巻百五「扁鵲倉公列伝第四十五」において司馬貞は「前溲は小便と謂ひ後溲は大便なり」と注する。また、『呉越春秋』には「溲は即ち便なり。悪は即ち大溲なり」との解釈も見られる(周生春『呉越春秋輯考』中華書局　一一五頁)。

7 このほかに「嘗尿(石淋)譚」については『平治物語』巻下、『十訓抄』巻七、『三国伝記』巻六、『曾我物語』巻五にも見られる。

8 金の外圧を受けた南宋の汪藻にも「方嘗句践胆　已補女媧天(方に嘗む句践の胆　已に補ふ女媧の天)」(「己酉乱後寄常州使君姪」『宋詩選』)という漢詩があり、失地回復を願っている。

9 雪嶺自身も「国力が他国の干渉を抵排するに堪ふれば、何等屈従を甘んずべきことなく、今後務めて国力を培養せざるべからずとて、臥薪嘗胆が頓に起る」と回顧する。(「明治二十八年」六五頁。『同時代史　第三巻』岩波書店　一九五〇年十二月)

10　三国干渉の頃、小学生であった俳人の荻原井泉水は「臥薪嘗胆」を大書したことを振り返って、これが当時の日本人の銘語であったと述べている（層雲社『層雲』第三十一巻四号　一九四一年八月）。

11　日本弘道会『弘道』第三九四号（一九二五年三月）

12　ただ当時も芥川龍之介『木曽義仲論』（明治四十三年〈一九一〇〉）「捲土重来、幢戟南伊太利の原野に満ちて、再カンネーに会稽の恥を雪がずンばやまず」、穂積陳重『法窓夜話』（大正五年〈一九一六〉）「断行派が二年の後を俟ち、捲土重来して会稽の恥を雪がうと期したのは尤も至極の事である」、中里介山『法然行伝』（昭和八年〈一九三三〉）「お前はこのことから会稽の恥をおもひ敵人を怨むやうなことがあつてはならぬ。これといふのも偏に先きの世の宿業（しゆくごふ）である」、井伏鱒二『さざなみ軍記』（昭和十三年〈一九三八〉）「源九郎のさういふ復讐の念は「会稽の恥を雪ぐ」覚悟といふのださうである」など「会稽型」の用例が多く残る。

13　「柔道部部史」五三七頁。（第一高等学校寄宿寮編『向陵誌第三版』一九二五年十二月）

14　石原忍『学窓余談』二〇頁。（日新書院　一九四一年八月）

15　伊佐千尋「紹興」三九頁。（『邯鄲の夢　中国――詩と歴史の旅』文藝春秋　一九九八年十一月）

16　このほか、秋田県立大館鳳鳴高校、能代高等学校、宮城県立築館高等学校、福島県立相馬高等学校、茨城県立竜ヶ崎第一高等学校、和歌山県立桐蔭高等学校、愛媛県立宇和島東高等学校、福岡県立浮羽工業高等学校、同県福岡市立福翔高等学校、私立日本大学第一高等学校など伝統校の応援歌の歌詞にも当該成語「臥薪嘗胆」が用いられている。

17　「白線は我等の手に」一七六頁。（歐文社『受験旬報（総合版）六月号』第十一巻第十一号　一九四一年六月）

COLUMN

高校生の「心を掴む」故事成語・五選

本編序章でも触れておりますが、一般的に漢文の故事成語は知識教養として見なされています。定番教材には生徒の既知の熟語ばかりが並び、授業でも語源の説明に終始することが多いため、高校生の知的欲求を満たすとは考えにくいところです。ここでは単元の合間に取り扱って生徒の関心を惹いた故事成語を五つ紹介します。

①《余桃の罪》……若さにかまけるな！

昔者弥子瑕有寵於衛君。衛国之法窃駕君車者罪刖。弥子瑕母病、人間往夜告弥子。弥子矯駕君車以出。君聞而賢之曰「孝哉。為母之故忘其刖罪。」異日与君遊於果園、食桃而甘不尽、以其半啗君。君曰「愛我哉、忘其口味。以啗寡人。」及弥子色衰愛弛、得罪於君。君曰「是固嘗矯駕吾車、又嘗啗我以余桃。」故弥子之行未変於初也。而以前之所以見賢而後獲罪者愛憎之変也。

（『韓非子』「説難編」）

【大意】衛の霊公に仕えていた美少年の弥子瑕は君主の寵愛を頼みにふるまっていた中で二つの大きな罪を犯した。

当初は許された弥子瑕だが、容貌が衰えたころに以前の罪が蒸し返されて処罰されるという愛憎の変化が描かれている。一つ目の罪とは病気の母を見舞うために画策した違法な霊公の車への不正乗車、二つ目の罪とは霊公のお供で果樹園に出かけた際に、彼が味見をした食べかけの桃（「余桃」）を霊公に手渡した「余桃の罪」である。

【鑑賞】現在、君主の愛情は変わりやすいことを意味する成語として用いられている言葉ですが、生徒自身に弥子瑕の身になって考えさせています。想像を巡らすと、君主に寵愛されていた若い頃に弥子瑕自身が成長していれば、もしかすると過去の罪が蒸し返されることもなく、不遇な最期は迎えなかったのかもしれません。成長期に伎倆を磨かず調子に乗った生活を続けていると身の破滅を招くと読むこともできます。この故事成語を取り扱った際には、生徒は芸能界における同世代のアイドルや現在の自分自身にたとえながら、若くて許容されている時期に研鑽しないと、将来取り返しがつかないものとなると感じているようでした。

【発問例】

Q故事成語「余桃の罪」を読んで、弥子瑕は二つの罪を許された後にどのようにふるまえばよかったのか考えてみよう。

②《葉公好龍》…「イメージ」による「ダメージ」

子張見魯哀公。七日而哀公不礼、託僕夫而去。曰「臣聞君好士。故不遠千里之外、犯霜露、冒塵垢、百舎重趼不敢休息、以見君。七日而君不礼。君之好士也、有似葉公子高之好龍也。葉公子高好龍、鉤以写龍、鑿以写龍、屋室雕文以写龍。於是夫龍聞而下之、窺頭於牖、拖尾於堂。葉公見之、棄而還走。

失ヒ㆓其ノ魂魄ヲ㆒、五色無シ㆑主。是レ葉公非ザル㆑好ムニ㆑龍ヲ也。好ム㆓夫ノ似テ㆑龍ニ而非ザル㆑龍ニ者ヲ㆒也。今臣聞ク㆓君ハ好ムト㆑士ヲ。不㆑遠シトセ㆓千里之外ヲ㆒以テ見ル㆑君ヲ。七日ニシテ不㆑礼セ。君ハ非ザル㆑好ムニ㆑士ヲ也。好ム㆓夫ノ似テ㆑士ニ而非ザル㆑士ニ者ヲ㆒也。詩ニ曰ク『中心蔵ム㆑之ヲ。何レノ日カ忘ルト㆑之ヲ。』」敢ヘテ託シテ而去ル。

（『新序』雑事第五）

【大意】魯の哀公のもとを訪ねた孔子の弟子子張は、七日間もの間、哀公の挨拶を受けずにほったらかしにされ、その家臣に理由を話して立ち去る。哀公は士（すぐれた人物）を好むと言うので、遠いところ危険を冒して哀公を訪ねたが、面会もせずにほっておかれる始末。子張は立ち去り際に、これこそまさに「葉公好龍」なのではないかと言い残した。この「葉公好龍」とは、楚の家臣葉公子高が常日頃龍を愛して家屋には龍をあしらったり、龍の帯金を身につけたりしていた話を耳にした龍が葉公のもとに現れるが、葉公は本物の龍に慌てふためいて失神してしまう寓話である。結局のところ、葉公は「龍」ではなく「龍に似たもの」を好んでいたに過ぎなかったのだ。

【鑑賞】誰しも「本物志向」を持っていると思いがちですが、果たしてそれは本当でしょうか。一般に「本物」は人々の公認を受けるものですが、その反面で当該成語に描かれるように畏怖の対象として敬遠されることもしばしば見受けられます。むしろ、「本物」よりも「それっぽいもの」に価値を見出す傾向があることもまた一つの真理です。例えば、自然を満喫する人々も実際にはむき出しの自然ではなく、整理された人工的な自然を愛しているに過ぎないのかもしれませんし、「ミッキーマウス」を愛好する女子高生も本物の「ネズミ」を見たときにはさすがに悲鳴をあげると思いますが、これもまた「葉公好龍」とは言えないでしょうか。

【発問例】

Q故事成語「葉公好龍」を読んで、実物と観念（イメージ）が異なっているもの（または魅力があるもの）とはどのようなものがあるか考えてみよう。

Qあなたにとっての「私らしさ」とはどういうものか、自分自身を見つめて考えてみよう。

③《狡兎三窟》…逃げ場所は多いほどよい

後期年、斉王謂孟嘗君曰「寡人不敢以先王之臣為臣。」孟嘗君就国於薛。未至百里、民扶老携幼、迎君道中。孟嘗君顧謂馮諼、「先生所為文市義者、乃今日見之。」馮諼曰「狡兎有三窟、僅得免其死耳。今君有一窟。未得高枕而臥也。請為君復鑿二窟。」

（『戦国策』「斉策」）

【大意】斉の湣王に疎まれて宰相の職を解任された孟嘗君（田文）は領地である薛に入ったとき、食客の馮諼（馮驩）の事前の策により自身が領民からの信望を得ていることを知った。さらに馮諼はすばやい兎は三つの窟を持つこと（「狡兎三窟」）で難を免れるのに対し、孟嘗君には薛の「一窟」しかない点を危惧してあとの「二窟」を作る策を進言したものである。

【鑑賞】身の安全のためにたくさんの避難場所やさまざまな方策を用意するたとえですから、「国士無双」と称された韓信に由来する「背水の陣」の対義語に当たります。現代の高校生にとっては交友範囲が狭すぎると仲間との関係性がこじれたときに悩みの種になることがしばしばあります。そうしたときに備えて校内では部活動・クラス・委員会などのいくつかの居場所を持っていることが望ましいものと思われます。

【発問例】

Q故事成語「狡兎三窟」を読んで、あなたが困ったときに悩みごとを真剣に相談できる人は身のまわりに何人いるか考えてみよう。

④《曲突徙薪》…プロメテウスの知恵

其ノ後霍氏誅滅シテ而告グル二霍氏ヲ一者皆封ゼラル。人為ニ二徐生ノ一上書シテ曰ク「臣聞ク客ニ有リ下過グル二主人ヲ一者上。見ル三其ノ竈直突ニシテ傍ニ有ルヲ二積薪一。客謂フ二主人ニ一、『更ニ為ニ曲ゲレ突ヲ、遠ク徙セ二其ノ薪ヲ一。不ンバレ者ラ且ニレ有ラント二火ノ患ヒ一。』主人黙然トシテ不レ応ゼ。俄ニシテ而家果シテ失火シ、隣里共ニ救フレ之ヲ。幸ニシテ而得タリレ息ムヲ。於イテレ是ニ殺シテレ牛ヲ置酒シテ、謝ス二其ノ隣人ニ一。灼爛ノ者ハ在リテ二於上行ニ一、余ハ各以テレ功ヲ次ニ坐シテ而不レ録セ下言フ二曲突ヲ一者ヲ上。人謂ヒテ二主人ニ一曰ク『郷ニ使ムレバレ聴カ二客之言ヲ一、不シテレ費サ二牛酒ヲ一、終ニ亡シ二火ノ患ヒ一。今論ジテレ功ヲ而請フレ賓ヲ。曲突徙薪ニ亡クシテ二恩沢一、焦頭爛額ヲ為ス二上客ト一耶ト。』主人廼チ寤メテ而請フレ之ヲ。今茂陵ノ徐福数上書シテ言フ四霍氏且ニレ有ラントレ変、宜シク三防二絶ス之ヲ一。郷ニ使メバ二福ノ説ヲシテ得一レ行フヲ、則チ国ニ亡ク二裂キレ土ヲ出ダスレ爵ヲ之費一、臣ニ亡シ二逆乱誅滅之敗一。往事既ニ已ミテ而福独リ不レ蒙ラ二其ノ功ヲ一。唯ダ陛下察シテレ之ヲ、貴ビテ二徙薪曲突之策ヲ一、使メヨトレ居ラ二焦髪灼爛之右ニ一。」上廼チ賜ヒテ二福ニ帛十疋ヲ一、後ニ以テ為スレ郎ト。

(『漢書』「霍光金日磾伝」)

【大意】漢の宣帝時代に専横を極めた霍光の一族が誅殺され、その後に茂陵の徐福なる者の功績を訴えた上書の中に見える寓話である。ある家でかまどの煙突が突き出し、そのそばに薪が積んであったため、火事の恐れがあった。これを見た客は煙突を曲げて、薪は別の所に移すべきことを忠告した。しかし、主人は忠告を聞かずにほっておいたところ、果たして火事が起きてしまう。隣人がこれに気づいて燃えさかる炎の中から主人を救出したため、主人は感謝してこの隣人に牛と酒を振る舞った。本来は火事を予見した客(「曲突徙薪〈危機管理〉」)が感謝されるべきなのだが、大事になった後に命がけで救出してくれた隣人(「爛額焦頭〈緊急避難〉」)の方が重視される本末転倒な評価は現在でもしばしば見受けられる。徐福は霍光一族の異変を察知して早い時期から再三にわたって宣帝に上書してきたが、その功績は今も評価されていない。そもそも彼の進言を聞いて事前に対処しておればこのような事態に至らなかったため、討伐に手柄のあった者と同等の待遇をするべきだといった主張である。宣帝は徐福に褒美と役職を与え、その功績を讃えた。

【鑑賞】危険に際しては未然に予防することが本来は重要なはずですが、結局のところ窮地に陥ったときに助け船を出してくれた人物に恩を感じてしまうことが多いものです。ギリシャ神話におけるプロメテウスは人々に火を与えたことで有名であり、その知は「先見の明」と解されています。普段は健康診断の結果などに耳を傾けずに不摂生な生活を送っていたところ、大病にかかってしまい、手術に大金を支払ってまで患部を除去してくれた外科医に感謝するような事例は枚挙に暇（いとま）がないことでしょう。高校生に向けては忠告をきかず窮地に陥って苦しむ前に当該成語に見られる予見性を読み取らせたいところです。

【発問例】

Q故事成語「曲突徙薪」を読んで、大きな失敗を防ぐために普段からあなた自身が気をつけていることはどのようなことか。

Q「曲突徙薪」と「爛額焦頭」について、あなたの身のまわりではそれぞれ具体的にどのようなことが思い浮かぶだろうか。

⑤《嚢中の錐（のうちゅうのきり）》…才能は環境を問わず

趙（ちょう）ノ相平原君公子勝（しょうへいげんくんこうししょう）ノ食客（しょっかく）常ニ数千人アリ。客ニ有リ二公孫龍（こうそんりゅう）ナル者一。為ス二堅白同異之弁（けんぱくどういのべん）ヲ一。秦、攻ム二趙ノ邯鄲（かんたん）ヲ一。平原君求ム二救ヒヲ於楚ニ一。択（えら）ビ二門下ノ文武備具スル者二十人ヲ一、与（と）レ之倶（とも）ニセントス。得タリ二十九人ヲ一。毛遂（もうすい）自ラ薦（すす）ム。平原君曰ク「士ノ処ルハレ世ニ、若シ錐ノ処ルガ二囊中ニ一。其ノ末立チドコロニ見ハル。今先生処ルコト二門下ニ一三年、未ダレ有ラレ聞コユルコト。」

遂曰ク「使メバ二遂ヲシテ得一レ処ルヲ二囊中ニ一、乃チ穎脱シテ而出デン。非ズト二特ニ末ノ見ハルル而已ニ一。」平原君乃チ以テ備フレ数ニ。

（『十八史略』「春秋戦国」）

【大意】戦国四君の一人趙の平原君には数千人の食客がおり、その中には名家の公孫龍などもいた。秦が趙の邯鄲を攻め、平原君は楚に救援を求める使者になった。平原君は同伴する二十人を決めるべく食客の人選をしたところ、これまで特段実績のなかった毛遂が自ら志願した。平原君は彼に向かって「優れた人物が世にいるのは袋の中に錐を入れるように、その先端（才覚）はすぐに突き出て現れるものです（「囊中の錐」）。今、毛先生が食客となられて三年が経ちますが、これまでどのような成果を出されたでしょうか」と軽くあしらったところ、毛遂は「私をこの袋の中に入れていただければ、すぐにでも才能を発揮してみせます」と答えた。果たして楚の国ではその勇気ある態度で活躍し、平原君を驚かせ、楚と趙の同盟を成し遂げた。

【鑑賞】「どんな環境においても本当に優れた人物はその才能を発揮する」といった意味は多感な時期の高校生にとって深い感銘を与えるものになるはずです。受験の結果、第一志望に合格する生徒は半数以下であるとされ、併願校に進学した場合、ささいなことがきっかけで環境に不平を託つ生徒を見かけることもありますが、「もし志望校に受かっていたら、バラ色の高校生活を送っていたはずだ」と現実逃避する者にはぜひとも伝えたい言葉です。「囊中の錐」は「袋の中に鋭利な刃物を入れる」状況もそれをイメージさせやすいことでしょう。どんな袋も突き通すはずですので、「本当に能力のある者は環境には左右されない」といった教訓を与えてくれるものとなります。

【発問例】

Q故事成語「囊中の錐」を読んで、環境に左右されない能力を身につけるためにあなたは何ができるだろうか。

本編にも繰り返し述べておりますように故事成語はわが国でも独自の発展を遂げました。定番教材ばかりでなく、むしろ聞きなじみのない故事成語を取りあげて様々な観点からその魅力を伝えることで、学習者の新たな発見を導き、彼らの主体的な古典学習への意識づけが可能になるものと思います。

第三章

「江南橘考」
――本草学と言語学の観点に照らして――

一　はじめに

故事成語「晏子使楚」は春秋時代の賢人晏子にまつわる故事として有名であり、北方の斉から南方の楚に使者として出向いた晏子（晏嬰）が、楚王による体格への辱めを機知によりうまく切り返した場面に焦点が当てられる。晏子は斉国の霊公、荘公、景公の三代に仕え、その才知は同時代の魯国の孔子も仰慕するところであった。『説苑』や『晏子春秋』によれば、「晏子使楚」は主に三つの場面から構成される。

㈠楚人により城門脇に小門が設けられ、そこからの通行を勧められた晏子が「犬の国に使いする者は、犬の門より入る。私は楚国に使者として来たのだから当然こちらから入ることはできない」と、城門からの通行を強く主張して譲らなかった逸話。

㈡楚王による「斉には人物がいないのか。なぜあなたのような者がわが国への使者となったのか」との揶揄に対し、晏子が「わが斉では賢者は賢主国の使者となり、愚者は愚主国の使者となる習わしです。私は国内で最も不肖（ふしょう）なる者です。だからこの非礼な楚国の使者として任命されたのです」と切り返した逸話。

㈢楚で盗みを働いた斉人を捕えさせ、斉国出身者である晏子を辱めんとする楚王に対し、晏子は江南の「橘」と江北の「枳（からたち）」を例示しながら楚の風土によって当該人物も盗人となったことを指摘する逸話。

特に、㈢は「江南橘為江北枳（江南の橘　江北の枳と為る）」（「南橘北枳」）と呼ばれ、現在まで故事成語として人口に膾炙している。これは「江南の橘」が「江北の枳」に変化する環境影響説が主題であるが、わが国において当該成語はどのように受容されてきたのだろうか。本章は故事成語「江南橘為江北枳」を取りあげて教材的な観点から考察を試みるものである。

二　漢籍における「江南橘為江北枳」用例

当該故事は賢人晏子の機知を通したやり取りに焦点が当てられる。故事「晏子使楚」を取り扱ったもののうち、『説苑』（以下、説と略す）、『韓詩外伝（かんしがいでん）』（以下、韓と略す）、『晏子春秋』（以下、晏と略す）は漢代までに成立するが、三書には明確な字句の異同がある。以下、漢代までに成立したとされる上記三書に加え、後世への影響について確認する。

A　劉向（りゅうきょう）『説苑』（巻十二「奉使」）

晏子将（まさ）ニレ使ヒセントレ荊（けい）ニ。荊王聞キレ之ヲ謂（い）ヒテ二左右ニ一曰ク「晏子ハ賢人也。今方（まさ）ニ来（きた）ラン。欲（ほっ）ストレ辱（はずかし）メントレ之ヲ。何ヲ以テセル也ト。」左右対（こた）ヘテ曰ク「為（も）シ其レ来（きた）ラバ也、臣請フ縛（ばく）シテ二一人ヲ一過（よぎ）リテレ王ヲ而行カント。」**❶於イテレ是（ここ）ニ荊王与（と）二晏子一立チテ語ル。**有リ下縛シテ二一人ヲ一過リテレ王ヲ而行クモノ上。王曰ク「何為（なんす）ル者ゾ也ト。」対ヘテ曰ク「斉人也ト。」王曰ク

「何ニカ坐セルト。」曰ク「坐セリト レ盗ニ。」王曰ク「斉人固ヨリ盗ム乎ト。」晏子反二顧シテ之ヲ一曰ク「**❷江南ニ有リ レ橘、斉王使ムレバ三人ヲシテ取リテ レ之ヲ而樹ユ二之ヲ於江北ニ一、生ジテ不シテ レ為ラ レ橘ト乃チ為ル レ枳ト。**所二以ノ然ル一者ハ何ゾヤ。其ノ土地使ムル二之ヲシテ然ラ一也。今斉人居ラバ レ斉ニ不 レ盗マ。来セバ二之ヲ荊ニ一而盗マン。得ン レ無キヲ三土地ノ使ムル二之ヲシテ然ラ一乎ト。」**❸荊王曰ク「吾欲シテ レ傷ハント レ子ヲ而反リテ自ラ中ツル也ト。」**

賢人晏子の来訪を聞き知った荊王（楚王）は晏子を辱める方法について側近に諮問する。事前の打ち合わせ通り、捕縛された「盗人（斉人）」を見かけた楚王による「斉人固より盗むか（斉人の気質には盗癖があるのか）」の当てこすりに対して、晏子は当該成語を持ち出している。そこでは、自国の斉王（厳密には「斉公」）が「江南の橘」を「江北の地」に移植させたところ、これが「枳」となった事例を紹介する。その理由について晏子は「其の土地、之をして然らしむるなり」と話し、同郷の「斉人（橘）」も楚国生活を通して悪習に染まり「盗人（枳）」になったという切り返しが利いている。ここで改めて確認しておきたいのは、晏子によれば、現在の山東省に位置する斉国は「橘」ではなく、「枳」の生える場所であったことである。

B 韓嬰『韓詩外伝』（巻十）

斉ノ景公遣ハシテ二晏子ヲ一南ノカタ使ヒセシム レ楚ニ。楚王聞キ レ之ヲ、謂ヒテ二左右ニ一曰ク「斉遣ハシテ二晏子ヲ一使ヒシテ二寡人之国ニ一、幾ド至ラント矣。」左右曰ク「晏子ハ天下之弁士也。与 レ之議セバ二国家之務ヲ一、則チ不ル レ如カ也。与 レ之論ゼバ二往古之術ヲ一、則チ不ル レ如カ也。王独リ可シ下以テ与二晏子一坐ス上。使ム二有司ヲシテ束ネテ レ人ヲ過ラ一 レ王ニ。王問ヒ レ之ヲ、使メン レ言ハ二斉人善ク盗ミ、故ニ束ヌト一 レ之ヲ。是レ宜シク可シト二以テ困シム一 レ之ヲ。」王曰ク「善シト。」晏子至リ、**❶即チ与 レ之坐シテ図リ二国之急務ヲ一、弁ジテ二当世之得失ヲ一、再ビ挙ゲテ再ビ窮シ、王黙然トシテ無シ二以テ続クル一 レ語ヲ。**居ルコト有リ レ間ク、束ネテ レ徒ヲ以テ過ル レ之ニ。王曰ク「何為ル者ゾ也ト。」有司対ヘテ曰ク「是レ斉人ナリ、善ク盗ミ、束ネ而詣ルレ吏ニ。」王欣然大笑シテ曰ク「斉ハ乃チ冠帯之国、弁士之化アリテ固ヨリ善ク盗ムト。」晏子曰ク「然リ。固ヨリ取ルレ之ヲ。**❷王ハ不レ見ニ夫ノ江南之樹ヲ一乎。名ヅケレ橘ト、樹ウレバニ之ヲ江北ニ一、則チ化シテ為ルレ枳ト。何トナレバ則チ地土使ムレ然ラ爾。**夫子拠ルレ斉ニ之時、冠帯シテ而立チ、儼ニ有リニ伯夷之廉一。今居ラバレ楚ニ而善ク盗ム。意フニ土地之化使ムレ然ラ爾。王又何ゾ怪シマン乎ト。」**❸詩曰ク「無クニ言不ルハ一レ讎セ、無シトニ徳不ルハ一レ報ゼ。」**

基本的には『説苑』同様の展開であるが、こちらの方がやや詳細な記述となっている。晏子と楚王の対話場面においても、前書が「晏子と立ちて語る」のに対し、こちらは「即ち之と坐して国の急務を図り」とあるため、二者の立ち位置は明確に異なっている。また、晏子の発言中には縛られた盗人を指して「夫子」、「伯夷」などの敬意表現を用いてその人格を讃えている。楚王は晏子に「斉は乃ち帯冠の国、弁士の化ありて固より善く盗むか」と皮肉交じりの問いかけをしているが、最後の発言箇所は削られて、『詩経』「大雅編」の抑の一節によりまとめられる。つまり、人を褒めたりけなしたりする言葉は自身に返ってくることを教訓的に示した点が印象的である。本書はこのように著名人物の故事の末尾に『詩経』の一節を引用する構成（「詩曰」）が特徴である。

C 劉向『晏子春秋』巻六（内編雑下「楚王欲辱晏子指盗者為斉人晏子対以橘」）

晏子将ニレ至ラントレ楚ニ。楚聞キレ之ヲ、謂ヒテニ左右ニ一曰ク「晏嬰、斉之習ヘルレ辞ヲ者也。今方ニ来ラントト。吾欲スレ辱メントレ之ヲ。何ヲ以テセン也ト。」左右対ヘテ曰ク「為ニ其ノ来ルトレ一也、臣請フ縛シテニ一人ヲ一、過リテレ王ヲ而行カント。王曰ク『何為ル者ゾ也ト。』対ヘテ曰ク『斉人也ト。』王曰ク『何ニカ坐セルト。』曰ク『坐セリトレ盗ニ。』」晏子至ル。**❶楚王賜フニ晏子ニ酒ヲ一、酒酣ニシテ、**吏二縛シテニ一人ヲ一詣ルレ王ニ。王曰ク「縛スル者ハ曷為ル者ゾ也ト。」対ヘテ曰ク「斉人也。坐セリトレ盗ニ。」王視テニ晏子ヲ一曰ク「斉人固ヨリ善ク盗ムト乎。」晏子避ケテレ席ヲ、対ヘテ曰ク「嬰聞クレ之ヲ、**❷橘生ズレバニ淮南ニ一則チ為リレ橘ト、生ズレバニ于淮北ニ一則チ為ルトレ枳ト。葉徒ダ相似テ、其ノ実味不レ同ジカラ。所ニ以ノ然ル一者ハ何ゾヤ。**

水土ノ異ナレバ也。今民ハ生二長スレバ於斉ニ一不シテレ盗マ、入レバレ楚ニ則チ盗ム。得ンレ無キヲ三楚之水土使ムルニ民ヲシテ善ク盗マ一耶ト。」王笑ヒテ曰ク❸「**聖人ハ非ザルレ所ニ二与ニ熙ルニ一也。寡人反リテ取ルレ病ヲ焉。**」

『説苑』と同じく劉向による編纂であると言われるが、ここでも前二書との異同が見られる。まず、対話場面では「楚王晏子に酒を賜ひ、酒酣にして」とあるため、酒宴の場だったことが読み取れる。ここでは「淮河」が境界として持ち出されており、「淮河説」が用いられている。つまり、「長江」ではなく、その北を流れている「淮河」を指している。この「淮河」は「長江」、「黄河」に次ぐ第三の大河で全長約一〇〇〇キロメートル、古来中国食文化における南北の境界線としての機能を果たしてきた。

上記三書の顕著な相違点には、太字を施した❶対話場面、❷晏子発言、❸結末箇所の三点があげられる。❶対話場面では説立談、韓座談、晏酒席と異なっており、❷晏子発言では説・韓「江南（長江型）」に対して、晏「淮南（淮河型）」と明確な相違が見られる。*1 ❸結末箇所では説楚王反省の弁、韓『詩経』の一節、晏晏子聖人視で締めくくられる。

清代の孫星衍『晏子春秋音義』巻下には「淮 説苑芸文類聚後漢書ノ注 淮倶ニ作ルレ江ニ」とあり、「淮河型」と「長江型」との混同が指摘される。この「淮河型」成語は、古く『周礼』「冬官考工記」「橘踰エテレ淮ヲ而北スレバ為ルレ枳ト。鸜鵒不ニ踰済セ一、貉踰ユレバレ汶ヲ則チ死ス。此ノ地気ヲシテ然ラシムル也」、『列子』第五「湯問編」「呉楚之国ニ有リ二大木一焉。其ノ名ヲ為スレ櫾ト（中略）渡リテレ淮ヲ而北スレバ而化シテ為ルレ枳ト焉」、南宋の王栢『天地万物造化論』「橘踰エテレ淮ヲ而枳トナリ、嵩ハ処リテレ陸ニ艾トナル」、明代の謝肇淛『五雑俎』巻十「橘ハ渡リテレ淮ヲ而北スレバ化シテ為ルレ枳ト。故ニ禹貢ニ揚州厥ノ包ハ橘柚錫ハ貢ス」などが見られる。一方の「長江型」には『淮南子』巻一「原道訓」「今夫レ徙スレ樹ヲ者、失セバ二其ノ陰陽之性、則莫不枯槁。故橘樹之江北、則化而為枳。鴝鵒不過済。貉渡汶而死。形性不可易、勢居不可移也」があり、明代の張鼎思『瑯琊代酔編』巻四十には盛唐の天宝年間（七四二～七五六）に玄宗が近臣に向かって「江南之橘江北之枳、地気有殊、物性因変」と口にした逸話が紹介される。

現代の『漢語大詞典』（上海辞書出版社　一九九四年）、『漢語成語詞典（修訂本）』（四川辞書出版社　二〇〇一年）、『新華成語大詞典』（商務印書館　二〇一三年）には四字熟語【淮橘為枳】で立項され、人物や事物が環境の相違により性質変化を生じるたとえとする。また、人民教育出版社『語文　五年級下冊』（二〇〇九年）に採録された「晏子使楚」には「淮南的柑橘、又大又甜。可是橘樹一種到淮北、就只能結又小又苦枳、還不是因為水土不同嗎？（淮南の柑橘は大きくて甘い。しかし、橘の木を淮北に植えれば、小さく苦い枳となるが、これもまた水土の違いによるものではないのか？）」とあり、「淮河型」が一般的であることがうかがえる。

類書を繙くと、隋末『北堂書鈔』巻四十「橘生淮北為枳」、初唐『芸文類聚』巻二十五「橘生江北則為枳」、北宋『太平御覧』巻七百七十九「江南生橘。江北為枳」などには典拠として『晏子春秋』が明記されているが、*2 それでも「長江型」と「淮河型」の混同が見られる。現代中国において「淮河型」が多く用いられる理由として「淮河」を基準とした南北間の実際の気候風土の違いが意識されていたことも考えられる。そもそも当該成語に登場する「楚王」とは何者が想定されているのだろうか。晏子の主君である斉の景公の治世は前五四七年から前四九〇年まで半世紀以上も続く。晏子が前五〇〇年頃に亡くなったとする説を踏まえると、ある程度年代が特定される。ただし、『史記』、『春秋左氏伝』、『呉越春秋』、『国語』といった史書には「晏子使楚」の記事は見られない。しかし、明代の余邵魚『春秋列国志伝』巻七「晏平仲弁楚君臣」にも「晏子使楚」の故事が記載されるが、ここではこの楚王に「霊王」が当てられている。

楚は南方の大国であり、霊王の祖父荘王の代に「春秋五覇」の一人に数えられ、勢力を拡大した。荘王は有力な国人の勢力をそぐため、一門の公子に力を与えた。このため王の近親者である公子により簒奪が常態化していた。[*3]荘王の子共王には、長子招（康王）、次子囲（霊王）、三子比、四子黒肱、末子弃疾（平王）の五人の息子がいた。康王の死後、太子員（郟敖）が即位した際に、令尹の立場からこれに反旗を翻して王位を簒奪したのが公子囲（霊王）である。霊王もまた陳、蔡、徐などの小国を滅ぼして勢力を拡大したが、国内の疲弊に乗じた末弟公子弃疾の反乱により縊死する。この弃疾はその死後、故事成語「臥薪嘗胆」で有名な呉国の伍子胥により墓を暴かれて鞭を打たれることになる平王である。一方の斉では景公の治世は晏子の補佐により比較的落ち着いた時代背景があった。暴君の悪評ある霊王の前でも毅然とした態度を取る晏子の機知と勇気を見ておくことも可能となる。逸話「晏子使楚」は史実とは考えにくいが、この霊王の治世であれば、紀元前五四一から前五二九年の十数年間あたりのこととなる。

三　本草書における「橘」と「枳」――「橘枳変異」の考察――

『説苑』巻十二「奉使」には、楚国において橘が振る舞われた晏子が楚王により小刀で橘を割くことを勧められた際に、忠告を聞かずに皮ごと丸呑みする場面がある。[*4]ここで晏子は君主の前で献上物を拝領した場合には、割かずに食べるのが儀礼であると説明する。つまり、江南の楚王が江北の晏子に特産品「橘」を勧めたことが、当該成語が持ち出される契機となっている。だとすれば、本来の斉楚間の構図は次のようなものとなるはずである。

晏子「斉国（淮北・江北）斉人＝枳」

楚王「楚国（淮南・江南）楚人＝橘」

晏子は巧みな話術により両者を入れ替え、自らを「橘」に、相手方を「枳」に見なしていることに留意したい。

「橘」の話として有名なものに『三国志』呉書巻十二「陸績伝」があり、これは三国時代呉の陸績幼少期の微笑ましい逸話である。陸績六歳のとき、長江の南にある九江の地で袁術から橘が振る舞われる。それを三つ懐中に入れて挨拶をした際に懐から落としてしまうが、見とがめられた陸績は子ども心に母親にも食べさせたいと正直に打ち明けて袁術もその孝心を讃えた孝行譚である。この「陸績懐橘（懐橘遺母）」は『蒙求』や『二十四孝』にも所収され、江南特産の「橘」の慕わしさがうかがえる。また、『楚辞』「橘頌」「后皇ノ嘉樹、橘徠服ス兮、受ケテレ命ヲ不レ遷ラ、生ズ二南国ニ一兮」には「橘」が変節しない清廉潔白な君子に見立てられ、『史記』巻百二十九「貨殖列伝第六十九」には「江陵千樹ノ橘（中略）此レ其ノ人与二千戸侯一等シ」とあり、「橘」に高い価値が見出されている。後漢の許慎『説文解字』「橘　果出ヅ二江南ニ一」、楊孚『異物志』「橘為リレ樹ト、白華ニシテ而赤実、皮既ニ馨香シ、裏ニ又有リ二美味一」、西晋の左思『呉都賦』「其ノ果則チ丹橘余甘」、北宋の陸佃『埤雅』巻十三「橘ハ如クシテレ柚ノ而小ナリ。白花赤実、蓋シ亦渡リテレ淮ヲ而変ズ」など諸書には「江（淮）南」の風土と佳果「橘」との地理的関連性が謳われた。

それでは、「江南の橘」が「江北の枳」となる所伝（本章では「橘枳変異」と称す）はどのように受容されたのだろうか。南宋の呉曾『能改斎漫録』巻十五「橘渡江為枳」には西晋の張華『博物志』巻四を引いて「橘渡リテレ江ヲ化シテ為ルレ枳ト。江北之橘未ダ二嘗テ化セ一也」とあり、江北の「橘」が「枳」に変化したことはないとの見解を示す。明代の李時珍『重訂本草綱目』（武林銭衙蔵版）巻三十六は唐代の陳蔵器『本草拾遺』の「今江南ニ橘枳皆有リ。江北ニ有リテレ枳、無シレ橘。此レ自ラ別種ニシテ、非ザルレ関ハルニ二変異ニ一也」を紹介したうえで、現実的見地から「橘」と「枳」はそもそも別種にして変化するものではないと結論づけている。

わが国において「橘」はすでに上代に伝わっていたと国史に記録される。『日本書紀』巻六に垂仁天皇が田道間守に命じ、常世国に遣して非時の香果を求めさせたとあり、これにより「橘」が日本に伝来したと解された。また、『続日本紀』巻十二によれば、天平八年（七三六）十一月、葛城王（橘諸兄）に橘宿禰の下賜にあたり、聖武天皇は「橘ハ者果子之長上ニシテ人ノ所レ好ム。柯ハ凌ギテ二霜雪ヲ一而繁茂シ、葉ハ経テ二寒暑ヲ一而不レ彫マ。与二珠玉一共ニ競ヒレ光ヲ、交ハリテ二金銀ニ一以ヲ逾美ナリ。是ヲ以テ汝ガ姓ニハ者賜フ二橘ノ宿禰ヲ一」と言葉を添えた。その際に聖武天皇は「橘者実左倍花左倍其葉左倍枝爾霜雖降益常葉之樹（橘は実さへ花さへ其の葉さへ枝に霜置けどいや常葉の樹）」と詠んだと伝わる（『万葉集』巻六）。そのほか『古今和歌集』巻三「五月待つ花橘の香をかけば昔の人の袖の香ぞする」、『夫木和歌抄』巻八「常世より香の菓を移し植ゑて山時鳥時にしぞきく」に詠まれたものが有名である。

植物学者北村四郎はこの「橘」について「ミカン属の一種であるが、よくわからない。この類は雑種を作りやすく、枝変わりもあり、多くの品種は台木に接いで伝えられ、多くの類似のものがあり、それらが種として取り扱われている。古代のものを確定することはできない」[*5]と述べながらも、現在の「キシュウミカン」に近いものと推測する。平安時代の源順『和名類聚抄』巻十七「橘　兼名苑ニ云、居密ノ反。一名ハ金衣、和名太知波奈」、室町時代の『下学集』巻下「橘　江南。枳　江北」（草木門）などの記載がある。江戸時代には「橘」の俗称として「蜜柑」が用いられる。林羅山『多識編』巻三（慶安二年〈一六四九〉）「橘　太知波那　今俗云美可牟」、中村惕斎『訓蒙図彙』巻十八（寛文六年〈一六六六〉）「橘　たちばな　密橘也　俗云蜜柑」などがあり、本草学者貝原益軒は『花譜』巻中（元禄七年〈一六九四〉）に次のように述べている。

> 橘　みかんの事也。四五月に花をひらく。古歌によめる花橘是也。又花たちはなといはずして、たちはなのかほるともよめり。日本紀にハ香果とかけり。此品類すこふる多し。（中略）凡橘柑の類、皆はなはた寒気を

おそる。故に北国又ハ山中寒谷雪ふかき所にハさかへす。うふべからす。園中にも北ふさかり、南にむかへる暖所によろし。

ここでは、本草書として「橘」が温暖な気候に適した果実であることに触れられる。人見必大『本朝食鑑』巻四（元禄五年〈一六九二〉）「蜜柑 釈名 橘 香菓 昔草 庭古草 山橘」、朱舜水『舜水朱氏談綺』巻下（安積澹泊編 宝永四年〈一七〇七〉）「橘子 ミカン 蜜柑ト同」、寺島良安『和漢三才図会』巻八十七（正徳二年〈一七一二〉）「橘 蜜柑 俗 和名太知波奈」の表記がある。これに対し、井田昌胖は『柑橘伝』（宝永三年〈一七〇六〉）の中で「柑橘之和名従古区然難決（柑橘の和名古より区然として決し難し）」と述べており、本居宣長も『玉勝間』巻十四において「橘」と「蜜柑」を別個のものとして次のような見解を示している。

古よりも、後世のまされること、万の物にも、事にもおほし。其一つをいはむに、いにしへは、橘をならびなき物にしてめでつるを、近き世にハ、みかんといふ物ありて、此みかんにくらぶれば、橘は数にもあらずけおされたり。その外かうじ、ゆ、くねんぼ、だい〳〵などの、たぐひおほき中に、蜜柑ぞ味ことにすぐれて、中にも橘によく似てこよなくまされる物なり。此一つにておしはかるべし。

一方の「枳」については、平安時代の深根輔仁『本草和名』巻上「枳実 一名枳殻（中略）和名 加良多知」、丹波康頼『本草和名抄』木部上品之集「枳殻 味苦酸微寒無毒 和カラタチ」とあり、古来より「キコク（枳実・枳殻）」と「カラタチバナ（枸橘・臭橘）」の二種が混同されてきた。*6『牧野和漢薬草大図鑑』（北隆館 平成十四年〈二〇〇二〉）には「ミカン科ミカン属（Citrus）」系統の（ダイダイ・ユズ等）の未熟果実を「枳実・枳殻」、「ミカン科カラタチ属（Poncirus trifoliata）」系統の「枸橘」に分類する。唐代の韓鄂『四時纂要』巻二「山居要術ニ用フニ枳殻ヲ一。今謂フニ之ヲ臭橘ト一也」、北宋の蘇頌『本草図経』巻十一「今医家多ク以テニ皮ノ濃クシテ而小ナル者ヲ一為スニ枳実ト一。（中略）近道ニ所ノレ出ヅル者、俗ニ呼ブ二臭橘ト一（木部中品）」、南宋の韓彦直『橘録』巻中「枸橘　色青気烈シ。小ナル者ハ似テ二枳実ニ一、大ナル者ハ似ル二枳殻ニ一」とあり、わが国でも前掲『多識編』巻三「枳　加良多知ラ　異名　子ヲ名ク二枳実ト一　枳殻」・「枸橘　今案俗ニ云ク知也久計豆伊波良」、『訓蒙図彙』巻十八「枳　からたちばな　からたち　枳実也。其皮為二枳殻一　俗音きこく」と混同が見られる一方で、儒医香川修庵『一本堂薬選』巻上（享保十四年〈一七二九〉）には「枳実」を柑橘の一種として「臭橘」との種別をしている。貝原益軒は『養生訓』（正徳三年〈一七一三〉）巻七に「偽薬とハ、真ならさる似せ薬也。枸橘を枳殻とし、鶏腿児を柴胡とするの類也」と述べ、『大和本草』（宝永五年〈一七〇八〉）には両者の相違を詳細に記した。

枳実枳殻　本草ニ枳実ノ葉如レ柑ノト云。臭橘ノ葉ト不レ同、又臭橘ヲ偽テ枳実トシテ売ル。不レ堪レ用トイヘリ。中華ニモ如レ此日本ニ古来誤テ臭橘ヲ枳実トス。　（巻十一薬木）

枸橘　本草一名臭橘多レ刺、人家多収種テ為二藩籬ト一〇今案和名カラタチト云物ナリ（中略）昔ヨリ国俗アヤマリテ、是ヲ枳殻枳実トシテ薬ニ用ユ非也、世医習テ而不レ察セナリ。本草ヲヨク考ヘテ其是非ヲ知ヘシ。真ノ枳実枳殻年々カラヨリ多クワタル。可レ用。日本ノ臭橘ハ不レ可レ用。枳殻モ日本ニアリトイフ。　（巻十二雑木）

翻って、所伝「橘枳変異」はわが国の本草学においてどのように受容されてきたのであろうか。宮崎安貞『農業全書』巻八（元禄九年〈一六九六〉）には「又柑橘の類ハ枳の子を多くうへ置て、大指のふとさの時、だい木にして接たるがしるし速かなり。（中略）だい木の比になりたる時、正月末二月上旬うるハしき穂を求めて接べし（柑類）」、柑橘類はカラタチが親指ほどの太さの時に台木にして接ぐと効果的であると説明される。また、前掲『和漢三才図会』の当該箇所には「凡ソ柚橘ノ類不レ宜カラ二子種ニ一皆宜レ接ニ也」とあり、柑橘は実生よりも接ぎ木での繁殖が望ましく、橘類は相模箱根の関以北、柚類は奥州白河の関以北には実らずに、試しに「橘」を津軽に植えた場合に「枳」

が生じる現状を「所謂ル江南ノ橘ハ為ルト云二嶺北ノ枳ト一」ともじった表現も見られる。柑橘は雑種ができやすく、遺伝形質を受け継がせるために「種子繁殖（実生）」よりも「栄養繁殖（接ぎ木・挿し木・取り木）」が用いられた。[*7] 佐藤信淵は『草木六部耕種法』巻十九（天保三年〈一八三二〉）に「気候寒冷ナル国土ニ植ルトキハ、大抵皆其実ヲ需（＊もと）メテ作ルト雖モ、成熟スルコト能ハス、翅（＊ただ）ニ成熟スルコト能ハザルノミナランヤ、必ス変化シテ枳ト為ルコト多シ」と、温暖地に適した柑橘栽培における気候の重要性と台木による接樹法を説き、寒冷地では結果的に「枳」と化す現況を伝える。大蔵永常『広益国産考』巻八（天保十五年〈一八四四〉）「枳殻を実植にして蜜柑の台木にする事」にも橘枳の植樹法が図説で紹介される。

江戸時代の本草学者は、所伝「橘枳変異」を念頭に置いて実際の農法にも関連づけている。すでに唐代の韓鄂『四時纂要』巻一、南宋の韓彦直『橘録』巻下、元代の司農司『農桑輯要』巻五などでは柑橘の接樹法があり、明代の徐光啓『農政全書』巻三十七に「枳ハ接グモ二柑橘ニ一亦宜シクシ二本色接換スルニ一」が見える。本来別種である「橘」と「枳」は、カラタチ台による伝統的な柑橘栽培を通して深く結びついていた。つまり、当該成語における「橘枳変異」の受容には「橘」の台木に「枳」が用いられた背景があり、その気候風土により「橘」にも「枳」にもなり得る状況を踏まえたものと推察される。

四　和書における「江南橘為江北枳」用例

果たしてわが国において当該成語はどのように受容されたのだろうか。中世（鎌倉・室町）では藤原良経『玉函秘抄』巻下、菅原為長『管蠡抄』巻十、『文明本節用集』態芸門には揃って「橘生ニ淮北一為レ枳。水土之異也」とあり、藤原孝範『明文抄』巻三「橘踰レ淮而為レ枳」、『六代勝事記』「淮南の橘こそ淮北にうつりて枳とはなり侍れ」、経尊『名語記』巻九「淮南ノ橘ノ淮北ニウツサレテ、カラタチトナルトイヘル事侍リ」、『曾我物語』巻四「橘は、淮北に生じて、枳殻となり。水土の事なればなり」などと記される一方で、釈良忠『無量寿経論註記』巻二「橘栽不レ生セ二江北ニ一等ト者左氏伝ニ云江南ニ種ヘレ橘ヲ江北ニ移セバレ之ヲ忽ニ成レ枳ト」[*8]、『太平記』巻八「源ハ同流也トイヘトモ、江南ノ橘、江北ニ被レ移サレテ枳ト成ル習也。弓馬ノ道ヲ守ル武家ノ輩ト、風月ノ才ヲ事トスル朝廷ノ臣トヲ闘ヲ決センニ、武家不レ勝タト云事不レ可カラレ有ル」、『句双紙』五言句「在江南為橘　在江北為枳」など「淮河型」・「長江型」の双方が用いられた。その後、近世（江戸）の諸書には多くの用例が散見される。

①円智日性『太平記鈔』巻八（慶長十五年〈一六一〇〉）

一江南橘　周礼曰橘踰淮而北為枳。此地気然。淮南子曰夫橘樹之江北化而為橙云々。橙ハヤマタチハナトヨム也。

②西道智『太平記大全』巻八（万治二年〈一六五九〉）

源ハ同流也といへとも江南の橘江北に被レ移て枳と成習也。弓馬の道を守る武家の輩と風月の才を事とする。朝廷の臣と戦を決せんに、武家不レ勝云事不レ可レ有と。

③苗村丈伯『理屈物語』巻一（寛文六年〈一六六六〉）

あんしこたへていはく、「われうけたまハり侍るに、橘といふ木ハ江北に生じてハ是を枳といふ。此枳ハよく葉橘に似たれ共その実のあちはひ同しからす。是いか成事なれハうゆる所の土地ことなるゆへなり。今此咎人も斉に居たる時ハぬすミをする事あらじ。楚に居たるゆへにぬすミをする事を得たり。しから八彼　橘の地によりてあぢハひ同しからす。国によりて名にちがひたるに同し。此咎人も楚の土地に居ずんハぬすミをする事なからん」とていへり。

④山鹿素行『山鹿語類』巻十一（寛文六年〈一六六六〉）

人必ス位ニ順テ其智発スルモノ也。然レハ地勢地気ニモヨラサレテ下ノ中ニ至リ、中ノ上ニ成タリシ世以多シ。江南ノ橘江北ニ移サレテカラタチトナレルタメシナキニ不レ有。興亡ノ所レ由ヲ不レ知シテハ盛衰ヲ考へ政ヲ深クスルコト不レ叶コトナリ。

⑤山鹿素行『謫居童問』巻下（寛文八年〈一六六八〉）

辺鄙トイヘ共豪傑大英雄ニオイテハ不レ可レ異トイヘ共、江南ノ橘江北ニウツサレテ枳トナリ、南枝北枝之梅開落既ニ異ナレハ、水土ノ替リ不レ可レ疑也。

⑥戸田茂睡『紫の一本』巻上（天和二年〈一六八二〉）

此溜池の鮒ハ上意にて近江鮒をはなす。然れ共近江鮒ハひらめなれ共、此鮒ハ丸め也。土地によつて魚のなりもかハる事也。『考工記』に「橘ハ踰テレ淮化シテ為レ枳ト」と云。是土地によれり。

⑦稲垣龍軒『東湖随筆』巻五（貞享元年〈一六八四〉）*9

晏子コタヘテイハク「大王スコブル聞ケリ。江南ノ橘ヲ江北ニウツセハタチマチニ枳チトナル。是スナハチ水土ノ異ナリ。此人斉ニ生レシトキハヌスミセストイヘトモ今楚国ニツカヘテモツテ盗ミス。明カニシリヌ。士俗ノシカラシムルナリト」

⑧南渓会林『会林説話』巻下（貞享二年〈一六八五〉）

在テハ二江南一為レ橘在テハ二江水一為レ枳　五車韻瑞質匀出在字無之意可知

江南種ヘレ橘ヲ江北ニ移レ之忽ニ為レ枳チト　左氏伝之語也論註記二巻三十七

⑨井原西鶴『男色大鑑』巻八（貞享四年〈一六八七〉）
江南の橘を江北に植れハ忽ち枳になりかハるといへり。さも有べし。和国にも其ためしあり。江北の赤頭の子共を江南のこんがうが手にかくれバ、程なく太夫髪となり、あれかそれかと思ふ程の姿。人ハまた作るに色をましける。

⑩宮川道達『訓蒙故事要言』巻九（元禄七年〈一六九四〉）
晏子ノ春秋ニ曰、江南ノ橘生ジテ二江北ニ一為ルレ枳ト。水土ノ之異也。

揚州江ヨリ南ヲ江南ト云。北ヲ江北ト云ナリ。江南ニ生ズル橘ヲ江北ニ移シ植ルトキンバ、枳トナル也。是ハ土地ニヨリテ水脈土気ノ替ル故ナリ。サレバ非情ノ草木ダニモ所ニヨリテ、其ノ性ヲ変ズ。マシテ人モ其ノ如ク、悪キ所ノ風俗ニ随ヘバ善人モヲノヅカラ風俗悪クナリテ、悪キ人トナリ、善キ所ノ風俗ニ随ヘバ、悪人モ、ヲノヅカラ其風俗ニナリテ心ヲ改ル故ニ、善人トナルベシト也。

⑪香川正矩『陰徳太平記』巻十八（元禄八年〈一六九五〉）
子胎内ヨリ出家スル者ハ有共未聞。剃髪染衣スレバ出家ト成リ。又還俗スレバ元ノ武士ニ非ヤ。江南ノ橘江北ノ枳穀。名ハ各別ナレ共元是レ一体也。

⑫近松門左衛門『釈迦如来誕生会』第三段（元禄八年〈一六九五〉）
御心底尤しごく。親のうつこぶしより他人のさするがいたいと申世のたとへ。のちぐすりとハ申ながらかうなんのたちばなかうほくにうゆればからたちと成とかや。所もかへてそだて給ハゞ大ちゑ者共成給ハん。むかしよりち（＊智）ある者ハひんにて、ぐち（＊愚痴）成者ハふうき（＊富貴）なり。

⑬清地以立『通俗呉越軍談』巻一（元禄十六年〈一七〇三〉）

少頃アリテ武士等一人ノ囚ヲ縛テ殿前ヲ過。霊王ノ曰、囚ハ何者ゾ。武士対テ曰斉国ノ者ナリ。霊王ノ曰、何ノ罪カアル。武士曰、盗ヲスルノ罪ナリ。霊王顧テ晏子ニ謂テ曰、然ルトキハ、斉人ハ固ニ盗ヲスルカ、晏子ソノ己ヲ挟ム事ヲ知テ、頓首シテ曰、臣聞江南ニ橘アリ。斉人コレヲ取テ江北ニ樹ルニ橘トナラズシテ反テ枳トナル。ソノ然ル所以ハ何ゾヤ。地土同ジカラザル故ナリ。今斉人斉ニ居トキハ盗ヲセズ。楚ニ来テ盗ヲスルハ、亦楚ノ地盗ヲ産スル故ナリ。霊王黙然トシテ言ハズ。

⑭唯楽軒『立身大福帳』巻三（元禄十六年〈一七〇三〉）

積て末にハ現銀千貫匁、身体につれてかたちもうるハしう成り、はげたる所へ俄に毛もはへ、色のくろひが白ふなれハ、垢切もいへ肩くさの跡も直て、江南の橘ハ江北のからだちとかや。

⑮恒亭主人『童蒙古事談』巻一（正徳元年〈一七一一〉）

江南ノ橘ハ江北ニ種ルトキハ枳トナル。此レ地気ノセシムル処ニシテ如何トモスヘキ無シ。水ノ源ハ至テ清ケレトモ流ルヽニ随ヒテ清ルアリ濁ルコト有カ如シ。

⑯新井白石『鬼神論』巻上（正徳元年〈一七一一〉頃）

烏骨鶏といふものをかひし者の申せしは、此鶏の毛しろきあり、くろきあり、まだらなる有。其中に肉と骨との烏きは薬とするによし。その舌をミるに、色黒けれハ、かならす肉も骨もともにくろしといひ伝へ侍る。はしめもろこし船にこの鶏をのせて来りしを、雌雄をもとめ得て飼ふに、程なく子を産、その雛毛も形も、ミな其父と母とにたがふところあらす。その雛の大きくなりてまた子をうむに、毛と形と似たれとも舌の色ハ、黒からざりしほどにあやしと見る内に、かの舌のいろの変したるか産める子は、其毛ハ似たれと、その形は常の鶏のことくなるか、子をうめるにおよひてハ、毛も色も形もまつたくつねの鶏になりてけり。江南の橘は江北にうつりて枳となるも地気のしからしむるなと、わか国の地気もろこしに異なるか故に、この鶏もかく其性変してけりとおもひぬ。

⑰三宅観瀾「桜」（正徳二年〈一七一二〉頃）

蓋倭之与漢、大洋中隔、累訳不通、則其水土変、美於此、醜於彼。猶踰淮之橘、変而為枳歟。抑其俗尚之異、棄於彼賞於此。胡人之悪醇醪而甘羊酪歟。或以邇波佐久良、為桜桃者、尤無証之言也。

⑱井沢蟠龍『本朝俚諺』巻五（正徳五年〈一七一五〉）

江南の橘江北にうつせば枳となる　周礼云、橘踰淮北為枳。説苑云、晏子曰、江南有橘。斉王使人取之而樹之於江北。乃為枳。所以然者何。其土地使之然也。

⑲雨森芳洲『たはれぐさ』巻下（正徳年間〈一七一一～一七一六〉）

およそあらゆる文字、よみハ此国のことばなれど、こゑはもろこしのこゑなり。されどもろこしのこゑに似たるハ甚だすくなし。風気の異なるゆゑにや。たちばなハ淮をわたりて化して、枳となるといへるを、ふしぎなりといひしに、此国にても、ミつかんくねんぽなどいへるもの、其樹をうつして、出羽に植れば、ミな枳殻となるといへり。

⑳近松門左衛門『国性爺後日合戦』第一段（享保二年〈一七一七〉）

日本天地の気を受て、出生したる国せんや（＊性爺）身体はつふ（＊髪膚）皆日本。生国のふうハかへまいが替ぬとてかんき（＊甘輝）なんとする。いや汝こそ日本生れ一子きん（＊錦）舎が生国ハ此大明。こうなんの橘江北にうゆればからたちと成。きん舎が行義なぜ大明風にハそだてぬぞ。

㉑荻生徂徠『徂徠先生学則』（享保十二年〈一七二七〉）

則安ンソ知ン夫ノ中国無シレ象。尚且象スレ之ヲ。江北無レ橘。或者假ルニレ之ヲ以スレ枳ヲ乎。以レ此ヲ而誦シテ二夫ノ楚人ノ之頌ヲ一。能不ルレ忒ハ二其ノ臭味ヲ一者幾希。夫中国ノ之所レ有。四海ノ之所レ無。亦猶レ是邪。

㉒江島其磧『真盛曲輪錦』巻五（享保二十年〈一七三五〉）

「尤幼少より養子にやりし子なれば、他人も同然なれ共、たねは我たね。悪人には産付ざりしに、江南の橘を取て江北は持行植る時は、かならず枳となるといへ共、日外京都へのぼりし時対面せし折から主に忠をはげみ、実の親の名迄あがるやうにしてくれよ。（以下略）」

㉓近松半二ほか『役行者大峯桜』第一段（寛延四年〈一七五一〉）

恙なかりしめでたさよと、仰にはつと両手をつき、江南の橘江北に植れバ枳となる。父帝の御種とハ承ハれど、鄙に育し我なれバ、御詞をおろされ被官のごとく覚召シ、御憐下さるべしと、身をへり下りて答らる。

㉔八文字屋自笑『南木莠日記』巻一（宝暦七年〈一七五七〉）

「江南の橘氏ハむかしの人の袖袂」（見出し）

㉕作者未詳『聖遊郭』序文（宝暦七年〈一七五七〉）

天窒し地台る所、物一等といへども又物の等しからざる遊彊とて婦の市あり。此地を踏ば粋と成、是まつたく地理の所為所以の法也。纔を隔て江南の樹を江北に移せば、乍その転変すること宛も御月さまと泥亀に準ふに等し。

㉖建部綾足『本朝水滸伝』巻二（安永二年〈一七七三〉）

倉丸、村主ともに奏して曰、「左大臣 橘 諸兄、その子奈良麻呂、ともに冠を脱、装束を脱、太刀を捨、笏をすて、家を捨、財宝を捨、いづこともなく立つさりてさむらふ。判官等まゐり正して候に、申残せる事も侍らず。只出居の壁に一首の歌を残しおきて候のみなり。其歌にいはく、

橘をこじて植なバことさへぐ　枳殻の実となり出んかも

と諸兄が手をもて書付てさむらふ。

㉗並木五瓶『金門五三桐』序幕（安永七年〈一七七八〉）

「ムウ江南一株の枳、江北二株の橘、都掛金鈴、繁桑に業大明の宋蘇卿」（中略）「江南一株のからたちとハ唐土に一ツ子を残シ、日本へ渡り、かふほく二株の橘ハ和国に住で弐人の倅をもふくる」

㉘横井也有「黄岡亭記」（安永年間〈一七七二～一七八一〉）

世の求る所衣食住の三ッありて、一日もなくては叶はす。されと心をして清からしめ心をして静ならしむるハ、只棲ム所によれる事、かの江南の橘のたくひあらさらんや。

㉙笑止亭『異国風俗笑註烈子』巻四（天明元年〈一七八一〉）

田鼠化て如鳥とかわり、燕雀海川に入て蛤となり、薯蕷は鱔となり、狐年歴て天狗と変し、江南の橘江北に入りて枳となり、かにの足を取り石上に置、淫雨にうたすれハ蛭と変し、海上にて白蛇化して七足のたことなり、

㉚松葉軒東井『譬喩尽』（天明六年〈一七八六〉）

江南橘江北植者為レ枳　カウ　正音

㉛大田南畝「橘庵記」（天明七年〈一七八七〉頃）

右近の橘か江南の橘歟。そもく戦陣問答の名にたち花の小島かさき歟。たぢま守がうゆる所歟。橘諸兄公のめでし所歟。そもく市村家橘が家の目にたちはなの紋所歟。その狂言のたねとなる工藤がいほりに木香あり。主人の庵に橘あり。奈良の帝の万葉集にハ実さへ花さへとほめことばをのこし、唐人の三体詩にハ「盧橘花開」と寐事をいへり。陸績がはづし物親孝行の部に入、司馬相如が筆てんごう、「夏熟す」とかきちらせり。むかしの人の袖の香ハさつきまつはなの先に匂ひ、

㉜木村桂庵『橘品類考』序文（寛政九年〈一七九七〉）

江南ノ梅ヲ移セハ二于江北ニ一則為ルレ橘ト。実於テ二西海ニ一一タヒ化也。数千歳ノ之後チ、精気来リ二于東海ニ一雄徳山下以テ二神変ノ妙術ヲ一不シテレ借ラ二天工ヲ一。出ス二茀藤果之七化ヲ一也。

㉝山本北山『孝経楼詩話』巻下（文化四年〈一八〇七〉）

橙ヲ此方ノ俗ダイくニ充、誤ナリ。ダイくハ橘譜ノ臭橘ナリ。江南ノ橘度ツテ二於江北ニ一為レ枳ト云コトハ周礼ヨリ下村女田児モ知リタルコトナレドモ、

㉞滝沢馬琴『無想兵衛胡蝶物語』前編巻一総評（文化六年〈一八〇九〉）

人の性に善あり悪あり。樹に香木悪木あるがごとし。樹の善悪ハ風土による。かゝる故に江南の橘も江北に栽るときハ枳とならざることなし。人の善悪ハ習による。かゝるゆゑに伯夷が風を聞ものは頑夫も廉に、懦夫も志を立ることあり。

㉟奈河晴助『敵討浦朝霧』巻四（文化十二年〈一八一五〉）

伝「ナニ、土岐之助さまよりの御送リ物とな」「ハツく」ト平伏して、右の扇をひらき見て、「江南の橘ハ江北の枳ならず」トしあんして、「此心ハ」ト浪平宜しく有て、浪「土岐之助様の実父大ひつどの、先殿の落胤と取かへおきし。誠の若とのゝお行衛しれ

ざるゆへ尋ね出せよ」と有其扇。

㊱滝沢馬琴『玄同放言』巻二（文政元年〈一八一八〉）

是も亦葛の如くて、似児草の義を得考へず。斯よまれたるもの歟。わきて河風のあら立ッほとり。蘆荻とゝもに生ヒ茂ヶる人参ありとしもおもほえず。況やその葉を摘とりて、茹てたうべることはあらじ。万葉集なる似児草と、後々のにこ草ハ彼ノ江南の橘の枳になる類ヒにやあらん。そハともあれかくもあれ。

㊲小林一茶『おらが春』（文政二年〈一八一九〉）

おのれ住る郷ハ、おく信濃黒姫山のたら〱下りの小隅なれハ、雪ハ夏きへて霜ハ秋降る物から、橘のからたちとなるのミならで、万木千草上々国よりうつし植るに、こと〱く変じさるハなかりけり。

㊳松浦静山『甲子夜話』巻十（文政五年〈一八二二〉頃）

又三四十年前、松平能州の内に木村久内と云留守居あり。才弁あつて時めきしものなり。其藩中の二三男、他藩士の螟子となり、嫖遊して家産尽果、遂に亡命したるものあり。一日、其藩邸に久内抵りければ、藩士の云ふ「貴殿の屋敷からとんだ者をよこして仲ヶ間一軒を潰したり」と罵る。久内冷笑して「かれは我藩に在しときはずんとよき若者なり。いかがして左はなりけん。江南の橘江北に入れば枳となると承る。土地にもよるものにや」と云ければ、先に罵りし人赤面して口を閉たりとぞ。

㊴橋本左内「論文」（安政五年〈一八五八〉頃）

君見淮北枳　　君見る淮北の枳
即是淮南橘　　即ち是れ淮南の橘

晏子故事に直接取材したものに加えて、様々な文脈の中で当該成語の使用が見られる。具体的には、①・②『太平記』

の語注、④・⑤・㉕・㉘・㉙風土と気質、⑥源五郎鮒、⑨若衆の髪型、⑪僧侶と武士、⑭身代の変化、⑮人間性の善悪、⑯烏骨鶏の飼育環境、⑰桜の品種、⑲・㉑文体と音訓、㉛橘類に関する蘊蓄、㉜・㉝柑橘類の品種、㊱『万葉集』に現れた「似児草」についての考証など様々な事物に見立てられる。このほか後期戯作にも多く登場し、㉒斎藤実盛による実子四郎包盛への思いを綴った文面・㉔橘姓である楠木正成の素性・㉖反道鏡派 橘 諸兄の和歌（「橘」氏が「枳殻」となる＝北国への出奔の暗示）・㉞小年国についての風土、㊲故郷信濃黒姫山の四季の移り変わりなどにも引かれる。㊳松平能登守の留守居役木村久内は、他藩に養子に行った藩内の師弟が放蕩により養子先を破産させたとの批判を受けた際に当該成語を援用して反論する。⑫・⑳・㉓・㉗・㉟浄瑠璃や歌舞伎の中で引かれた台詞であり、血統を同じくしながら生き別れになった者に向けられた気持ちの中に使用が認められる。雑俳においては「からたちに成てかん当ゆるす也」（『誹風柳多留』七篇　明和七年〈一七七〇〉）、「江北へ桜をうへておもしろし」（同二十三篇　寛政元年〈一七八九〉）、「江南の花北国へ三年うへ」（同三十篇　文化元年〈一八〇四〉）、「からたちになつて橘町をこし」（『やない筥』初篇　天明三年〈一七八三〉）など、気質の変化や墨堤の桜に詠み込まれている。

次に、近代に刊行された諸書の用例を確認したい。「橘や風ふるくさき長谷の里」（『寒山落木』巻二）の名句がある正岡子規は、当時から果樹栽培が盛んな愛媛の出身であった。「写生論」でも知られる子規の小文「くだもの」には以下の一節がある。

㊵正岡子規「くだものと気候」（明治三十四年〈一九〇一〉）

気候によりてくだものゝ種類又は発達を異にするのはいふ迄も無い。日本の本州許りでいつても、南方の熱い処には蜜柑やザボンがよく出来て、北方の寒い国では林檎や梨がよく出来るといふ位差はある。況して台湾以南の熱帯地方では椰子とかバナゝとかパインアップルとかいふ様な、丸で種類も味も違つた菓物がある。

江南の橘も江北に植ゑると枳殻となるといふ話は古くよりあるが、これは無論の事で、同じ蜜柑の類でも、日本の蜜柑は酸味が多いが、支那の南方の蜜柑は甘味が多いといふ程の差がある。

（『ホトヽギス』）

ここでは果物の生育が気候風土の影響を受けている状況に当該成語が引かれており、字義に即した適例であると言えるだろう。明治末期に刊行された大型の成語辞書において当該成語はどのように記載されているのだろうか。

㊶簡野道明『故事成語大辞典』（明治四十年〈一九〇七〉）

【江南ノ橘、江北ニ生ズレバ枳トナル】

無情の草木すら、風土によりて其の性を変ずること此の如し。況や有情の人に於てをや、されば人は居る処の風俗の善悪に随つて、其の性を変化するものなりとの喩。

㊷藤井乙男『諺語大辞典』（明治四十三年〈一九一〇〉）

【江南ノ橘江北ニ植ウレバ枳トナル】

風土の異なるに随ひ、人情気質の変ずるに喩ふ。江は揚子江なり。

㊸山崎弓束『漢和故事成語海』（明治四十三年〈一九一〇〉）

【江南の橘江北に生じて枳と為る】

これは多く教育に用ふる語。無情の草木すら処によりて其性を変す。況して人は、悪しき処の風俗に随へは、善人も自ら悪に染まり、又、善き処の風俗に随へは、悪人も自ら善に化すと云ふ喩。*10

右の成語辞書のうち、㊶・㊷は風土（環境）による人間性の変化という従来の意味用法に拠っているのに対し、㊸はこれを「教育」の観点から捉えた積極的な読み換えがなされている。長いフレーズのためか一定の語形を保っているとは言い難いものの、その汎用性から諸書において様々な文脈に引かれている。わが国では、近世以降「江南の橘（長江型）」の用例がほぼ一貫して見られ、環境影響説として積極的に受容された形跡がうかがえる。

五　まとめとして

本章では故事成語「江南橘為江北枳」の和漢における受容状況を俯瞰した。出身地なる固定的属性から解放し、生活圏による後天的環境へと読み換える柔軟な視点は、学習者にある種の感銘を与えるものだろう。本教材は晏子の人物像に焦点が当てられる傾向にあるが、当該成語がどのように受容されてきたかその背景を理解することも重要である。そもそも「晏子使楚」は諸書において明らかな字句の異同があり、いくつかの系統のテキストが存在する。特に、当該成語には「淮河型」と「長江型」があり、中国では四字熟語「淮橘為枳」により現在まで「淮河型」が一般的なのに対し、わが国では概して「江南の橘江北の枳と為る」の形で「長江型」が用いられた点に顕著な相違がある。さらに、本草書には「橘」・「枳」それぞれに立項され、所伝「橘枳変異」をめぐって両者の関連性も盛んに論じられた。つまり、当該成語は医薬学や博物学といった東洋の科学分野を担ってきた本草学への入門教材と見ることもできる。春秋時代の晏子の言動を注視するのみならず、歴史学・言語学・本草学の観点に着目することで、文系・理系双方の生徒に拓かれた漢文教材であると結論づけられる。

注

1　なお、「長江型」には盛唐崔興宗「和王維敕賜百官桜桃」、南宋法薫「偈頌　百三十三首其六十二」などの用例があり、一方の「淮河型」には北宋賀鑄「晩出江城聞角」、南宋劉子翬「和士特栽果十首其四」、明代于慎行「夏日村居四十二首其十三」などの用例が見える。

2　「晏子使楚」は『意林』巻一、『白孔六帖』巻九十九、『円機活法　詩学』巻二十一、『佩文斎広群芳譜』巻六十四にも見られる。

3　谷口満「古代楚国の分解――㈡霊王弑逆事件前後――」（北海道教育大学史学会『史流』第二十三号　一九八二年三月）

4　同話は『晏子春秋』内編雑下第六にも所収される。

5　北村四郎「『本草綱目』の植物」四二一頁。『北村四郎選集Ⅱ　本草の植物』（保育社　一九八五年九月）

6　このほかに小原桃洞『桃洞遺筆』巻一、小野蘭山『重修本草綱目啓蒙』巻二十五、岩崎灌園『本草図譜』巻八十四などにも「枳実」と「臭橘」の種別の誤りについての指摘がある。

7　田中諭一郎『日本柑橘図譜上』（養賢堂　一九四八年十二月）、岩堀修一・門屋一臣『カンキツ総論』（養賢堂　一九九九年一月）には、カラタチ台の柑橘類は親和性により生育も早く豊産性も高いとの報告がある。また、薩摩藩の本草学者曾占春は『本草綱目纂疏』巻九で正保、慶安年間に薩摩藩主が枳殻の台木により柑橘類の品種改良を通して産業化した事例に触れている。

8　ここでは当該成語の典拠として『春秋左氏伝』をあげているが、同書にはこの記述は見られない。貞享三年（一六八六）の長尾平兵衛版の頭注には「△左氏伝　検レ文不レ得。出二周礼及ビ白氏六帖一。円機活法詩学二十四引」とあり、『春秋左氏伝』が典拠ではないことは明らかである。江戸時代の用例⑧の『会林説話』が『春秋左氏伝』を掲げているのもこの『無量寿経論註記』の記載に拠っているためである。

9　後に本書は『故事落穂集』の書名で改題出版されている。

10　また、松村武雄『故事成語漢和大辞林』（春洋社　大正十三年〈一九二四〉）にも「教育」の観点から同様の記述が見られる。

COLUMN

「歴史的仮名遣い」と「文語表現」

一　「仮名遣い」の歴史的考察

高等学校で古典を取り扱う際には、導入期に「歴史的仮名遣い」を指導することになります。この「歴史的仮名遣い」の指導は、学習者の古典に対する興味関心を左右するものと考えています。そもそも「歴史的仮名遣い」とは、平安中期の音韻をもととして作成された仮名の表記であり、平安後期にはすでに表記通りに発音されなくなったと言われています。仮名表記の変革はしばしば試みられましたが、基本的には戦前まで踏襲されていました。

鎌倉時代の歌人藤原定家は『下官集（げかんしゅう）』の中で、「を」、「お」、「い」、「ひ」、「ゐ」、「え」、「へ」、「ゑ」の常に混同されがちな八つの仮名を取りあげ、それぞれどのような単語が当てられたのかを記した「定家仮名遣い」を提示したことが「仮名遣い」の最初であると言われています。その後は、定家の示唆を受けた源親行（みなもとのちかゆき）の孫行阿（ぎょうあ）が『假名文字遣（かなもじづかい）』を著し、「定家仮名遣い」の増補をしていますが、中世には、「定家」の名の下に徐々にこれが浸透していきます。

江戸時代に入ると仮名遣いはさらに混迷の度を深め、一般向けに仮名遣いの書き分けを手引きするような書籍も数多く作られました。元禄四年（一六九一）には『初心假名遣（しょしんかなづかい）』が刊行され、仮名表記の誤りについての事例が紹介されました。例えば、「天地門」には「くもい　くもゐ　雲井」、「めうぜう　みやうじやう　明星」などとあり、「誤、正、漢字」の順で仮名遣いの正誤表が記載されています。元禄八年（一六九五）には、契沖（けいちゅう）が『和字正濫鈔（わじしょうらんしょう）』を出版して新たな仮名遣いを発表しますが、これは「定家仮名遣い」のようにアクセントの違いには触れずに、『万葉集』や『古事記』といった古書を繙（ひもと）きながらその用例からの検証をおこなったものです。ここに、「歴史的仮名遣い」が誕生することになりました。その後、橘成員（たちばなしげかず）が『倭字古今通例全書（わじここんつうれいぜんしょ）』（元禄九年〈一六九六〉）を刊行して契沖の「仮名遣い」を批判する一方で、契沖の影響を受けた国学者賀茂真淵（かものまぶち）が『国意考（こくいこう）』（明和二年〈一七六五〉頃）において仮名文字の簡易性を主張したことから、国学者を中心に和文の見直しがはかられました。

二　近代以降における「仮名遣い」論争

明治二十七年（一八九四）、ドイツから帰国した国語学者の上田万年（うえだかずとし）は「国語と国家と」の講演を行い、「国家」が成り立つためには「土地、人種、結合一致、法律」の四つの要素がなければならないと語り、「結合一致」の中味として「歴史及び慣習、政治上の主義、宗教、言語、教育」に注目しています。さらに、上田は「文部省国語調査委員会」の主事となり、仮名やローマ字、言文一致の必要性を唱え、日本語の簡略化への方針を示しました。この動きが「現代仮名遣い」の源流となります。大正十三年（一九二四）、上田を会長とする文部省臨時国語調査会から「假名遣改定案」が提出され、総会上満場一致で可決しました。助詞「は、へ、を」以外の歴史的仮名遣いについては全て発音通りに記すことが示され、「ゐ、ゑ、を」は、「い、え、お」に、連結によって生じる「ぢ」、「づ」を全て「じ」、「ず」に書き改める点などを原則とし、拗音、促音に関しては右下に小さく書くことが盛り込まれました。これは現代仮名遣い以上に表音主義に根ざしたものですが、これに対しては、国語学者の山田孝雄（やまだよしお）、作家芥川龍之介からの強い反論がありました。芥川は『改造』第七巻第三号（大正十四年〈一九二五〉三月）に「假名遣改定案は單に我が日本語の墮落を顧みざるのみならず、又實に天下をして理性の尊嚴を失はしむるものなり」と憂国的ともいえる感慨を述べています。こうした強い反対にあったことから、結局この法案は可決されながらも、教育現場にまでは波及せずに終わったようです。昭和十七年（一九四二）には、上田の後継であった国語学者橋本進吉も同年『国語と国文学』第十九巻第十号に「表音的假名遣は假名遣にあらず」を発表して「假名遣に於ては、その發生の當初から、假名を單に音を寫すものとせずして、語を寫すものとして取り扱つてゐるのである」と述べて、「表音仮名遣い（現代仮名遣い）」を批判しました。橋本によると、仮名における発音と表記の揺れはすでに鎌倉時代には生じていたため、それを考慮すれば、「発音」そのものよりも「語意識」を重視するべきだというわけです。

昭和二十一年（一九四六）十一月、内閣訓令により「現代仮名遣い」が公布されましたが、これは、「文字」をできるだけ「発音」に合わせて書き改めようとする教育普及活動の一環であり、「当用漢字」制定による漢字の使用制限とも歩調を合わせたものです。この動きに対し、福田恒存の『私の國語教室』や丸谷才一の『日本語のため』・『桜もさよならも日本語』には、その文章にも旧仮名遣いが使用されていますので、こだわりのほどがうかがえます。特に、福田は「現代かなづかい」の不合理さを指摘し、「歴史的かなづかひ」の原理を述べながら、国語問題の背景について説明しています。

この後も昭和三十年代に入ると、金田一京助と福田恒存の間で論争も交わされました。「表音主義」や「音韻準拠」の不合理さを指摘する福田に対して、金田一は「歴史的仮名遣い」に関する契沖の仕事に対しては一定の評価を示すものの、いたずらに千年前の仮名遣いを墨守して使用する愚行を批判しています。結局は金田一も述べる通り、「歴史的仮名遣い」の教育を受けた世代の減少に伴い、仮名遣いの意識は次第に人々の脳裏から忘れ去られました。昭和三十三年（一九五八）には、前出の『私の國語教室』が雑誌『聲』に発表されます。日本語が「国家の領域内で遍く通用する」言語（＝現代派）であるべきか、それとも「国家の歴史・文化などをあらわす」言語（まず言語ありき＝歴史派）であるべきか、「鶏と卵」のような関係が「歴史」と「現代」仮名遣い論争に見られたことは興味深いことです。「現代仮名遣い」が主流になりつつある中でも、「言語」の簡略化に危惧を覚える人々もいたことも事実であり、コラムニスト山本夏彦は「和漢の古典には文脈に混乱がない。混乱が生じたのは大正期の岩波用語の時代からである。それまでの文にはリズムがあったから暗唱にたえた」（『完本文語文』）とも述べています。

三　「歴史的仮名遣い」と「文語表現」指導

A　「歴史的仮名遣い」の名残

前節から助詞「は」、「を」、「へ」における表記と読みのズレは「歴史的仮名遣い」の名残であったことがわかります。また、大正時代から法案化されるたびに、批判された「じ」、「ぢ」、「ず」、「づ」のいわゆる「四つ仮名」の問題もあります。契沖の『和字正濫鈔』と同年に世に出た『蜆縮涼鼓集』（元禄八年〈一六九五〉）のように「四つ仮名」のみを専門的に取り扱った書籍まであります。以前、担当した授業の中で『私の國語教室』で取りあげられた「地震」、「世界中」、「鼻血」の読みについて発問したことがあります。ほぼ全ての生徒が「じしん」、「せかいじゅう」、「はなぢ」と答えていました。そこで上記の熟語から「地」、「中」の一字を取り出して読みを確認しますと、果たして生徒は「ち」、「ちゅう」と答え、「し」、「しゅう」と書く者はいませんでした。これは不自然ではない限り「ぢ」、「づ」はそれぞれ「じ」、「ず」と書き改める「現代仮名遣い」の規則によるものですが、その基準は不明瞭なものです。逆に「鼻血」については「ぢ」が用いられますが、「血」は「ぢ」で「地」は「じ」になる理由については説明ができません。「じ」、「ず」を優先する書き換えは、「歴史的仮名遣い」を初等教育段階で学習していない世代にとって無意識に身についてしまっているせいか、「稲妻」などは漢字を目にしていても、「いなずま」と読んだ生徒が多かったことも印象的でした。プリントが「一枚ずつ」なのか「一枚づつ」なのかも表記に迷うところです。

さらに、丸谷が例としてあげている「〜ぢや」に関しても触れてみました。この表記は狂言などの演劇世界ではしばしば見受けられる言い回しですが、生徒の意識の中では「ぢゃ」にはおふざけの印象があるようです。この場合、「じゃ」と記さないと奇異に感じると答えていましたが、「ぢ」の部分の活用をもとに考えさせました。

―　〜ぢゃないか　＝　〜だろ　＝　〜ではないか

単純な言い換えに過ぎませんが、傍線箇所は全て「ダ行」であって、「ザ行」ではないことを確認しますと、さすがに「現代仮名遣い」への強引な書き換えでは説明がつかないことも納得したようです。

B　係り結び表現について

慣用句「好きこそものの上手なれ」には係り結び表現が用いられています。また、卒業式で歌われる代表的な唱歌「仰げば尊し」の一節「今こそ別れめ」を用いて「係り結びの法則」を確認することも多いですが、「係り結び」は係助詞によって文末が結ばれる最重要の文法事項です。上記の慣用表現の場合は「こそ」があるため、末尾が終止形ではなく、已然形に活用されています。こうした身近な慣用句などからも「係り結び法則」への接近ができるという可能性を実感しました。

C　ヤ行「え」と五十音図

「燃える」の「え」は何行であるか考えたことはありますか。ア行・ヤ行・ワ行の三行はしばしば混同されがちであるため、私はこれを「アワヤの間違い」と呼んで注意を促しています。「燃える」は「燃やす」とも活用されますので、「ヤ行」であると判別できます。ほかにも「増える（増やす）」、「肥える（肥やす）」、「絶える（絶やす）」、「おびえる（おびやかす）」などに同様の事例も見られます。ただ厳密に言えば、上代特殊仮名遣いの発見によりア行の「え（e）」とヤ行の「え（ye）」は本来別物であったことが橋本進吉の『文字及假名遣の研究』により指摘されています。

ちなみに、「五十音図」について平安時代にはすでにその原型は作られていました。平安時代にはまだ行と段が今とは違う並びで、現在のような形に配列されたのは江戸時代に入ってからと見られます。契沖の『和字正濫鈔』巻一（元禄六年〈一六九三〉）には現代の形に近い「五十音図」が載せられています。芭蕉七部集の『猿蓑』（元禄四年〈一六九一〉）の「晋其角序」に「さればたましゐの入たらば、アイウエヲよくひゞきて、いかならん吟聲も出ぬべし」と芭蕉の高弟宝井其角が述べておりますように、この当時「アイウエヲ」が常識的な並びになっていましたし、国学者谷川士清の国語辞書『和訓栞』（安永六年〈一七七七〉）は「いろは順」ではなく、「五十音順」の構成が取られています。ただ、「オ」と「ヲ」が現在のような配列になったのは、本居宣長が「おを所属の弁」（『字音假名用格』安永五年〈一七七六〉）を記し、「お」をア行に、「を」をワ行に分類してからのことです。「仮名遣い」の取り扱いは「古典」時代に生きていた人々にとっても頭を悩ませる問題であったことがわかりますね。

D　人名等に見る文語表現

一般的に「治」・「広」・「清」などを人名として発音する場合、それぞれ「おさむ」・「ひろし」・「きよし」と読みますが、この読み方も文語表現によるものです。「治」は動詞で下二段活用、「広」・「清」は形容詞でク活用となり、それぞれ古典文法における基本形（終止形）であることは学習を通して理解できます。例えば、「太宰治」を口語的に「だざいおさめる」と読んだ場合における印象の違いについて生徒に考えさせてみてはいかがでしょうか。このほか一般的なアンケート等に見られる「有り」・「無し」といった表記、「〇〇求む」・「××現る」・「この先△△多し」などポスターや看板などの見出し語、「至れり尽くせり」・「言わずもがな」・「悪しからず」・「眠れる獅子」などの慣用表現、さらには翌日を意味する「明くる日」の「明くる」が古典文法の下二段活用の連体形であることなど、文語的な表現が日常生活の中で簡潔で目立つことから好まれて用いられました。

「歴史的仮名遣い」や「文語表現」については、従来古典を学ぶための表記法程度の前座的な役割と見なされてきましたが、「現代仮名遣い」の盲点を知れば知るほど、「歴史的仮名遣い」や「文語表現」の安定感が理解できるはずです。逆に「歴史的仮名遣い」の問題点については「字音語（音読み）」表記の煩雑さがあげられるでしょう。例えば、「コウ」の音に対して、「歴史的仮名遣い」には「かう（香）」「こう（公）」「くわう（広）」「かふ（甲）」「こふ（鵠）」等の多くの表記があるため、辞書に当たる際に頭を悩ませることになります。

「歴史的仮名遣い」の見直しをはかって、身近にある「文語表現」に触れることで、「現代仮名遣い」万能観に揺さぶりをかけることが可能になります。文体の指導を通して、学習者の「古典」＝「陳腐」というイメージが払拭され、「古典」を現代と比較対照し得る教材として意欲的に受容する態度が培われていくものと考えています。

第四章

「先従隗始考」（まずかいよりはじめよ）

――「引用型成語」における人称的観点に照らして――

一　はじめに

故事成語「先従隗始」は歴史上実在の人物の発言が生の形で切り取られた定番教材として有名である。その典拠は『史記』「燕召公世家」や『戦国策』（せんごくさく）「燕策」であるが、教科書では『十八史略』（じゅうはちしりゃく）の一節が採録されて広く読まれている。ただし、『十八史略』では郭隗（かくかい）の発言に焦点が当てられる一方でその時代背景は簡略化されるため、呉越の興亡を取り扱った故事成語「臥薪嘗胆」ほどには復讐譚としての読み取りが難しいものと思われる。斉（せい）の宣王（せんおう）による侵攻を受けた燕（えん）の昭王（しょうおう）には人材登用による国力回復、ひいては報復につなげたいとの悲願があった。そこで郭隗の提案に従い、彼を厚遇したことで楽毅（がっき）などの優れた人材を他国から招聘して国力を高め、結果的に討斉を成し遂げる内容である。『十八史略』巻一「春秋戦国」の「先従隗始」は下記の通りである。

燕人立テテ二太子平（へい）ヲ一為（な）スレ君ト。是ヲ為ス二昭王ト一。弔（とむら）ヒレ死ヲ問ヒレ生ヲ、卑（ひ）クシレ辞ヲ厚クシテレ幣ヲ、以テ招ク二賢者ヲ一。

問ヒテ二郭隗（くわくくわい）ニ一曰ク「斉ハ因リテ二孤（こ）之国ノ乱ルルニ一、而襲ヒテ破ルレ燕ヲ。孤極メテ知ル二燕ノ小ニシテ不ルヲ一レ足ラ二以テ報（むく）ユルニ一。

誠ニ得テ二賢士ヲ一、与ニ共ニシレ国ヲ、以テ雪グハ二先王之恥ヲ一、孤之願ヒ也。先生視セ二可ナル者ヲ一。得ント二身事フルヲ一レ之ニ。」
隗曰ク「古之君ニ、有リ下以テ二千金ヲ一使ムル三涓人ヲシテ求メ二千里ノ馬ヲ一者上。買ヒテ二死馬ノ骨ヲ五百金ニ一而返ル。君怒ル。
涓人曰ク『死馬スラ且ツ買フレ之ヲ。況ンヤ生ケル者ヲ乎。馬今ニ至ラント矣。』不シテ二期年ナラ一、千里ノ馬至ル者三アリ。今王
必ズ欲セバレ致サントレ士ヲ、先ツ従リレ隗始メヨ。況ンヤ賢ナル二於隗ヨリ一者、豈ニ遠シトセン二千里ヲ一哉ト。」於イテレ是ニ昭王為ニ
レ隗ノ改メテ築キレ宮ヲ、師二事スレ之ニ一。於イテレ是ニ士争ヒテ趨クレ燕ニ。

この中で、郭隗の提示した「死馬骨（首）」の寓話が現実策として何を意味し、この故事成語が典拠を離れて現在どのような意味に用いられているか、その実態を読み取ることは大変重要である。成語「隗より始めよ」について『広辞苑』第七版（平成三十年〈二〇一八〉）には次の記述が見える。

〔戦国策燕策〕（中国の戦国時代、郭隗（かくかい）が燕の昭王に対して、賢者を招くためには、まず自分のようにさほど優秀でない者を優遇せよ、と進言した故事から）遠大の事をなす時は、まず卑近な事から始めよ。転じて、物事は、まず言い出した者が着手すべきであるという意。

辞書には「遠大の事をなす時は、まず卑近な事から始めよ（以下、「A遠大卑近」と略す）」・「物事は、まず言い出した者が着手すべきである（以下、「B率先垂範」と略す）」の二つの解釈が記載されている。また、当該成語については、引用型成語「先従隗始」及び摘要型成語「市駿骨（駿骨（しゅんこつ）を市（か）ふ）」があり、現在まで諸書において意味の変容が見られるため、その用例を整理しておく必要性があるものと思われる。本章は「先従隗始」の歴史的背景及び用例を踏まえ、受容史の視点から当該故事成語の教材的意義を考察するものである。

二　漢籍における「先従隗始」用例

燕は河北省北部、現在の北京周辺に本拠地を置いた国であり、「甘棠の愛」で有名な召公奭を始祖とする由緒ある土地柄であった。東洋史研究者相原俊二は常に「弱燕」と称されながらも棗栗が豊富な燕の土地柄や地理的状況から判断して斉や趙との関連が深く、対外政策がこの国の一貫した方針であった点などを指摘している。*1 戦国時代に入ると、当主文公は蘇秦の説得を受け入れ、対秦政策たる六国の合従策に前向きな姿勢を取った。孫の王噲は宰相子之を寵愛するあまり、古代の聖帝堯舜に倣って王位の禅譲をも許してしまう。これにより国内は混乱し、前三一四年には斉軍の侵攻を受けることとなる（『資治通鑑』「周赧王元年」）。当時斉の威王の治世下において知将孫臏が魏の龐涓を馬陵で打ち破って覇を唱えられる状況にあり、王族には「鶏鳴狗盗」の故事で名高い戦国四君の一人孟嘗君もいた。続く宣王の時代も国力が充実し、伐燕に至った経緯は『孟子』「梁恵王下」や「公孫丑下」から読み取れる。伐燕前後に宣王から実効支配の可否を尋ねられた孟子は、民意を条件として燕侵攻を是認する。戦国時代に生を受けた孟子は「一夫の紂を誅せるを聞くも、未だ其の君を弑せるを聞かざるなり」（「梁恵王下」）と述べたことでも知られるが、これは暴君の悪名高い殷の紂王を攻め滅ぼした周の武王の行為を正当化するものである。商（殷）の湯王、周の武王によるいわゆる「湯武放伐論」は、後世の王朝交代劇における「易姓革命」にお墨付きを与えるものになった。結局は孟子も進言が採用されないことに痺れを切らせ、斉を立ち去った。

一方、劣勢だった燕はこの混乱を収拾して王噲の子が趙の武霊王の助力により昭王と称して即位する。昭王は死者を弔い負傷者を見舞い、謙虚な態度で俸禄を厚くして賢者を招く徳政を施しながらも、食客の郭隗には討斉に向けて賢者の招聘と国力の増強という本心を打ち明ける。この諮問に対し、『史記』と『戦国策』における郭隗の返答の様子は同じものではない。典拠である『史記』巻三十四「燕召公世家第四」と『戦国策』巻九「燕策」には次のような具体的な違いが見られる。

◆『史記』巻三十四「燕召公世家第四」

郭隗曰ク「王必ズ欲セバレ致サントレ士ヲ、先ヅ従リレ隗始メヨ。況ンヤ賢ナル二於隗ヨリ一者ハ、豈ニ遠シトセン二千里ヲ一哉ト。」於イテレ是ニ昭王為ニレ隗ノ改メテ築キテレ宮ヲ而師-事スレ之ニ。楽毅自リレ魏往キ、鄒衍自リレ斉往キ、劇辛自リレ趙往キ、士争ヒテ趨クレ燕ニ。

◆『戦国策』巻九「燕策」

郭隗先生対ヘテ曰ク「帝者ハ与レ師処リ、王者ハ与レ友処リ、霸者ハ与レ臣処リ、亡国ハ与レ役処ル。詘シテレ指ヲ而事ヘテレ之ニ、北面シテ而受ケバレ学ヲ、則チ百スルレ己ニ者至リ、先ニ趨リテ而後ニ息ヒ、先ニ問ヒテ而後レテ黙セバ、則チ什スルレ己ニ者至リ、人趨リテ己趨レバ、則チ若クレ己ニ者至リ、馮リレ幾ニ據リレ杖ニ、眄視指使セバ、則チ廝役之人至リ、若シ恣睢奮撃シ、呴籍叱咄セバ、則チ徒隷之人至ラン矣。此レ古服ヒレ道ニ致スレ士ヲ之法也。王誠ニ博ク選ビテ二国中之賢者ヲ一而朝セヨ二其ノ門下ニ一。天下聞カバ三王ノ朝スルヲ二其ノ賢臣ヲ一、天下之士必ズ趨ラント二於燕ニ一矣。」昭王曰ク「寡人将ニ誰カ朝シテ而可ナラント。」郭隗先生曰ク「臣聞ク古之君人ニ有リ下以テ二千金ヲ一求ムル二千里ノ馬ヲ一者上。三年ニシテ不レ能ハレ得ル。涓人言ヒテ二於君ニ一曰ク『請フ求メントレ之ヲ。』君遣ルレ之ヲ。三月ニシテ得タリ二千里ノ馬ヲ一。馬已ニ死ス。買ヒテ二其ノ首ヲ五百金ニ一反リ以テ報ズレ君ニ。君大イニ怒リテ曰ク『所ノ求ムル者ハ生馬ナリ。安ンゾ事トシテ二死馬ヲ一而捐テンヤト二五百金ヲ一。』涓人対ヘテ曰ク『死馬スラ且ツ買フ二之ヲ五百金ニ一。況ンヤ生馬ヲ乎。天下必ズ以テレ王ヲ為ス二能ク市フトレ馬ヲ一。馬今ニ至ラント矣。』於イテレ是ニ不ルニレ能ハ二期年ナル一、千里之馬至ル者三アリ。今王誠ニ欲セバレ致サントレ士ヲ、先ヅ従リレ隗始メヨ。隗スラ且ツ見ルレ事ヘ。況ンヤ賢ナル二於隗ヨリ一者ヲ乎。豈ニ遠シトセン二千里ヲ一哉ト。」於イテレ是ニ昭王為ニレ隗ノ築キテレ宮ヲ而師トスレ之ヲ。楽毅自リレ魏往キ、鄒衍自リレ斉往キ、劇辛自リレ趙往キ、士争ヒテ湊マルレ燕ニ。

両者を見比べると、郭隗の発言の分量の差は一目瞭然である。『史記』「燕召公世家」における郭隗は単刀直入に「先従隗始（先づ隗より始めよ）」と切り出すのに対し、『戦国策』「燕策」の郭隗は様々な用例を持ち出した後に具体策としてこれを提案している。まず、君主の資質を帝者、王者、覇者、亡国の四つの等級に分類し、それぞれの君主が招聘できる人材の器量を語る場面がある。賢者には相応の接し方が必要であり、国内の賢者を厚遇すれば天下の賢者がその評判を慕って自然と参集する道理が説かれた。その後に、「千里馬寓話」が持ち出される。古代のある君主は三年もの間、千里の馬を探し求めたものの、手に入れることができなかった。見かねた涓人は、進んで千里の馬を買いに行くことを望んだので、君主はこれを許した。三ヶ月にして目的の馬は見つかるが、すでに馬は死亡していた。しかし、涓人はこの「死馬骨」にあえて五百金を支払うことで一時的には君主の勘気を被るものの、死んだ馬を購入した評判が広まると、自然と千里の馬が集まったという寓話を引きながら、この宣伝効果によって所期の目的が達成できるとし、郭隗はすかさず「先従隗始」という具体策を掲げた。かくて郭隗のために黄金台が建てられた結果、魏から楽毅、趙から劇辛、斉から鄒衍などの逸材を呼び寄せることに成功する。*2 説得の際に挿入された「千里馬寓話」から摘要型成語「市駿骨（駿骨を市ふ）」が作られたことが読み取れる。『戦国策』と同じ編者である前漢の劉向の逸話集『新序』巻三「雑事」、『説苑』巻一「君道」にも郭隗の故事が所収されているが、当該成語について前者は「請フ従リレ隗始メヨ」、後者は「王誠ニ欲セバレ興サントレ道ヲ、隗請フ為ニレ天下之士ノ開カントレ路ヲ」となっており、それぞれの言い回しには違いも見られる。また、「千里馬寓話」の一節は『新序』には掲載されているが、『説苑』の方では省略されている。つまり、教科書にも採録される『十八史略』巻一「春秋戦国」は、先行する『史記』巻三十四「燕召公世家第四」を下敷きにして『戦国策』「燕策」に見られる「千里馬寓話」を付加しつつもその一部を省略したものであったことがわかる。

かくして前二八四年、国力を高めた燕は韓・魏・趙・秦と同盟を結んで斉へ侵攻し、莒と即墨を除いた七十の城を攻略することになる（済西の戦い）。ただし昭王崩御後、継嗣たる恵王から楽毅は疎まれ、趙へ出奔することになる。この間、即墨を治めていた田単の火牛の計を受けて燕は撤退を余儀なくされる。その際に楽毅は恵王に対して恭しく事情を説明し、亡命先の趙との同盟を説いた。趙では楽毅を望諸君に封じて厚遇し、この地でその生涯を閉じる。漢代に入り、高祖劉邦が趙の地を訪ねたとき、楽毅の孫を見つけて楽郷に封じたことも伝わる。司馬遷は『史記』巻八十「楽毅列伝第二十」において五国の同盟を成し遂げて、弱い燕のために仇を討った功績を高く評価し、楽毅が恵王に向けた上奏文を所収する。これは名文と評され、読む者は必ず涙を落としたという。また、『三国志』蜀書「諸葛亮伝」には諸葛孔明が自身を「管仲・楽毅」に比したことが記載されており、その評価は依然として高いものがある。三国時代の夏侯玄が「楽毅論」でその事跡を評し、それを王羲之が臨書したものがわが国に伝わり、奈良時代の光明皇后がさらにそれを書き写したことは有名である。江戸初期、林羅山は「燕楽毅報恵王書」（『羅山先生詩集』巻六十五）において、恵王に妬まれたために、その軍功も朽ちてしまった楽毅の不遇を嘆く。

楽毅攻降七十城　　楽毅攻め降す七十城
嗣君聴讒有疑情　　嗣君讒を聴きて疑情有り
黄金台旧軍先敗　　黄金台旧りて軍先づ敗る
恨殺昭王不再生　　恨殺す昭王の再び生ぜざるを

室鳩巣は『駿台雑話』巻一において「翁日ころ楽毅が伝をよミておもへらく、毅ハ戦国の士にあらす、学問ありて道のあらましをきくの人なり。しかるに後世毅か将略あるをしりて、学問あるをしらす。楽毅燕の昭王に仕へ、上将として斉を伐つて、七十余城を下せしハ非常の大功なり」と絶賛している。ただ、凱旋する前に昭王が薨じたことは不幸であったと述べながらも、自身を放逐した恵王にまで誠忠を示し続けた姿には「戦国反復の世にハ空谷の足音と申侍るべし」と高い評価を与えた。ほかにも太宰春台は「功を乱世に立つる者は将師に若くは莫し」（『斥非』「付録」）と述べて、乱世では孟子のような思想家が遊説に赴くよりは楽毅のような名将を連れてきた方が各国の王もその話に耳を傾けたはずだと仮想している。幕末の儒者豊田拙荘にも「楽毅論」（『和漢文格評林』所収）があり、そこでは楽毅は出身魏に忠節を尽くしたのではなく、恩のない燕での働きがあったのだから「忠臣」というよりはむしろ「謀臣」と呼ぶべきであると指摘する。「楽毅」の名声は後世まで鳴り響いていたことがわかる。

大国の奢りから孟子の発言をないがしろにした斉の宣王と、小国の焦りから郭隗を全面的に信用した燕の昭王は対照的な構図に描かれる。果たして名君の誉れ高い昭王とは何者だろうか。史書は一様に燕人が「太子平」を主君に擁立したと伝えるが、この人物こそ昭王である。しかし、一方でこの太子平は子之討伐に際して寝返った将軍市被とともに殺されたとする見方もある。南朝宋の裴駰『史記集解』には徐広の言「年表云君噲及太子相子之死（年表に云ふ君噲及び太子相子之死すと）」を引いて、動乱の最中に太子平が落命したとする説が提示された。「趙世家」武霊王十一年には「王召公子職於韓、立以為燕王（王、公子職を韓より召し、立てて以て燕王と為す）」とあり、中国の歴史学者楊寛も「竹書紀年」などの記事を参照して武霊王に擁立されたこの「公子職」なる人物を昭王に当てている。[*3] 著名な君主にして実像が不明瞭な点も読者の関心を惹くところかもしれない。

以上、伐燕の経緯から郭隗の進言までを確認した。燕に郭隗が伺候していたのに対して斉には孟子の影があった。『孟子』本文中には伐燕が民意にかなうか否かで判断するよう宣王に説得した孟子ではあったが、『戦国策』や『史記』では宣王もしくは湣王（「閔王」とも）に対して「今燕を伐つは此れ文武の時なり。失ふべからず」と伐燕を強く迫ったとする記録も残っている。[*4]

それでは、郭隗の故事は、果たしてどのような過程を経て人口に膾炙してきたのだろうか。以下、漢籍における用例を取りあげて考察を試みたい。この故事は史書や詩文にしばしば引かれた。まず、後漢から西晋に至る史書における用例を掲げる。

❶范曄『後漢書』巻十三「隗囂公孫述列伝第三」

足下将建伊・呂之業、弘不世之功。而英雄大事草創、未集。以望異域之人疵瑕未露、欲先崇郭隗、想望楽毅。

❷陳寿『三国志』「魏書」巻二十一「王衛二劉傅伝」

苟使郭隗不軽於燕、九九不忽於斉、楽毅自至、霸業以隆。

❸陳寿『三国志』「蜀書」巻七「龐統法正列伝」

宜加敬重、以眩遠近、追昔燕王之待郭隗。

❹陳寿『三国志』「呉書」巻六「宗室伝」

燕君市駿馬之骨、非欲以騁道里。乃当以招絶足也。惟公匡復漢室、宗社将絶、又能正之。正之之術実須得賢。珠玉無脛而自至者以人好之也。況賢者之有足乎。昭王築台以尊郭隗。隗雖小才、而逢大遇、竟能発明主之至心。故楽毅自魏往、劇辛自趙往、鄒衍自斉往。

❺房玄齢ほか『晋書』列伝巻五十二「虞預」

下至列国、亦有斯事。故燕重郭隗而三士競至。魏式干木而秦兵退舎。

それぞれ、❶更始帝のもとに仕えようとした隗囂に宛てた武将方望の文書であり、まだ賢人が集まらないため郭隗の故事を引いて提言したもの、❷劉廙が自身を郭隗にたとえて、魏国への仕官を承諾したもの、❸二一四年、蜀攻略後に劉備が起用を渋った元蜀郡太守であった許靖について、法正は周囲からの信望を寄せるために彼を郭隗に見立てながら厚遇するようにと進言したもの、❹孔融が孫権にねらわれた友人盛憲（孝章）の助命のために曹操に送った文書であり、曹操を昭王にたとえながら賢人を登用するように訴えたもの（『文選』巻四十一にも所収あり）、❺戦国時代における燕の郭隗や魏の段干木の故事により尚賢の気風が国力を高めたといった事例を引用しながら、虞預が荒廃した晋国を立て直すために諸処から賢人を集めるように上書したものとなっている。

　以上の用例では対象人物を郭隗にたとえて政策を提言したり、自己及び友人を推挙したりしている。上記の郭隗は仕官する者を第三者的視点から捉えたものが多く、必ずしも発言者自身をこれに重ね合わせているわけではない。また、郭隗の後には楽毅などの名将がセットで引かれている事例が多いことにも注意を要する。ここでは「A遠大卑近」の用法と判じてよいだろうが、ただし、❷劉廙のように郭隗を自己になぞらえて仕官を快諾するものもあり、この場合は発言者自身が郭隗を投影の対象とすることになる。南朝梁の昭明太子撰になる『文選』巻三十六には梁の武帝が策問した文があり、ここには「朕ノ傾クルハ㆓心ヲ駿骨ニ㆒、非ズ㆑懼ルルニ㆓真龍ヲ㆒」（任昉「天監三年策秀才文三首」）が見える。初唐の李善はこれに「願ハバ㆑致サント㆑士ヲ、請フ従リ㆑隗始メヨ」と注している。引き続き六朝以降の詩文について以下に確認する。「駿骨」を詠んだものには、南朝陳の張正見「詎待燕昭王　千金市駿骨（詎ぞ待たん燕の昭王　千金もて駿骨を市ふを）」（「君馬黄二首其二」）、盛唐の杜甫「燕王買駿骨　渭老得熊羆（燕王駿骨を買ふ　渭老熊羆を得たり）」（「贈崔十三評事公輔」）、「有能市駿骨　莫恨少龍媒（能く駿骨を市ふもの有り　龍媒少なきを恨むる莫かれ）」（「昔遊」）、中唐の元稹「駿骨黄金買　英髦絳帳延（駿骨黄金もて買ひ　英髦絳帳に延き）」（「献滎陽公詩五十韻」）、李賀

「堆金買駿骨　将送楚襄王（堆金もて駿骨を買ひ　将に楚の襄王を送らんとす）」（「馬詩二十三首　其十三」）などが見られる。
一方、「隗」を詠み込んだものには、初唐の陳子昂「隗君亦何幸　遂起黄金台（隗君亦た何の幸ひありて　遂に黄金台を起こす）」（「薊丘覧古贈盧居士蔵用七首其七」）、盛唐の李白「君不見昔時燕家重郭隗（君見ずや昔時燕家郭隗を重んず）」（「行路難其二」）、「燕昭延郭隗　遂築黄金台（燕昭郭隗を延き　遂に黄金台を築く）」（「古風五十九首其十五」）があり、いずれも主君に厚遇された先蹤者として郭隗をあげながらも、詩人たる作者自身との境遇の差に羨望の眼差しが向けられている。同じく盛唐の賈至は「昔時燕王重賢士　黄金築台従隗始（昔時燕王賢士を重んじ　黄金築台隗より始む）」（「燕歌行」）と「隗始」のフレーズを詠み込んでいる。故事成語「隗より始む」は歴史的故事の一つとして用いられているが、これらの用例からは「郭隗」があくまで他者としての存在であり、自己とは別次元の人物と切り離して捉えていた様子がうかがえる。これに対し、中唐の韓愈「与于襄陽書」には自薦の文句として引かれ、「B率先垂範」の意味に近づけられた。

愈雖不材、其自処不敢後於恒人。閣下将求之而未得歟。古人有言、「請自隗始。」愈、今者惟朝夕芻米僕賃之資是急。

これは山南東道節度使の于襄陽に自らの仕官を求めたものであり、『韓昌黎集』や『文章軌範』などに所収されている。文中の「請ふ隗より始めよ」が自己を売り込む文句として戦国時代の郭隗の言葉を直接引用している。この韓愈の口より発せられた言い回しは、前出の『新序』に由来するものだが、後述するようにわが国でも文人たちによってしばしば用いられるようになった。史書では賢才を集めるための「呼び水」に過ぎなかった郭隗が、詩文の世界では厚遇を受けた人物と目された一方で、韓愈は歴史上の人物に自己を投影させながら、「請自隗始（請ふ隗より始めよ）」を切り取ってフレーズ化していることには注目しておきたい。唐代には「隗始」にいくつかの言い回しが見られ、初唐の杜正倫「宜シク従フ隗始ムニ」（「弾将軍張瑾等文」）、盛唐の劉知幾「求ム諸ヲ隗始ニ」（「上蕭至忠論史書」）、中唐の符載「欲ス自リ隗始メント」（「答沢潞王尚書書」）などの用例がある。

北宋の蔡條『西清詩話』には、王安石と陸佃との当該成語に関する逸話が紹介されている。熙寧（一〇六八～一〇七七）の頃、侍郎である張掞が送った賀詩に対して王安石は次のような詩を和したというものである。

　功謝蕭規慙漢第　　功は蕭規に謝し漢第に慙ぢ

　恩従隗始詫燕台　　恩は隗より始めて燕台を託つ

この詩は自らの功績を謙遜した内容であるが、陸佃は王安石に「蕭規曹随、高帝論ジテ功ヲ、蕭何第一トス。皆摭フ故実ヲ、『請フ従リ隗始メヨト。』初メ無シ恩ノ字」と述べている。これは「蕭規曹随（前漢高祖劉邦に信任された宰相蕭何が法令を決めてその後を嗣いだ曹参がこれを遵守したとする四字熟語）」は、漢初の故事を踏まえているのに対して、「恩従隗始」は本来「請従隗始」となるべきであり、もともと「恩」の字はなかったのではないかと尋ねたものである。王安石はこの詩が韓愈の「闘鶏連句」に拠ったものであり、典拠がなければ、どうして「功」の字と対にできようかと答えている。このように「隗始」の語句はしばしば詩文中に用いられるが、概して羨望の対象とされたものが多い。*5 現代の中国の辞書『漢語大詞典』（上海辞書出版社　一九八三年）の【隗始】の項には『史記』「燕召公世家」及び劉知幾『史通』の用例を引いて「后因以〝隗始〟用以礼招賢之故事（后に因りて〝隗始〟を以て用ふるに礼を以て招賢の故事を以てす）」、さらに明代の胡応麟『少室山房筆叢』に見える「必以余言為隗始夫（必ず余言を以て隗始と為すか）」の用例を引いて「亦為自賛自誦義（亦た自賛自誦の義と為す）」として意味の変容に触れている。【請自隗始】の項では『戦国策』「燕策」の郭隗の故事について「后遂以〝請自隗始〟為自薦之辞（后遂に〝請自隗始〟を以て自薦の辞と為す）」と解したうえで、郭沫若の小説『湖心亭』の用例を掲げる。日本人に高く評価された上海の湖心亭に中国人の立場から「請自隗始！請自隗始！」と呼びかける場面だが、これに対して「亦用以表示由自己帯頭之意（また「自己帯頭（率先垂範）」の意味を表すものとして用いられた）」とした字義を付している。*6「先従隗始」の原義には、「A遠大卑近」、「B率先垂範」の双方の意味が備わっていたが、「郭隗」の像が賢者登用の先例や厚遇羨望の対象といった他者的存在の側面が色濃い場合には「前者（A）」、自薦の象徴として自身になぞらえている場合には「後者（B）」の用例が確認できる。つまり、「郭隗」は必ずしも自己に投影されたものではなかったことが明らかである。

三　和書における「先従隗始」用例

東大寺大仏殿開眼供養に導師として立ち会ったインド出身の渡来僧菩提僊那の事跡は、弟子修栄が撰した『南天竺婆羅門僧正碑』に詳しいが、天平八年（七三六）の箇所に次のような記載が見える（訓点は『水門』21号参照）。

同年八月八日到ル二於摂津国ノ治下ニ一。前ノ僧正ノ大徳行基、智ハ煥ニシテ二心灯ヲ一、定ハ凝ラシ二意水ヲ一、扇ギ二英風ヲ於忍土ニ一、演ブ二妙化ヲ於季運ニ一。聞キテ二僧正ノ来儀ヲ一、嘆ズレ未ダルヲ二嘗テ有ラ一。軼ギ三燕王ノ擁二箒スルニ於郭隗ニ一、侔シ三伯喈ノ倒二屣スルニ於王粲ニ一。主客ノ相謁スルコト如シ二旧ヨリ相知ルガ一。白首如シレ新ナルガ。傾蓋相傾ク。於イテレ是ニ見ユ矣。

ここでは渡来したばかりの菩提僊那が行基和尚と対面したことを昭王と郭隗、蔡邕と王粲との親密な交わりにたとえている。平安前期にはすでに伝わっていた幼学書『蒙求』には「燕昭築台」が記載されるほか、源為憲『世俗諺文』には「市駿骨」で立項され、ここには『戦国策』の記事を引いたあとに「劉向カ新序ニ云以テ二千金ヲ一市フ二駿骨ヲ一」といった記載が見られる。当時の漢詩文にも「郭隗」の故事がしばしば詠み込まれている。平安中期には大江以言「遥望仙殿　長慕隗台（遥かに仙殿を望みて長く隗台を慕ふ）」（『本朝麗藻』）、藤原明衡「微功久積孫康牖片善未逢郭隗台（微功久しく孫康の牖に積めども片善未だ郭隗の台に逢はざりき）」（『本朝無題詩』）、大江匡衡「徳言尊於唐　郭隗貴於燕（徳言唐に尊ばれ　郭隗燕に貴ばる）」（『江吏部集』）、藤原敦基「隔駿骨而材朽　情繫于隗台之風（駿骨を隔てて材朽ち　情は隗台の風に繫る）」（『本朝続文粋』）など、いずれも文筆をもって朝廷に仕えた学者であり、郭隗を主君に厚遇された人物として羨望の眼差しで捉えている。平安末期には保元の乱の勝利により摂関職を務めた太政大臣藤原忠通も『史記』に目を通しており、その漢詩「燕世家」には「郭隗若無教己挙　万方賢士豈来臨（郭隗若し己の挙を教ふること無くんば　万方の賢士豈に来臨せんや）」（『法性寺関白御集』）と詠じて郭隗の才智を讃えていることがわかる。そうした中で大江匡衡は「我后君招賢才。請先従隗始（我が后君賢才を招く。請ふ先づ隗より始めよ）」（『江吏部集』巻中）と詠んでおり、ここでは引用型成語「先従隗始」の用例が見られる。

鎌倉時代には古代から六朝時代の人物の逸話集『蒙求』に和歌を付した源光行の『蒙求和歌』が作られ、「燕昭築台」には次のような記述が見える。

> 燕昭王位ニツキテ、ミヲイヤシクシ幣ヲアツクシテ、賢ヲ礼シ文ヲコノミ給ヘリ。郭隗ヲメシテ師トス。昭王国ニ才智ノ人ノナキコトヲナゲキウレヘ給フニ、郭隗申シテ云ク、「君ワレヲダニモテナシアガメ給ハヾ、才智ヲオモクシ給フ君ゾト、アマネクキコエテ、ホカノクニ〳〵ヨリ、ワレニマサラム人オホクキタリツドフベキ」由申スニ、心ツキテ、台ヲ築テ郭隗ヲヲモクシ給ヒケリ。時ニ楽毅魏ヨリキタリ、鄒衍斉ヨリキタリ、劇辛趙ヨリキタレリ。コノヽチヒサシク国ヲタモツコトヲエタリ。
>
> 　オモヘタヾ人メマレナル山陰ニ花マチエタル春ノウテナヲ

ここでは当該故事を取り扱っているが、郭隗の言い回しが和文脈に改められた様子が読み取れる。また、同時代に成立した源顕兼『古事談』第二「配流」には年老いた清少納言が登場し、彼女を見物しに来た公達に対して郭隗の故事を持ち出した逸話が見える。

清少納言、零落之後、若殿上人アマタ同車、渡彼宅前之間、宅体破壊シタルヲミテ、少納言無下ニコソ成ニケレト、車中ニ云ヲ聞テ、本自桟敷ニ立タリケルガ、簾ヲ掻揚、如鬼形之女法師顔ヲ指出云云。駿馬之骨ヲハ不買ヤアリシト云云。燕王好馬買骨事也。

こちらでは老婆になった清少納言が自らを「駿骨」にたとえながら、若い公達に向かって「故事にもあるように（かつては千里の馬だった）駿骨を買わない者などあろうか」と自らの価値を誇っている。その後、室町時代の五山文学の漢詩文には「（先）隗始」の発言が切り取られて焦点化される。月舟寿桂「僉曰従郭隗始　信知使祖生先（僉曰ふ郭隗より始めよと。信に知る祖生をして先んぜしむ）」（『幻雲稿』）、春沢永恩「先従隗始出幽鴬（先づ隗より始めて幽鴬出づ）」（『枯木稿』）、煕春龍喜「先始於隗秋一枝（先づ隗より始めて秋一枝）」（『清渓稿』）、舟橋秀賢「築黄金台従隗始（黄金台を築きて隗より始む）」（『慶長日件録』巻三）などと詠まれた。上記の例で「隗始」は、「先鞭」祖逖の故事との対比、鳳凰将来に際して梧桐の開放、菊花による秋の到来など比喩的に用いられているが、いずれも物事の先蹤者として郭隗を位置づけていることがわかる。五山僧の代表格義堂周信は「駿骨豈応無郭隗（駿骨豈に応に郭隗無かるべけんや）」（『空華集』巻八）と詠んでいる。このほか「駿骨」の用例には絶海中津「千金駿骨　五色鳳毛（千金の駿骨　五色の鳳毛）」（『蕉堅稿』疏）、太白真玄『峨眉鴉臭集』「市駿骨於千金　尽来逸駕（駿骨を千金に市ひ　尽く来たりて逸駕す）」（「圭方田住承天」）などが見られる。かくてわが国では「隗より始めよ」が成語化により様々な用例で受容されていた状況がうかがえる。江戸時代には類書や通俗本に当該故事が紹介されるほか、思想書・漢詩文・読本など幅広い分野において用例が散見できる。ただし、必ずしもその言い回しは一定ではなかった状況が以下のものからも明らかである。

①如儡子『可笑記』巻五（寛永十三年〈一六三六〉）

郭隗申されけるハ、「御錠めでたく覚候。まことに賢人をまねきよせんとならば、まつ此郭隗に知行金銀をたくさんにくだされ、高き位にのぼせ御賞翫あるべし。さも候ハヽ、世上の賢人どもつたへきいてあの帝こそ賢人を御用候て民をなて仁義をもつはらとしたしとて、郭隗づれのものをさへ御賞翫候間、いハんやワれ〳〵をやと大賢小賢のこらず参りあつまるべし」

②辻原元甫『智恵鑑』巻一（万治三年〈一六六〇〉）

「只今わが君も賢人を得たくおほしめさハ、数ならぬそれがしなりとも、まづ師としあがめうやまひ給ハヾ、此事天下に流布するにしたがひて燕の昭王ハ賢者を師としあがめ給ひて郭隗づれの者をさへたつとひ給ふと聞及び侍れバ、まして郭隗にまさりたるものをやとて、国々の賢人たちいつれも〳〵燕の国へあつまり侍るべし」

③林鳳岡『会津風土記』跋文（寛文十一年〈一六七一〉）

嗚呼自積小以大行遠自迩之、譬推而言之、則公其先従隗始者乎。懿哉。大哉。

④作者未詳『秀頼事記』（寛文十一年〈一六七一〉頃）

或曰、燕照（ママ）王郭隗カ諫ヲ用ヒ給ヒハ楽毅カ如キノ者諍ヒ来ル。六月ノ間ニ斉ノ六十余城ヲ下ヲ、其後樊於期荊軻ノ如キノ勇者集ル間天下治ル人々代々心立替ト見タリ。何手本トスルソヤ。

⑤谷秦山「答山内宰相」（元禄元年〈一六八八〉）

雖レ然ト有テ二古人隗始之言一而朱子有テ二匹夫一友トシテ二天子ヲ一不ルレ為レ僭トノ之説、則在テ二麾下ニ一既足テ三以見ニ二
忘レ勢之美ヲ一而在テモレ僕ニ亦無二諂懾之恥一矣。

⑥毛利貞斎『故事俚諺絵鈔』巻二（元禄三年〈一六九〇〉）

郭隗聞テ、「王ノ必定名士ヲ招致サント思フナラバ、先ツ外ナルヲ不レ尋ネトモ、某ヲ尊マレヨ。我ヲダニ、斯崇ヲセラルヽト人知ラバ、我ニ賢者、何ンゾ千里ノ路ヲ遠シトセンヤ」ト云。

⑦多々良一龍『後太平記』巻四（元禄五年〈一六九二〉）

「縦賢人有リト云共、賢ハ世ヲ諂事ナケレハ、子陵巣父ガ古ヘヲ恥テ、依テレ召スニ出テ何ソ朝廷ニ可シレ仕ヘ。唯死馬ヲ買テ駿馬ヲ求タル先例ヲ以テ謀ヲ廻シ給へ。先ツ此ノ郭隗ヲ賢者トナシテ崇給ヒ候へ」ト諫シカハ

⑧清地以立『通俗列国志呉越軍談』巻十四（元禄十六年〈一七〇三〉）

「今大王カナラズ士ヲ招ント思ヒ玉ハヾ、先ツ郭隗ヨリ始玉へ。況ヤ隗ニ賢ンモノ、豈千里ヲ遠シトセンヤ」

⑨毛利貞斎『通俗戦国策』巻十一（元禄十七年〈一七〇四〉）

「今マ王ノ意誠ニ名士ヲ招致サントナラバ、先ツ郭隗ヨリ始玉へ。如キレ隗ガ不肖ノ者ダニモ事ヘヲ遂ルト。世ニ聞カバ隗ニ賢者何ンゾ千里ヲ遠シトセンヤ」ト言セバ、

⑩佐藤直方『学談雑録』（享保元年〈一七一六〉頃）

曰「我ニ知セズニ、アチデ心付ケタデハナイカト云人ハ人外ナコトナリ。朋友相周ノ義アレバ受ルハヅナリ。従レ隗始メヨト云ハ戯言同前ナリ。」

⑪宇佐美灊水「贈別周南先生之武昌三首」（享保十二年〈一七二七〉）

壮心酔別夷門酒　　壮心酔別す夷門の酒

駿骨今看燕市春　　駿骨今看る燕市の春

⑫宜黙玄契（ぎもくげんけい）『曹山語録（そうざんごろく）』序文（寛保元年〈一七四一〉）

題曰二曹山語録一、附二向者所レ刊洞山語録一以広二其伝一大哉志于。其自レ隗始。然予未三嘗知二レ之、果其得レ意乎。抑又執レ言者乎。

⑬太宰春台（だざいしゅんだい）『斥非（せきひ）』（延享元年〈一七四四〉）

及テ二戦国之時一、諸侯封君、呼テ二游客処士ヲ一為ル二先生ト一者多シ矣。不レ可二枚挙ス一。至ルレ如キ下燕ノ昭王之於ルハ二郭隗ニ一則以テ二国君ヲ一而先二生トス其ノ臣ヲ一。漢ノ高帝ノ之於ルハ二陳平ニ一則以テ二天子ヲ一而先二生トス其ノ臣ヲ一。唐ノ高宗ノ之於ルハ二田游巌ニ一則以テ二天子ヲ一而先中生トスルカ処士ヲ上。

⑭万庵原資（ばんあんげんし）「燕台懐古」（延享二年〈一七四五〉）

千金市骨人何在　　千金もて骨を市（か）ふ人は何（いづ）れにか在る
苜宿秋深郭隗台　　苜宿（もくしゅく）にも秋深し郭隗の台

⑮雨森芳洲（あめのもりほうしゅう）『橘窓茶話（きつそうさわ）』巻上（延享四年〈一七四七〉頃）

或問「何以致道徳之士。」曰「子能好学則、道徳之士自至矣。古人云『請従隗始。』真有用之言也。」

⑯龍草廬（りゅうそうろ）『仄韻礎（そくいんそ）』乾（延享五年〈一七四八〉）

従レ隗始●

⑰服部南郭（はっとりなんかく）『大東世語（だいとうせご）』巻四（寛延三年〈一七五〇〉）

相謂テ曰、「哀タル哉清氏、非二復往日ニ一。」清聞テ乃褰テレ幃ヲ曰「駿馬之骨、古人尚買レ之ヲ。」

⑱山県大弐（やまがただいに）『柳子新論（りゅうししんろん）』第八（宝暦九年〈一七五九〉）

昔者燕王聴郭隗言、而能信駿骨値千金、則天下之賢士無不応其徴者矣。可見好賢之至験。疾於影響焉。雖今之時、苟有能好之如燕王者。士亦豈不願造其門哉。

⑲杉田玄白『解体新書』凡例（安永三年〈一七七四〉）

嗚乎余業之及二于斯一、実ニ藉ル二天寵霊ヲ一也。豈人力之所ナランヤ二能ク致ス一乎。天下之有ルレ心ニ乎斯道ニ一者ニハ則我窃ニ自比ス二郭隗ニ一矣。如キハ三以レ是受ルカ二四方之譏ヲ一、所レ不レ辞也。

⑳太田玩鷗「画馬」（天明二年〈一七八二〉）

却笑燕台求駿骨　却りて笑ふ燕台駿骨を求むるを
嘶鳴看取画中聞　嘶鳴看取す画中に聞こゆるを

㉑都賀庭鐘『莠句冊』巻五（天明六年〈一七八六〉）

古人の手跡の因縁の家に遺りたるハ奇遇といふべし。それを募りて類せんとすれバ、二品三品を過れば、早くも欺きを招く。骨を賞して良馬到るハ物こそなれ。鑑識一尺高けれハ贋魔一丈高し。

㉒西山拙斎「復頼文学書」（寛政二年〈一七九〇〉）

始レ自レ隗之思召ニ御座候得バ自分已後定而千里之駿追々駢集候而学政翕然。

㉓頼山陽「書懐」（文化八年〈一八一一〉）

漫道鵬程六月休　漫に道ふ鵬程の六月に休ふと
詎論馬骨直千金　詎ぞ論ぜん馬骨の千金に直するを

㉔滝沢馬琴『玄同放言』巻二（文政元年〈一八一八〉）

歌ハ得意にあらねども、余ハ郭隗よりはじむるのミ、諸賢是より詠歌あらん歟。又から歌ハ和歌より稀レ也。

われのミならで清人なる王士禎もこの事をいへり。唐詩紀事より見出せしとて、そが随筆に載たりける。

㉕菅茶山「木鳳歌為儀満氏」（文政五年〈一八二二〉）

駿骨自有遇昭王　　駿骨自ら昭王に遇する有り
他年顕晦更難量　　他年の顕晦更に量り難し

㉖頼山陽「羽倉外記宛書翰」（文政十年〈一八二七〉）

又はそれ等より甌北集抄抔と申す一書、校刻被レ成候ても、看書之福を世人に分享せしめ候事、一大善根と可レ申候哉、御考被レ成可レ然や。何分世人はともかくも、小生は先自レ隗始度と存候。

㉗佐久間象山「呈桐山先生」（文政十三年〈一八三〇〉）

啓嘗読二国策一、観下涓人買二馬骨一。不二期年一千里之馬至者三。昭王従レ隗始。士争趨レ燕上。焉知二今之不一レ如レ古也。然則府廷以レ啓為レ隗。栄幸何若哉。

㉘滝沢馬琴『南総里見八犬伝』第百十四回（天保六年〈一八三五〉）

八個の犬士に軽重なけれど、先入なれバ親兵衛を、疑ずして重く用ひバ、余の七犬士ハ招かずも、皆共侶に来会せん。所謂隗より始るよしにて、こも亦自然の理りなるを、悟らざりしハ疎なり。

㉙広瀬淡窓「遊綿渓記」（天保十三年〈一八四二〉）

文士騒客自二四方一来遊。必有二奇偉麗特之辞一、与レ之相配。是諸君命レ建。亦所レ謂自レ隗始也。何必辞之為。

㉚広瀬旭窓『九桂草堂随筆』巻八（安政四年〈一八五七〉）

山田氏葉公ノ画龍ニ於ケルカ如ク、又駿馬ノ死骨ヲ買ヒシ如ク、追々ハ生タル大蛇来ルモ測リ難シ。嗚呼我輩、山田氏ノ蛇ヲ好ム心ヲ以テ、学ヲ好マハ、聖賢ニモ亦至リ難カラシ。

㉛吉田松陰『幽室文稿』巻三（安政五年〈一八五八〉）

当今二国可レ貌之人亦尠。況天下之大乎。吾乃自レ隗始也。

㉜安井息軒「当世真之英才」（幕末期・年代不詳）

燕之昭王は馬骨を買候論に服し、郭隗を用候得ば、終に楽毅之大才を得申候。依レ之真之英才を御求被レ成候より、先忠実にして才気も有レ之。本気に天下之事を憂候者を御用可レ被レ成候。

以上の用例のうち、郭隗の故事を紹介したものは「A遠大卑近」に区分できるが、その言い回しは諸書で異なっている。③諸国に先駆けて地誌編纂を指揮した会津藩主保科正之の事業を郭隗になぞらえて讃えたものであり、どちらかといえば「B率先垂範」の要素が濃い。⑤郭隗の故事を引いて臣下を師として厚遇した手本に掲げながら朱子の例に照らしており、⑬前漢の高祖劉邦と陳平、唐の高宗と田游厳の関係性を上記と同様に例示したものである。⑩祈祷も贈物も自身のためには要求するものではないとの趣旨の論に引かれ、⑫訛伝の多い曹山大師の正しい伝記を伝えようとする作者（玄契）の決意となり、どちらも「B率先垂範」に近い用例であることがわかる。⑪・⑭・⑳・㉓・㉕漢詩の一節に詠み込まれたもの、⑮道徳の士とはどういう人物を指すかとの問いに対して、あなた自身が学問を好めばそのような人物が自然とやってくるとの作者（芳洲）の答えの中に「請ふ隗より始めよ」の一節が用いられている。⑰前掲の鎌倉時代の説話集『古事談』における清少納言の逸話をもとに漢文体に直したものなどがあり、多くの形で当該故事が受容されている。⑱・㉒・㉗・㉜いずれも儒者による政策の提言に引かれたものであり、人材登用による国力増強の一例にこの故事が持ち出されているため、中国史書に類似した用例であると言えるだろう。いずれも「A遠大卑近」の要素が濃いが、特に㉒自身の仕官が賢者の来訪につながるという観点から承諾しており、「自薦」の意味にも解せられる。⑲新規に著作を世に問うた自身を「郭隗」に比定し、あえて譏りを受けることも辞さない覚悟を示す強固な決意が文面から漂う。㉔和歌についての嗜みのない作者（馬琴）が自ら名乗り出ている場面、㉖多くの人に良書を分け与える態度に感銘し、いずれも「B率先垂範」の意で用いている。㉙肥前大村の千綿渓谷を訪ねた作者（淡窓）が風光明媚な景色を前に詩を披露するように周囲から勧められた際に当該成語を持ち出し、㉛広い天下において評価される人物になるべく自負心を吐露しながらこれを引いており、こちらも「B率先垂範」の用例となっていることがわかる。㉚描かれた大蛇を好む山田氏を例に取りあげて、我々も学問に対してその気持ちで打ち込めば聖賢に近づくことも可能であると述べている。㉑・㉘読本の用例であるが、前者は死馬の寓話を懐疑的に捉えており、後者は一犬士（犬江親兵衛）の厚遇によりほかの七犬士を招き寄せる画策を指しているため、いずれも「A遠大卑近」の用例として読み取れる。

概して当該故事が現実政策面での良質な人材確保に向けた場合には「A遠大卑近」の意味で引かれたが、同時に自己の仕官に照らせば「B率先垂範」に近づくことになる。また、前掲の用例からは、引用型成語「先従隗始」と摘要型成語「市駿骨」の双方が用いられていた様子がうかがえる。さらに下って明治時代に入ると辞書類にも立項され、現代同様の二通りの定義が明記されるまでになった。

㉝島村抱月『新美辞学』第二章（明治三十五年〈一九〇二〉）

引喩法とは古人の成語または故事を挿みて文を装飾するの謂なり。而して引喩法の本来は隠喩法とひとしく本義と喩義との別を隠すにあれど、他に直喩法の如く明らさまに引喩法たることを示すものあり。後者は之れを引用法ともいふを得べし。人の隠れて出でざるを「岩戸がくれ」といひ「先づ己れよりせよ」といふべきを「請ふ隗より始めよ」といふが如きは前者なり。「衆口金を鑠かすと古人の金言宜なる哉」などいふは後者なり。

㉞池田四郎次郎『故事熟語辞典』(明治三十九年〈一九〇六〉)

〔自レ隗始〕隗より始めよ。【意義】士を招くには、先づ其劣者より始むることなり。

㉟簡野道明『故事成語大辞典』(明治四十年〈一九〇七〉)

【隗ヨリ始ム】(従レ隗始)士の優れたる者を、招かんとするには、先づ劣者を用ふべしとの義。*7

㊱山崎弓束『漢和故事成語海』(明治四十三年〈一九一〇〉)

【隗より始む】率先して事を始むる謙辞。郭隗の故事に基く。

上記の辞書類には㉝・㊱は「B率先垂範」、㉞・㉟は「A遠大卑近」とそれぞれ定義されていることが明らかであり、どちらの用例も同時代の小説には反映されている。

㊲泉鏡花『義血侠血』(明治二十七年〈一八九四〉)

渠は直に帯佩の蟇口を取出して中なる銭を撈りつゝ、「ねえ貴下、茲で如彼惰られてしまつた日には、仏造つて魂入れずでさ、冗談ぢやない。」

やがて銅貨三銭をもつて隗より始めつ。

㊳夏目漱石『虞美人草』(明治四十年〈一九〇七〉)

「まづ人間の方で先に反古になる訳だな。乞ふ隗より始めよか。人間の反古なら催眠術を掛けなくても沢山ゐる。何故かう隗より始めたがるのかな」「中々隗より始めたがらないですよ。人間の反古が自分で屑籠の中へ這入つて呉れると都合がいゝんだけれども」

㊲は「B率先垂範」の用例であり、人力車との速度争いに疲れた馬丁を労うために、酒賃の提案者自らが身銭を切る場面であり、㊳は「A遠大卑近」の用例であり、屑籠(電車)に人々が乗り込む状況にたとえている。また、㉝・

㊳は「請（乞）ふ隗より始めよ」の体裁を切り取っており、史書の『史記』や『戦国策』に由来する「先従隗始（先づ隗より始めよ）」ではなく、劉向『新序』の「請従隗始（請ふ隗より始めよ）」や韓愈の「請自隗始（請ふ隗より始めよ）」のフレーズに倣（なら）ったものであることが推測されよう。この時代までの特徴としては「始めよ」の命令形のみならず、「始む（始めつ）」の終止形もしばしば使われていた。終止形であれば自身への意思表明を目的として、命令形であれば対話の際に相手に促す用語として引かれていたことがわかる。明治時代には表記上に若干の揺れが見受けられたものの、大正時代以降には常套句として定着し、次第に「B率先垂範」に近い意味に落ち着いていった様子がうかがえる。

㊴芥川龍之介『骨董羹（こっとうかん）』（大正九年〈一九二〇〉）

傍（かたはら）に人（ひと）あり。嗤（わら）つて云（い）ふ、「請（こ）ふ、隗（くわい）より始（はじ）めよ」と。（「応酬」）

㊵小酒井不木（こさかいふぼく）『手術』（大正十四年〈一九二五〉）

「先（ま）づ隗（くわい）より始（はじ）めよといふことがありますから、最初（さいしょ）にSさんに御願（おねが）ひ致（いた）しませう」

㊶内田百閒（うちだひやっけん）『百鬼園先生言行録（ひやっきえんせんせいげんこうろく）』（昭和八年〈一九三三〉）

「それでは先づ一つ隗より始めよ。お目出度いところで一つ、鯛にや色色ある。会ひたい見たい添ひたいわたし、一体全体あなたは実に勿体ない」

㊷柳田泉（やなぎだいずみ）「戯作者の政治に対する態度」『明治文学』（昭和九年〈一九三四〉）

文人のリベラリズムは、今に始まつたことではない。昔から文人にはリベラリスト多し。戯作者をこの方向からもう少し調べてみたら、案外面白いものになりはしないか。勿論隗から始めはするが、隗ならぬ諸君もはじめていたゞきたい。

㊸小島政二郎『眼中の人』（昭和十七年〈一九四二〉）

「しかし断わつて置くが、お前は人の好きなものをよさせるんだぜ。いゝか。人に忠告する以上、まづ隗より始めるのが諫言の作法だ。その位のことは知つてゐるだらうな」

㊴臨席者からの献杯、㊵怪談話を提案した弁護士S氏に対して口火を切ってもらう場面、㊶百鬼園先生が招かれた結婚披露宴で余興に隠し芸を提案した男の発言、㊷文人・戯作者調べに向けての呼びかけ、㊸鈴木三重吉が妻らく子に禁酒を勧められたことに対しての返答であり、いずれも自分か相手に対して「B率先垂範」を求めた意味で用いられる。このように、「隗より始む」を小見出しにとった例には名古屋商業学校の校長市邨芳樹『商士訓』（明治四十三年〈一九一〇〉）、作家島崎藤村の兄島崎秀雄『心の糧』（大正十一年〈一九二二〉）などがある。

　史実では英雄「楽毅」を引き出した呼び水としての存在に過ぎなかった「郭隗」だが、平安詩文においては主君に厚遇された羨望の対象に作り変えられ、五山文学では「（従）隗始」のフレーズが定型化しつつ先蹤者とする用例も見られた。江戸時代では漢詩文に限らず広く人口に膾炙されるようになりながらも定型語として熟すまでにはまだ時間を要していた様子が浮かびあがった。明治に入ると、辞書類にも成語としてはっきりと定義づけられるほか、同時代の小説にも用例がしばしば引かれた。つまりは臣下による賢者登用策の具体的提案という狭義の枠組みから離れるにつれ、その用法は「A遠大卑近」から「B率先垂範」へと一本化がなされることになり、どのような場面でも引かれる汎用性を持つものとして定着していった次第がうかがえる。

四　その人称的視点をめぐって

引用型成語「先従隗始（先づ隗より始めよ）」が、人物を取り扱ったほかの故事成語（例えば、「孟母三遷」、「季布の一諾」、「阮籍青眼」、「泣いて馬謖を斬る」など）と明らかに性質を異にするところは、後者がおそらく後人によって三人称視点から命名されたとおぼしき成語（「摘要型成語」）だったと考えられるのに対して、前者は史書における一人物の発言がそのまま切り取られて引用された点にある。話し手による会話文中の「諱（実名）」の使用は一人称を意味することは言うまでもないが、この「隗」という人物が遠大な計画（「討斉」）を最終目的として招賢への布石（「先従隗始」策）が奏功する筋書きを一読したところで、学習者にとっての「郭隗」はあくまで歴史上の一人物（＝他者）としての対象に過ぎず、三人称的視点で眺めることとなる。これに対し、「言い出した者から始めよ」という当該成語の引用により誰もが「隗」への投影を可能にする。つまり、後人が「先従隗始（先づ隗より始めよ）」を口にすることで、住む世界を異にする「隗」との一体化をなすのである。南北朝時代の武将児島高徳が桜の木に書きつけた漢詩「天莫空句践　時非無范蠡（天、句践を空しうすること莫かれ　時に范蠡無きにしも非ず）」（『太平記』巻四）は尊皇の気持ちを吐露しているが、この中で高徳は自身を「臥薪嘗胆」の故事で名高い春秋時代の智将「范蠡」になぞらえる一方で、倒幕の野望が断たれた後醍醐天皇を「越王句践」に見立てている。帝に対する忠義の心情を謳ったものとして有名な一節ではあるが、史書の范蠡の発言をそっくり抜き出しているわけではないため、郭隗のそれとは同一視できない。当該成語における人称に着目しながらその特性を考察する。

戦前期の国語学者山田孝雄は日本語の体言（名詞・代名詞）の特徴として、対象に向けられた話し手の主観が大きく左右するものである点に言及している。

> たとへば甲といふ特定の人もそのさし方によりて第一称格ともなり、第二称格とも第三称格ともなるなり。又第一称格、第二称格は何人がなりても差支なく、第三称格に至りては人、事物、場所、方向等を種々にさし示すことを得べし。[*7]

ここでは称格に関係しないものとして「おのれ」という代名詞を取りあげ、話者によって対象が反射する機能を「反射指示」と呼んでいる。近年、倫理学研究者の山本史華(やまもとふみか)も「一人称」が「二人称」的に持ち出される機能に着目し、「反転対称」という現象を説明する。[*8] たとえば幼児に対して「僕はどこから来たの?」(問いかけ)、「自分は何様なんだ!」(批判)などである。この特徴を踏まえると、わが国では「隗」が三人称に限定されず、一人称や二人称に併用されてきた事実も首肯できよう。心理学者ワロンは「内なる他者」に言及し、自分の中にいる他者を「第二の自我」と名づけている。[*9] これによれば、「第二の自我」による自己を越えたものや自分の外のものに混淆・融即・同一化するのはどの年代にも起こり得るという。特に、「同一化」には他者に自己の欠陥を外に見出そうとする「転嫁」と、逆に他者に自己を投影しようとする「真の置換(変身)」があり、後者の例としてワロンは『騎士道物語(きしどうものがたり)』を読むことで自己を勇敢な人間になりきろうとしたドン・キホーテをあげている。認知心理学者の佐伯胖(さえきゆたか)はこの「第二の自我」をもとに「学びのドーナツ理論」を提示しているが、[*10] これを故事成語「隗より始めよ」に照らして考えてみたい。この「学びのドーナツ理論」では、学校での〈学び=教え〉を健全に育てるためには「二人称的他者(=教師)」と「二人称的道具(=教材)」が適切に構成されていることが不可欠であり、「自分(I)」圏とそれを取り巻く「二人称(YOU)」圏(第一接面)、さらにはその第一接面を取り巻く「外界(THEY)」圏(第二接面)で構成され、特に自己の内なる既知の世界(「自分〈I〉」圏)と遠くに存在する未知の世界(「外界〈THEY〉」圏)の橋渡しをする「二人称(YOU)」における適切な接面の必要性が繰り返し強調されている。教師や教材が適切な第一接面、第二接面を有していることは、生徒にとって文化的価値の日常生活への摂取に深く関わる。故事成語はそもそもこうした側面を有しているものだが、特に当該成語の場合は、現代の援用者が一人称（＝「隗」）を口にするたびに、紀元前の戦国時代に活躍した郭隗の存在を多少なりとも意識する運びとなる。つまり、当該成語はその使用により「歴史上の他者（THEY）」と「わたし（I）」との有機的な結合を可能にする。

　こうした点からも成語「先従隗始」が「三人称的視点」からその枠を取り払い、「一人称」もしくは「二人称」の（つまり、誰もが「隗」となり得る）身近な例として受容されてきた点には注目しておきたい。「隗」が話し手の一人称であることは疑いないが、典拠では郭隗自身が昭王を前にして「私から始めてください」と呼びかけている。命令形で聞き手に自己への依頼を求める形から、「隗」は相手側がこちらを指す名称（二人称）ともなる。このように見れば、「隗」は結果的に二人称的機能も併せ持つことになり、前掲の用例にも見られるように「（言い出した）あなたから始めなさい」と相手に促す際にも使われるようになったものと考えられる。この人称的視点の変化は明治時代における漢文教科書の単元名からも読み取ることができる。明治二十四年（一八九一）発行の秋山四郎編『漢文読本』巻二（金港堂書店）や明治二十八年（一八九五）発行の那珂通世ほか編『高等漢文読本』巻四（共益商社）には「郭隗説燕昭王」という三人称的標題が取られていたが、大正二年（一九一三）発行の澤柳政太郎ほか編『中等漢文備考修訂』では「先従隗始」となり一人称的標題に変容した形跡が見られる。明らかに当該成語における「引用型成語」としての側面に着目している様子がうかがえる。

　故事成語「先従隗始」は人称を超越したところに魅力がある。大変有名な故事であるにもかかわらず、諸書において発言者の素性が明確には語られてこなかった点も援用者に「郭隗」との同一化を躊躇させなかった一面があったのかもしれない。歴史上実在の人物の発言に由来するこの故事成語は、現代の我々にとって成立背景を意識しながら言語文化の体感を可能にしている点で効果的なものと結論づけられる。

五　まとめとして

定番教材「先従隗始」の歴史的背景及び用例を取りあげて現代までの意味の変遷を俯瞰した。現実の問題に直面した際に、寓話を引用して解決策を導き出すという構造は漢文教材の典型例と見ることもできる。ただ、『戦国策』の郭隗は「千里馬」を持ち出し、昭王に自分を優遇してもらうだけで、あとはひたすら賢者を待つだけの辛抱の日々であったことも想像に難くない。現実に楽毅の訪燕まで二十年、討斉まで三十年もの歳月を要したとされる。一方の敵国斉には孟子の影があり、「易姓革命」を是認した「湯武放伐論」が主唱された時代背景があったことも踏まえておきたいところである。

次に、管見の限りにおいてこの故事成語の和漢の用例を取りあげて考察した。現在、「A遠大卑近」と「B率先垂範」の二つの意味を併せ持つ「先従隗始」だが、もともとは他者的存在であった「郭隗」なる人物を、時代が下るにつれて自己に引きつける用例が増えていったことは疑いのないところである。わが国でも唐代詩文と同様に、平安時代には厚遇者として羨望の眼差しが向けられた「郭隗」だったが、中世五山の詩文では「隗より始む」の発言への焦点化により物事の先蹤者としての立場から詠み込まれた。江戸時代には漢詩文のみならず様々な文体で当該故事は引かれるものの、その言い回しは統一されることはなかった。近代に至って定型語化がなされる一方で、その汎用性により次第に後者（B「率先垂範」の意味）に落ち着いていった状況が浮かびあがった。また、引用型成語「先従隗始」は人口に膾炙しているが、摘要型成語「市駿骨（駿骨を市ふ）」としての用例も多く見られた。

故事成語「先従隗始」はもともと自己と他者双方の視点を持ち合わせていたが、前者のような賢者登用策といった限定的な場面のみならず、現代ではもっぱら後者の率先垂範の用例で引かれるのは、それだけ郭隗を身近に感じる者が多かったことを裏づけている。援用者は当該成語を口にするたびに自己の物語に「隗」を見出すことになるが、この故事成語が人称を越えた使用を可能にしてきた事実には大きな意味がある。授業において学習者は当該成語の使用により郭隗の言動を多少なりとも意識する流れになる。つまり、故事成語は教材を通じた学習者の言語文化的価値の体感により教育的効果を生み出すものである。学習指導要領上の指導項目「伝統的な言語文化と国語の特質に関する事項」の観点からも「先従隗始」は非常に重要な意義を持った教材であると結論づけられる。

注

1 相原俊二「戦国期における燕の外交政策（燕国考その一）」六頁。（『中国古代史研究』第二 吉川弘文館 一九六五年五月）

2 増田知子は当該故事成語を教材で扱う際には時代背景に留意すべきことを指摘した。郭隗招賢策の後、楽毅訪燕までに早くとも二十年近くを経ており、討斉までにはさらに十年ほどの時間を要した計算になるという。（「漢文の教材研究——先従隗始」 安田女子大學中國文學研究會『中國學論集』第三七号 二〇〇四年五月）

3 楊寛「春秋戦国間社会経済制度的変革」一七六～一七七頁。（『戦国史 一九九七増訂版』台湾商務印書館 一九九七年十月）

4 野口武彦「王道と革命の間——江戸朱子学は孟子をどう受け入れたか」三二頁。（『王道と革命の間 日本思想と孟子問題』筑摩書房 一九八六年三月）

5 このほか、詩文における郭隗故事の用例は、晩唐の杜牧「送王侍御赴夏口座主幕」、北宋の劉攽「送福州范文学兼寄張宜」、同じく北宋の晁補之「悲来行哭石起職方」、南宋の徐鈞「郭隗」などにも見え、「隗始」が熟語として詠み込まれていた様子が確認できる。

6 前掲の『漢語大詞典』のほかに、『辞源』（北京商務印書館　一九九三年六月刊）でも「請自隗始」の項目で取られている。

7 山田孝雄『日本文法学概論』一二〇頁。（宝文館　一九三六年五月）

8 山本史華「無私と言葉」一四四頁。（『無私と人称　二人称生成の倫理へ』　東北大学出版会　二〇〇六年五月）

9 ワロン著・浜田寿美男訳「自我の水準とその変動」（『身体・自我・社会子どもの受けとる世界と子どもの働きかける世界』ミネルヴァ書房　一九八三年十一月）

10 佐伯胖「「ともに学ぶ」ということ」六五〜七六頁。（『「学ぶ」ということの意味』岩波書店　一九九五年四月）

COLUMN

日本漢詩と漢詩創作指導

一　日本漢詩の伝統

令和四年（二〇二二）七月、漢詩研究の大家石川忠久（いしかわただひさ）先生が御逝去されました。謹んで哀悼の意を表します。もはや先生の御謦咳（けいがい）に接することがかなわないと思うと悔やまれてなりません。先生のお名前はＮＨＫの「漢詩紀行」で拝見し、御著書に直接サインをいただいたこともありましたが、漢詩文学の世界はそれまで縁遠いものと思い込んでおりました。私が初めて全国漢文教育学会の夏の研修会に参加しましたのは平成二十年（二〇〇八）七月のことです。会長である石川先生は漢詩の講座をお持ちになり、石川丈山（いしかわじょうざん）「富士山」、菅茶山（かんちゃざん）「冬夜読書」、乃木希典（のぎまれすけ）「金州城下作」などの日本人の漢詩作品を朗々とした名調子で講義されていたことを思い出します。この研修会を通して、漢詩創作の伝統は現代まで受け継がれていることも学びました。

漢文教材においては散文作品たる「小説」とは比較にならぬほど、文学における「漢詩」の存在意義は大きいものがあります。わが国では奈良時代の『懐風藻（かいふうそう）』に始まり、平安時代の嵯峨天皇（さがてんのう）のころに『凌雲集（りょううんしゅう）』など勅撰の漢詩集が盛んに編まれ、菅原道真の名詩も人口に膾炙しています。江戸時代には服部南郭（はっとりなんかく）により『唐詩選（とうしせん）』が出版されて広く読まれました。その後、菊池五山（きくちござん）が『五山堂詩話（ござんどうしわ）』を著して漢詩の世界を一般にまで広めましたが、大正時代には下火となって新聞からも漢詩創作欄がなくなり、戦後は授業時間数の削減に伴い、教科書から日本漢文教材が徐々に姿を消していきました。

二　漢詩規則と菅原道真「九月十日」

高等学校の教科書に採録される漢詩教材は必ずしも平仄が整っているものばかりではありません。盛唐の七言詩には李白「早発白帝城」や張継「楓橋夜泊」など整然とした平仄構造を持つ漢詩も登場しますが、同じ李白でも「黄鶴楼送孟浩然之広陵」や王維「送元二使安西」には部分的に平仄の規則に適合しない箇所が見受けられます。

江戸の漢学者市川寛斎は『談唐詩選』（文化八年〈一八一一〉）において「近体ノ詩句交加セザル者ヲ、失黏体トモ拗体トモ云フ。後世ニハ甚稀ナルコトニシテ唐人ニハ却テ多シ。五言ニハ少ナク、七言ニハ多シ」と指摘していることからも、唐詩には平仄が整わない「拗体」が多い現状は押さえておく必要がありますが、授業で漢詩を扱う際には一度くらいは平仄にも触れておきたいところです。七言絶句における漢詩の「平仄」と「押韻」の基本事項は次の通りです。

❶二四不同・二六対（各句の二字目と四字目の「平仄」は逆になり、二字目と六字目では同じになること）

❷反法・粘法（各句の二・四・六字目における「平仄」は、起句と承句とは逆〈＝「反法」〉、承句と転句とは同じ〈＝「粘法」〉、転句と結句では逆〈＝「反法」〉となること）

❸下三連の禁（各句の五〜七字目は「平」と「仄」が混合であり、どちらか一方に偏ってはならないこと）

❹孤平の禁（各句の四字目は単独で「平」であってはならず、三字目か五字目と複合の「平」〈○○〉とすること）

❺押韻（各句末において同じ韻目の字を用いること。例えば、同じ「ギ」と読む字であっても「疑〈○支〉」と「義〈●寘〉」

では平仄・韻目ともに異なる。また、転句は必ず押韻しない）

この平仄については漢和辞典（電子辞書）を引きながら各句の二・四・六字の「平仄」、及び七字目については「平仄」及び「韻目」の確認をさせることが可能です。例えば、カシオの電子辞書「EX-word」で「紅」の字を引くと、「《(平)東》」の記載が見られます。「《(平)》」の箇所に「(平)」と記されていれば「平声」を意味するため「○」を、「(上)、(去)、(入)」とあれば「仄声」を表すため「●」を表記するように学習者に指導します。また、「《東》」は音韻の種別となる「韻目」と呼ばれるもので、七字目の韻目欄にのみ当該漢字を記載させます。つまり、韻目が同じ字であれば、押韻を意味することになります。

教科書に採録される漢詩教材には概して李白・杜甫・王維といった唐代の中国詩人の作品が多いことから、わが国の古典として取り扱うことに異和感を覚えるという話をよく耳にします。しかし、古来日本人の手によって多くの漢詩作品が詠み継がれてきた伝統にも注意したいところです。

日本漢詩として最も有名な作品の一つに菅原道真の「九月十日」があります。藤原氏の妬みを買って昌泰四年（九〇一）一月に左遷された道真が、その前年に重陽（ちょうよう）の節句の翌日後朝（こうちょう）の宴（えん）において「秋思詩」を詠み、若い醍醐天皇（だいごてんのう）から褒美の御衣をもらったことを懐かしんだものでした。特に、起句の「去年の今夜清涼に侍す」の一節が当時清涼殿で天皇に近侍していた頃の道真の心情を強く表していることは読み手にも伝わることでしょう。日本漢詩には平仄構造が整っているものも多く、漢詩のテキストとして取り扱うこともできます（以下の詩の二字・四字・六字に□を付しています）。

九月十日　　菅原道真

起	●[○]○[●]●[○]◎	去年今夜侍清涼	去年(きよねん)の今夜(こんや)　清涼(せいりやう)に侍(じ)す
承	○[●]○[○]●[●]◎	秋思詩篇独断腸	秋思(しうし)の詩篇(しへん)　独(ひと)り断腸(だんちやう)
転	○[●]●[○]○[●]●	恩賜御衣今在此	恩賜(おんし)の御衣(ぎよい)は　今此(いまここ)に在(あ)り
結	●[○]●[●]●[○]◎	捧持毎日拝余香	捧持(ほうじ)して　毎日余香(まいにちよかう)を拝(はい)す

《下平声七陽　涼・腸・香》＊承句の「思」は名詞のため仄声。

対象を一途に詠み込む和歌に比べて、漢詩には対句構造などにより複合的な視点があるため、豊かな詩情が醸成されます。さらに、従来型の漢詩鑑賞にとどまらず、主体的に「漢語」に触れ合うような活動及び漢詩創作の実践を通して、受動的な漢詩読解から能動的な創作活動への切り替えが可能になることでしょう。

三　高等学校における漢詩創作指導

日本漢詩の伝統を受け継ぐためにも勤務校において十年前から有志の生徒を対象にした漢詩創作指導に取り組んでいます。一例として創作の前に取り入れた「漢語たほいや」と「柏梁体連句(はくりようたいれんく)」のアクティビティーを紹介します。

漢語たほいや

「たほいや」とは、定番の辞書から引き出された語句（お題）について参加者がそれぞれ辞書的な定義を考えて「偽答」を持ち寄り、それを選択肢の形にして提示するゲームのことです。参加者は各自が正答だと思われる選択肢にチップを賭けながら、その勝敗を競い合います。今から三十年前にフジテレビの深夜番組で放映されて話題になりました。この番組では『広辞苑』（岩波書店）を採用し、その収録語彙をゲームに用いていました。近年、このゲームが学習教材として有効であると見直しがされました。DVD『「たほいや」をやろう～辞書を使った知的な学習ゲーム』において、国語教育学者池田修（いけだおさむ）はこのゲームを通して、辞書に親しむ機会が増えるばかりでなく、「書くこと」、「聞くこと」、「話すこと」などの国語能力を楽しみながら身につけられるといった学習効果を高めることができると解説しています。この「たほいや」をあえて「漢和辞典」収録の二字熟語に切り替えて漢語に親しみを持つことをねらいました。以下が生徒の「お題」と「偽答」になります。

A「于于（うう）」

①雲が流れる様子
②なげき
③なにも知らないさま
④とてもひからびていることの形容
⑤一日の予定
⑥「ああ」という感嘆

B「成均（せいきん）」

①畑を耕す道具

②人の真似をしてお金を得る人

③周代の大学

④馬を飼い慣らすこと

⑤生計を立てること

⑥しあわせ

（正答　A―③・B―③）

柏梁体連句

七言絶句を作るうえでは一句七字を意識させなくてはなりません。特に、初心者にとって最初の一行を作るのはやはり難しいようです。そこで、『入門漢詩の世界』（洋泉社）の中に掲載された「柏梁体で句作りになれる」を参考にしました。「柏梁体」とは七字の形式の連歌詩で、漢の武帝のころに詠まれた古詩の形式です。身近なテーマを取りあげ、七字目については韻目表をもとにこちらで韻字を選びました。ここでは平仄の意識はさせずに気楽に一行詩（つまり六字分）の創作に取り組ませています（以下生徒作品とコメント・学年は当時のもの）。

【柏梁体連句】「氷菓賛（ひょうかさん）」（〔下平声八庚〕）

・自簾削声氷輝明（一年男子）　簾（すだれ）より削声（さくせい）　氷輝（ひょうき）明（あき）らかなり

（暖簾（のれん）越しに氷を削る音と輝きがはっきりと見えてくる）

・溽暑正午欲大盛（二年女子）　溽暑の正午　大盛を欲す

（蒸し暑い昼には大盛りのかき氷が食べたくなる）

・列童迷蜜欠氷栄（二年女子）　列童蜜に迷ひ　欠氷栄ゆ

（並んだ子ども達はシロップに迷い　かき氷〈欠氷〉が繁盛する）

・動後涼感一杯精（二年女子）　動後の涼感　一杯精し

（運動の後の涼感　一杯の白さ）

・高熱呻吟如風清（一年女子）　高熱呻吟　風のごとく清し

（高熱でうなされている時にはアイスは清らかな風味がある）

・白龍昇天聳峙城（一年女子）　白龍昇天　聳峙の城

（ソフトクリームは天を目指し、コーンは聳え立つ城のようだ）

このような取り組みを踏まえた結果、生徒は一句七字作りに抵抗がなくなったようです。徐々に『詩語表』を参照しながら、平仄に留意し、思い思いに漢詩創作に励むようになりました。かくして毎年新潟県三条市の諸橋轍次記念館開催による漢詩大会で上位入賞者を輩出しています。

【第十四回諸橋轍次博士漢詩大会優秀賞　（令和四年〈二〇二二〉十一月）】

秋気　　三年男子

瓶菊映窓灯火明　瓶菊窓に映じて　灯火明く
遥天山寺遠鐘声　遥天山寺　鐘声遠し
桂香粉散金風下　桂香粉散す　金風の下

幽巷蛩啼秋気清　幽巷蛩啼きて　秋気清し

当該作品は秋のひっそりとした気配を詠み込んだものです。生徒は詩語表をもとに創作していますので、季節感に富んだ漢詩を詠む傾向が見受けられました。ただ、漢詩は平仄構造さえ理解しておけば、様々な事象を自由に表現することが可能な文芸作品でもあります。最後に拙詩（雅号・通文享）を数作掲載しておきたいと思います。

【平成二十五年（二〇一三）六月】

㈠煎茶賛　　通文享

芳香馥郁爽涼壺　芳香馥郁たり　爽涼の壺
満目映輝青翠湖　満目映輝す　青翠の湖
黙喫三驚清淡味　黙して喫すれば三たび驚く　清淡の味
通人深愛雅遊図　通人深く愛す　雅遊の図

【通釈】「煎茶賛」

芳香かぐわしい爽やかな壺
見渡す限り照り輝く青緑色をした湖
黙って口にすれば三度目に驚くのはそのさっぱりとした味わい
かくして通人たちが深く愛好する雅遊の図ができあがる

（押韻）上平声七虞（壺・湖・図）

【注】

・馥郁…かぐわしい。
・満目…見渡す限り。

【平成二十八年（二〇一六）十一月】

㈡題山月記　　通文享

虎影哀哀忘五倫
咆哮切切響叢蓁
登龍夢曠為詩鬼
月魄蕭然照故人

虎影哀哀（こえいあいあい）　五倫（ごりん）を忘（わす）れ
咆哮切切（ほうこうせつせつ）　叢蓁（そうしん）に響（ひび）く
登龍（とうりゅう）の夢（ゆめ）曠（むな）しく　詩鬼（しき）と為（な）る
月魄蕭然（げっぱくしょうぜん）として　故人（こじん）を照（て）らす

【通釈】「山月記（さんげつき）に題（だい）す」
虎の影は哀れな様子で人倫を忘れ
その雄叫びは切々として草むらに響いている
出世の夢は空しく詩鬼となり果て
月光は物寂しく旧友を照らしている

（押韻）上平声十一真（倫・蓁・人）

【注】
・叢蓁…草むらのこと。
・登龍…「登竜門」とは突破すれば出世を果たす難しい関門のこと。ここでは出世を指す。

・月魄…月の光。

・蕭然…物寂しい様子。

・故人…旧友。おさななじみ。ここでは李徴を指す。

【令和三年（二〇二一）七月】

㊂訪筑豊炭田　通文亨

昔聞三伏祭文声　昔聞く三伏　祭文の声

今見筑豊虚炭坑　今見る筑豊の　虚しき炭坑

墨客作翁伝景象　墨客の作翁　景象を伝へ

煙楼殷賑槿花栄　煙楼の殷賑も　槿花の栄

【通釈】「筑豊炭田を訪ぬ」

かつて聞いた夏祭りの盆踊りの「炭坑節」

今目のあたりにする筑豊のさびれた炭坑の跡

絵師山本作兵衛翁が炭鉱生活の様子を詳細に現在まで伝えるが

煙突の賑わいも槿花一日の栄に過ぎない（今はすでに滅び去っている）

（押韻）下平声八庚（声・坑・栄）

【注】

・三伏…夏至以降の三つの庚の日。猛暑の時期に当たる。

・祭文…死者を祭る際の願文。ここでは盆踊り唄「炭坑節」を指す。「月が出た出た〜月が出た　ヨイヨイ」のフレーズで有名。

・作翁…福岡出身の炭坑記録画家山本作兵衛のこと。日本で初めてユネスコ記憶遺産に登録された炭坑画家である。

・煙楼…煙突のこと。「煙楼殷賑」とはかつて炭鉱が栄えていた状況を指す。前出の「炭坑節」の一節「あんまり煙突が高いので〜さぞやお月さん煙たかろう、サノヨイヨイ」を踏まえる。

・槿花栄…「槿花一日の栄」ともいい、この世の栄華をはかなくむなしいものとたとえている。

【令和四年（二〇二二）四月】

㊃芳野懐古　通文亨

流鶯十里訪春霄
満目碧山花一条
先帝楠公如在此
乾坤奇貨語南朝

流鶯十里(りうあうじふり)　春霄(しゆんせう)を訪(たづ)ぬ
満目碧山(まんもくへきざん)にして　花一条(はないちでう)
先帝楠公(せんていなんこう)　此(ここ)に在(いま)すがごとく
乾坤(けんこん)の奇貨(きくわ)　南朝(なんてう)を語(かた)る

【通釈】「芳野懐古(よしのかいこ)」
十里の間飛び回る鶯(うぐいす)のもとで春景色を散策する
見渡すかぎり青山が現れるも、桜花は一枝のみ
後醍醐帝(ごだいごてい)、楠木正成公(くすのきまさしげ)は今でもここにいらっしゃるようなたたずまいであり

（かつて後醍醐天皇が鋳造したという）幻の「乾坤通宝（けんこんつうほう）」が南朝の事績を語るのみである

（押韻）下平声二蕭（霄・条・朝）

【注】

「芳野懐古」‥‥奈良県吉野山の桜と南朝を詠んだ七言絶句のこと。特に、江戸時代の詩人柳川星巌（やながわせいがん）、藤井竹外（ふじいちくがい）、河野鉄兜（こうのてっと）による「芳野三絶（よしのさんぜつ）」が有名。

・春霄…春の空。
・満目…見渡すかぎり。
・一条…一枝。
・先帝…ここでは南朝の帝であった後醍醐天皇を指す。
・楠公…南朝の忠臣楠木正成のこと。
・乾坤奇貨…後醍醐帝の作ったとされる貨幣「乾坤通宝」のこと。

第五章

「狐借虎威考」

——「摘要型成語」における成立背景の観点に照らして——

一　はじめに

故事成語「虎の威を借る狐」は、「矛盾」と同様に人口に膾炙され、現在まで多くのモデルケースに当てはめられてきた。その「狐（弱者）」が「虎（強者）」の威勢を笠に着て強く見せかける寓喩には汎用性がある。『戦国策』「楚策」に見える寓話を典拠に取り、漢文では「（狐）借虎威」の標題で取り扱われる定番教材である。なお、本章では個別の表記事例がある場合を除き、一般名称として「狐借虎威（狐、虎の威を借る）」を用いることとする。

漢文教材「狐借虎威」は、成語受容のうえで興味深い問題をいくつも孕んでいる。わが国では「虎の威を借る狐」が広く浸透しているが、これが一般的に使用されるようになった時期やその用例、さらに文語「借る」がその型を崩さずに今日まで使用されている状況など注目すべき点も多い。そもそも漢文教材に採録された標題は「狐借虎威」であるが、典拠『戦国策』本文中にはこれに当たる表記は見られない。つまり、後世の人が当該故事の概要を熟語化して提示した「摘要型成語」の一つに数えられるだろう。各教科書発行者は一律に『戦国策』のみを典拠に掲げているが、当該単元を取り扱うに際して果たしてこれは適切だと言えるのだろうか。[*1] 本章では故事成語「狐借虎威（狐、虎の威を借る）」における成立と受容の観点から用例をあげて考察する。

二　漢籍における「狐借虎威」用例

故事成語「狐借虎威」は戦国時代楚国の宣王にまつわる寓話である。楚は南方の大国にして、君主熊氏は春秋時代から続く名家である。中国の歴史学者楊寛によると、楚は戦国の七雄の中でも最大の領土を誇っていたという。[*2] 歴代君主には「春秋五覇」の一人にも数えられて「鳴かず飛ばず」で知られる荘王、その孫で「江南の橘江北の枳と為る（南橘北枳）」で晏子にやり込められたとされる霊王、[*3] さらにその弟で「臥薪嘗胆」の伍子胥による「死屍に鞭打つ」の対象となった平王などがいる。その子孫である宣王の治世には各国との駆け引きが鮮明となり、特に魏や斉の存在が意識下にあった。当時は七雄の中で最強であった魏が紀元前三五四年に趙に攻め込みながらも桂陵にて斉の孫臏に敗れ、前三四一年にはまたしても孫臏に馬陵の地で大敗を喫してその座を明け渡す時期であった。『戦国策』「楚策」には、令尹の昭奚恤が魏や斉など北方の国々から恐れられた現状を疑問視した宣王が群臣にその理由を下問した際に江乙が「狐」と「虎」の寓話を提示した場面がある（本章ではこれを「狐虎寓話」と称す）。

江乙対ヘテ曰ク「虎求メテ二百獣ヲ一而食ヒレ之ヲ、得タリレ狐ヲ。狐曰ク『子無カレ二敢ヘテ食フコトレ一我ヲ也。天帝使ム三我ヲシテ長タラ二百獣ニ一。今、子食ハバレ我ヲ、是レ逆ラフ二天帝ノ命ニ一也。子以テレ我ヲ為サバレ不トレ信ナラ、吾為ニレ子ノ先行セン。子随ヒテ二我ガ後ニ一観ヨ。百獣之見テレ我ヲ而敢ヘテ不ランレ走ラ乎ト。』虎以テレ為スレ然リト。故ニ遂ニ与レ之行ク。獣見テレ之ヲ皆走ル。虎不ルレ知ラ二獣ノ畏レテレ己ヲ而走ルヲ一也。以テ為スレ畏ルトレ狐ヲ也。今、王之地ハ方五千里、帯甲百万ニシテ而専ラ属（しょく）ス二之ヲ昭奚恤（しょうけいじゅつ）ニ一。故ニ北方之畏ルル二奚恤ヲ一也、其ノ実ハ畏ルル二王之甲兵ヲ一也。猶キ二百獣之畏ルルガ一レ虎ヲ也ト。」

ここでは虎が「宣王」に、狐が「昭奚恤」に、百獣が「北方の国々（魏・斉など）」にそれぞれなぞらえられている。百獣が畏れるのはあくまでも虎であるが、宣王の勢力を笠に着た昭奚恤を警戒するようにと説き続けた「江乙（江尹）」の姿に着目したい。この箇所からは江乙が忠臣で昭奚恤が奸臣かのようにも見受けられるが、「楚策」には魏国出身で楚に仕官した江乙が宣王に対し再三にわたって昭奚恤を讒言する姿が描かれている。江乙は楚国内における宣王と昭奚恤の離間策をはかりながら、魏国を利する動きを積極的に取っているため、その発言には信憑性において疑問の余地が残る。傍線部には「故に北方の奚恤を畏るるや、其の実は王の甲兵を畏るるなり」とあり、彼らが恐れているものはあくまで「王之甲兵」であり、この段階ではまだ「狐借虎威」の慣用句は現れない。

『戦国策』は、紀元前一世紀前漢の劉向が編纂した戦国時代の歴史書である。それまでに伝わっていたとされる「国策」・「国事」・「短長」など縦横家の記録（竹簡の残余）を三十三巻本にまとめたものであった。劉向（りゅうきょう）はこのほかに説話集『説苑（ぜいえん）』や『新序（しんじょ）』なども手がけている。『新序』巻二「雑事」には「狐虎寓話」をそっくり抜き書きしながらも、末尾には若干の異同が見られる。

今、王ノ地ハ方五千里、帯甲百万ニシテ而専ラ任ズル二之ヲ於昭奚恤ニ一也。北方ハ非ザルレ畏（おそ）ルルニ二昭奚恤ヲ一也。其ノ実ハ畏ルル二王之甲兵ヲ一也。猶ホシ二百獣之畏ルルガ一レ虎ヲ。故ニ人臣ニシテ而見（ら）ルルレ畏レ者ハ是レ見（しめ）セバ二君之威ヲ一也。君不レバレ用ヒ則チ威亡（ほろ）ブ矣。

傍線部には「故に人臣にして畏れらるる者は是れ君の威を見（しめ）せばなり」とあり、前掲『戦国策』の「王之甲兵」がここでは「君之威」と抽象化されており、「威」の字の使用が認められる。[*4] 紀元後三世紀、西晋の孔衍（こうえん）『春秋後語（しゅんじゅうこうご）』（『漢魏遺書鈔』所収）の当該箇所にも「故ニ人臣ニシテ見（ら）ルルレ畏レ者ハ君ノ威也」とある。[*5] さらに下って五世紀末、南朝宋の沈約による史書『宋書』巻九十四・列伝五十四「恩倖列伝」には「虎威」の用語が出現する。これは宋の国運が衰退した理由として賢人を登用せず小人が皇帝のそば近くに仕えて実権を握った歴史を嘆じたものである。

夫人君南面、九重奥絶。陪奉朝夕、義隔卿士。階闥之任、宜有司存。既而恩以狎生、信由恩固、無可憚之姿、有易親之色。孝建泰始、主威独運、空置百司、権不外假。而刑政糾雑、理難遍通。耳目所寄、事帰近習。賞罰之要、是謂国権。出納王命、由其掌握。於是方塗結軌、輻輳同奔。人主謂其身位薄、以為権不得重。曾不知鼠憑社貴、狐藉虎威。外無逼主之嫌、内有専用之功、勢傾天下、未之或悟。挟朋樹党、政以賄成。

南朝宋の孝建・泰始（四五四～四七一）の頃は皇帝の権威は絶対的なものであったが、組織が複雑化細分化するにつれ、皇帝は次第に近習に雑務をゆだねるようになる。結果的に近習が国権を握るようになるが、皇帝は事の重要性には気づかない。沈約は近習による賄賂や談笑の中で取り仕切られた政治の実態を暴き、「鼠憑社貴（鼠、社貴に憑る）」*6や「狐藉虎威」の寓言を引いている。この「恩倖列伝」は序論のみが南朝梁の昭明太子撰『文選』や初唐の欧陽詢撰『芸文類聚』に採録されている。わが国における慣用句「狐借虎威」の普及には『戦国策』に加えてこれらの書籍（特に『文選』）に拠った状況がうかがえる。*7漢詩文には北周の庾信「或以隼翼鷃披　虎威狐假（或いは隼翼を以て鷃披き　虎威　狐假る）」（「哀江南賦」）、中唐の白居易「面従者日親、動則假虎威而自負也」（「七十一去諂佞」）、晩唐の李商隠「虎威狐更假　隼撃鳥踰喧（虎威　狐更に假り　隼撃鳥踰いよ喧し）」（「哭遂州蕭侍郎二十四韻」）、晩唐の杜牧「狐威假白額　梟嘯得黄昏（狐威　白額に假り　梟嘯黄昏を得たり）」（「昔事文皇帝三十二韻」）、元代の方回「狐假虎威饒此輩　鼠穿牛角念吾民（狐假虎威　此輩を饒し　鼠穿牛角　吾民を思ふ）」（「梅雨大水」）、清代

の袁枚「一龍上天百蛟舞　狐假虎威威勝虎（一龍上天　百蛟舞ひ　狐假虎威　威虎に勝つ）」（「貴人出巡歌」）などの漢詩文には「藉」に代わり「假」の字が当てられる。また、南宋の学者黄震の曾孫黄玠「狐虎図」（『弁山小隠吟録』巻二）には当該成語が四言詩に詠み込まれている。

狐假虎威　狐　虎の威を假り
虎為狐使　虎　狐の使ひと為る
人欲有言　人　言有らんと欲せば
恐傷虎意　虎の意を傷ふを恐る
虎実未知　虎　実は未だ知らざるも
狐何足忌　狐　何ぞ忌むに足らん
使虎知之　虎をして之を知らしめて
狐其逝矣　狐　其れ逝けり

各句に「狐」と「虎」を巧みに織り込みながら忠実に「狐虎寓話」が再現されている。さらに、元代の雑劇『薦福碑』第四折「你待要狐假虎威」、明代の白話小説『封神演義』第三十三回「自謂貴職、不過狐假虎威」、さらには明末の隠元和尚の言葉「切莫假虎威」（『黄檗開山普照国師年譜』巻上）をはじめ、様々な文学作品に引かれる。[*8] 類書では、南宋の胡継宗『書言故事大全』巻十一「禽獣比喩類」に「狐假虎威」で立項され、明代の丘瓊山『故事必読成語考』巻下に「狐假虎威謂借勢而為悪」と語義が注記されるほか、清代の翟灝『通俗編』巻二十八にも所収され、現代に至るまで成語「狐假虎威」が形を変えずに収録され続けている。[*9]

以上を概観すると、「狐虎寓話」の成語化において諸書の影響が確認された。『戦国策』の寓話の末尾にある「王之甲兵（王の甲兵）」が、『新序』・『春秋後語』では「君之威（君の威）」となり、さらに『宋書』に至って「狐藉虎威（狐、虎の威を藉る）」の慣用句として結実する。これが『文選』や『芸文類聚』に採録されることで人口に膾炙された。中国では四字熟語「狐假虎威」が幅広い分野に引かれており、概して定型を保っていた状況がうかがえる。

三　和書における「狐借虎威」用例

典拠たる『戦国策』及び『文選』は奈良時代から平安時代初期にはすでに伝わり、「狐借虎威（狐虎の威を借る）」については様々な用例が散見される。景戒の『日本霊異記』巻下第三十五には「古丸用下于狐借二虎皮一之勢上、非理為レ政」、藤原実頼の『小右記』治安四年（一〇二四）正月十七日には「国行在二関白第一、為賢在二東宮大夫家一云々。狐假二虎威一近代事也」の記事がある。ほかに『注好選』巻下第三十三「狐假虎威」や『今昔物語集』巻五第二十一「天竺狐借二虎威一被レ責発二菩提心一語」には、虎の威を借りて百獣を恐れさせた狐の菩提心についての説話が見える。本文の末尾には「世間ニ「狐ハ虎ノ威ヲ借ル」ト云フ事ハ此レヲ云フトゾ語リ伝ヘタルトヤ」とあり、平安末期には広く知られた言葉であった状況がうかがえる。後には、「狐藉ル虎ノ威ヲ」（『玉函秘抄』巻下）、「狐藉虎威」（『明文抄』巻五）、「きつね、虎の威をかるといへるたとへあり」（『名語記』巻八）、「狐假虎威事」（『金言類聚抄』巻二十三）、「キツネトラノ威ヲカルト云フ如何」（『塵袋』巻九）、「家僕師直假二虎威一凌二轢重代之武士一」（『親房卿被贈結城状』）、「狐借（ママ）二虎威一事」（『塵添壒嚢鈔』巻二）、「狐虎ノ威ヲカル事」（『語園』巻下）などには「藉」「借」「假」の字の使用が認められる。江戸初期成立の仮名草子『一休諸国物語』巻二や『可笑記』巻一には当該寓話が挿入され、文学作品に積極的に摂取された様子が読み取れる。ここでは変容形「虎の威を借る狐」が使用された時期と用例を取りあげる。俚諺研究者北村孝一(きたむらよしかつ)編『故事俗信ことわざ大辞典第二版』（小学館　平成二十四年〈二〇一二〉）には次のような記載がある。

> 日本でも古くは「狐、虎の威を借る」といったが、江戸中期よりしだいに「虎の威を借る狐」の形が多用されるようになり、現在ではもっぱら後者が用いられるようになっている。

原形「狐、虎の威を借る」に対する変容形「虎の威を借る狐」の慣用句が現れたのは確かに江戸時代のことと考えてよさそうだが、果たしてその実態はどのようなものだったのだろうか。ここでは江戸時代の諸書のうち二つのカテゴリーに分けて考察を試みる。成語そのものに焦点を当てて見出し語などにしたものを【古辞書類】、文学作品中に当該成語を応用して取り扱ったものを【文学作品類】に区分しながら、それぞれの用例を以下に確認する。

◆【古辞書類】

①林羅山(はやしらざん)『童観抄(どうかんしょう)』巻上（寛永八年〈一六三一〉）
・「文選云、鼠(ネズミ)ハ憑(ヨツテ)レ社(シヤ)ニ貴(タツト)ク　狐(クツネ)ハ藉(カル)ニ虎(トラ)ノ威(イ)ヲ一」

②松江重頼(まつえしげより)『毛吹草(けふきぐさ)』巻二（寛永十五年〈一六三八〉）
・「きつねとらのゐをかる」

③永田善斎(ながたぜんさい)『膾余雑録(かいよざつろく)』巻一（承応元年〈一六五二〉）
・「容斎五筆ニ云ク、諺ニ有リ下孤（ママ）假ルノ二虎ノ威ヲ一之語上」

④辻原元甫(つじはらげんぽ)『見ぬ世の友(みよのとも)』巻四（明暦四年〈一六五七〉）
・「狐虎の威をかる事」

⑤松浦某(まつうら)『世話支那草(せわしなぐさ)』巻下（寛文四年〈一六六四〉）

・「狐虎の威をかるといふ事（中略）狐虎の威を藉といふなり」

⑥浅井了意『観無量寿経鼓吹』巻八（延宝二年〈一六七五〉）

・「宋ノ沈約カ文ニ所ルレ謂ハ鼠ハ憑テレ社ニ貴ク狐ハ藉テレ虎ニ威アリト矣」

⑦稲垣龍軒『東湖随筆』巻三（天和三年〈一六八三〉）[*10]

・「狐被リ二虎皮ヲ一威ス二百獣ヲ一　智度論」

・「狐誑スレ虎ヲ　戦国策」

⑧松井精『野語述説』巻一（貞享元年〈一六八四〉）

・「狐假ル二虎ノ威ヲ一」

⑨南渓会林『会林説話』巻上（貞享二年〈一六八五〉）

・「狐假ル二虎威一　書言故事大全戌集廿一」

⑩海汀疑木軒『世話類聚』（貞享年間〈一六八四～一六八八〉）

・「狐藉二虎ノ威ヲ一」

⑪蔀遊燕『漢語大和故事』巻三（元禄四年〈一六九一〉）

・「狐ハ虎ノ威ヲ藉」

⑫宮川道達『訓蒙故事要言』巻八（元禄七年〈一六九四〉）

・「文選ニ云鼠ハ憑ツテレ社ニ貴ク狐ハ藉ル二虎ノ威ヲ一」

⑬作者不詳『世話重宝記』巻八（元禄八年〈一六九五〉）

・「狐は虎の威をかる」

⑭貝原好古（かいばらこうこ）『諺草（ことわざぐさ）』巻六（元禄十二年〈一六九九〉）

・「狐（キツネ）が虎（トラ）の威（イ）をかる」

⑮毛利貞斎（もうりていさい）『通俗戦国策（つうぞくせんごくさく）』巻十（元禄十七年〈一七〇四〉）

・「楚ノ昭奚恤ガ之権威ハ如シレ狐ノ」

⑯貝原益軒『和漢古諺（わかんこげん）』巻上（宝永三年〈一七〇六〉）

・「きつねとらのゐをかる」

⑰平住専庵（ひらずみせんあん）『分類故事要語（ぶんるいこじようご）』巻八（正徳四年〈一七一四〉）

・「狐假二虎ノ威ヲ一（中略）コレ喩ナリ。人君ヲ虎ニ喩ヘ、狐ヲ臣ニ喩タリ。魏ノ曹操カ天子ヲ挟テ諸侯ヲ令スルガ如キモコレ帝ノ威ヲ假ルナリ」

⑱槙島昭武（まきしまあきたけ）『書言字考節用集（しょげんじこうせつようしゅう）』巻九（享保二年〈一七一七〉）

・「狐假（キツネカル）二虎威（トラノヰヲ）一　倚テレ勢ニ作レ威ヲ之謂　出[戦国策][史記]」

⑲盤察（はんさつ）『除睡鈔（じょすいしょう）』巻四（享保六年〈一七二一〉）

・「狐欺（キツネアサムキトラヲ）レ　虎云フ二諸獣恐ルト一レ我レヲ事」

⑳山本格安（やまもとただやす）『燕石録（えんせきろく）』巻下（延享四年〈一七四七〉）

・「狐借二虎ノ威一者ハ江乙所ノレ対二楚王ニ一之喩也。其ノ王戦国策為二宣王ト一、春秋後語為二荘王ト一、一書所レ引、新序只為二楚王ト一」

㉑谷川士清（たにがわことすが）『和訓栞（わくんのしおり）』巻七（安永六年〈一七七七〉）

・「狐か虎の威をかるといふ（中略）狐藉二虎ノ威一と見えたり」

㉒小梅散人五息斎『諺合鏡』巻一（安永八年〈一七七九〉）

・「鼠も社に憑て貴く狐は虎の威を藉時に遇ば鼠も虎となる」

㉓松葉軒東井『譬喩尽』（天明六年〈一七八六〉）

・「狐虎の威を借る」

㉔太田全斎『諺苑』（寛政九年〈一七九七〉）

・「狐虎の威を藉」

㉕岡田有信『万物紀元故事大全』巻下（文政十三年〈一八三〇〉）

・「狐假二虎威一戦国策 史記 勢によつて威をそゆることをいふ」

㉖山崎美成『永代節用集』（天保元年〈一八三〇〉）

・「狐假虎威　史記　狐假虎威」

㉗中村国香『いろは節用集大成』（天保十三年〈一八四二〉）

・「狐假虎威　史記　狐假虎威」

㉘本居内遠『俗諺集成』（幕末期・年代不詳）

・「とらの威をかる狐」

◆【文学作品類】

①三浦浄心『北条五代記』巻五（寛永十八年〈一六四一〉）

田安徳斎、高山遠江守、木辺宮内大輔、長尾新五郎、皆もつて滝川が下知にしたかふ。此等の者の人じちを取て箕輪の城に入をく其いきほひのいかめしき。狐が虎の威をかるがごとし。

②北村季吟『山之井』巻下（正保五年〈一六四八〉）

はつとらの威をかるや雨もふる狐

③石田未得『吾吟我集』巻八（慶安二年〈一六四九〉）

うかれめの人をたらすは大儀のとらのいをかる狐なりけり

④浅井了意『伽婢子』巻二（寛文六年〈一六六六〉）

汝が状は綏々、汝が名は紫々。式てその醜をいひ、唱てその恥をしめす者也。首丘ハその本を忘れざることをいふといへとも、虎威を假の奸ことハ隠すへからず。汝今すミやかに去。速かに去。汝しらずや、九尾誅せられて千載にも赦なきことを。誰か汝が妖媚をいとひにくまざらん。

⑤山岡元隣『古今百物語評判』巻二（貞享三年〈一六八六〉）

かくして虎をあざむけるにして狐ハ虎の威をかると云。かく智ある獣なれハ我朝にても幾春秋をふる狐稲荷の鳥居を打こして神異の術をなせりとかや。

⑥近松門左衛門『浦島年代記』第一段（元禄十三年〈一七〇〇〉頃）

櫛笥通引廻したる御所造。円の大臣の車よせ、しきだいしんでん遠侍、当番の近習、外様、青侍原に至迄、主のゐをかるとらの間の、役所の火鉢に高咄。

⑦紀海音『鎌倉三代記』第一段（正徳六年〈一七一六〉頃）

しげたゝ（＊重忠）よこ手をちやうど打、「こゝんまれ成らうぜき者。きつねはとらのゐをかるとハかやうのことを申べき。きうめい（＊紀明）いたすハやすけれどもろけんに及ばゝ頼家公、せい道くらきそしり有。いづれをいづれとわきがたき。御れんしの中なればしらずがほこそ御じあい」となだめ申せば、

⑧作者未詳『諸国武道容気』巻四（享保二年〈一七一七〉）

「虎の威をかる猫侍　時雨のゑん。ふりがゝりの喧嘩侍四人。肥前のいとびん。長崎のそりさげ」（見出し）

⑨近松門左衛門『曾我会稽山』第四段（享保三年〈一七一八〉）

兄弟のがるゝ鰐の口、とらの威をかる此割符。蒲殿の御恩ぞと、御寮の假屋の傍ちかく、忍ひ入こそあやうけれ。左右のかりやさハぎ立、お先手ハ発足の御ふれ有。

⑩敦賀屋久兵衛版『藪に馬把』巻三（享保三年〈一七一八〉）

一文をしミの百しらす。おごるもの久しからす。狐虎の脊に打乗て市々を歴行。是に行あふ獣皆恐て平伏す。

⑪近松門左衛門『双生隅田川』第一段（享保五年〈一七二〇〉）

荊の宣王に江乙がこたへ、狐とらの威をかつて百獣をしたがへ、則其虎を欺の詞、一ツ狐を以万世君臣のいましめとし、君明らかに臣すぐ成。

⑫槙島昭武『関八州古戦録』（享保十一年〈一七二六〉）

・氏康当時憲政と闘戦を相持するに付て御前の虎威を假らん為に恣に尊崇の風情をなす。唯今にも上杉家敗亡に至らハ忽に公義を掠め御威光を簒ハんハ必定掌を指か如く成らん。（巻二）

・前管領家の旧臣を語ふに付て、岩築の太田ハ武州を望箕輪の長野ハ上州を手に属んと欲して、景虎か団下に従ひ、虎の威を借て狼藉を働き其余の西上野北武蔵の諸士佐野足利青柳の族までも日を追て、（巻四）

・資経援け来り勇を揮て敵を追払て難なく総勢を引取しか、義親其意趣を果さんか為舅盛氏の虎威を借て此度発兵せられたり。（巻五）

・一益申けるハ「吾先君の虎威を假て恣に関東管領職の号を受ると云共、今既に信長他界の上ハ新属の武士等

疑心生して両端を持せむ事掌を指か如くならん」（巻十一）

・北条家の虎の威を借て既に四代栄耀にほこり南方の三職と仰かれし身なるに旧恩を亡失して此時敵方に下り関東征伐の案内者と成事不忠と云不義と云言語道断の至り也。（巻十六）

⑬西沢一風『北条時頼記』第二段（享保十一年〈一七二六〉）

ひけう（＊比興）ひつじが虎のかハをかぶりさい（＊豺）を見ておののく。やす（＊泰）村といふ虎のゐをかつて助かる共、さいといふ時頼のせいたうにあハゞざいくハ（＊罪科）のがれず其時こそ一家の類よごし。

⑭江島其磧『世間手代気質』（享保十五年〈一七三〇〉）

・気ばやき禅門腹にすへかね、座敷へつか〱と出、正座にゐる十兵衛が頬を、握り拳を以て七つ八つ。したゝかにくらハし、「狐虎の威をかる。身のほどをしらぬ過言。今十兵衛と、世間の人に用ひさするハ、皆我威光の影なり」（巻二）

・「旦那を尻ニ敷火燵温かなる手代が懐　傍輩の評判かさ高に成腰元が腹体。天秤の響貧者の耳ニ入相の金の無心。虎の威を借狐の番頭内証は質化」（見出し）（巻四）

⑮江島其磧『富士浅間裾野桜』巻二（享保十五年〈一七三〇〉）

仲光頼母にいふやうハ、今ハ我々が勢ひニおそれ、閉口して帰る共、きやつハ虎の威をかるくせもの。かまくらといふ千里が野べに帰て、猛虎長崎新左衛門といふ管領へ、讒せられてハ後むつかし。

⑯江島其磧『曦太平記』巻一（享保十七年〈一七三二〉）

鼠ハ社ニ憑て貴く、狐ハ虎の威をかり、武士をみがくとの右馬頭が妹を、主の威をかり、むりに御婦妻の契約し悦びいさみ、

⑰長谷川千四ほか『壇浦兜軍記』第三段（享保十七年〈一七三二〉）

悪七兵衛景清がありかをさがす邪智佞奸。表ハ忠義に見せかけて、おのがいこんをさしはさむ心の底の二股竹。とらの威をかる狐とハ、きよろつく顔にあらハれたり。

⑱並木千柳『和田合戦女舞鶴』第三段（元文元年〈一七三六〉）

兄がすゝめバ弟ハ乗おくれじと声高々。さきへゆくのハさかやのおかた。跡にさがるハ狼狐。とらのゐをかるとりなりハ、ふてきにも又しほらしき。

⑲江島其碩『風流東海硯』巻一（元文二年〈一七三七〉）

「心に節の多い竹に虎の威を借る讒臣」（見出し）

それ鼠ハ社によつて貴く狐ハ虎の威を藉と申、（中略）ひとへに狐虎の威をかりてもろ〱のけだものに恐れさせぬる御仕かた（中略）狐虎の威をかる図を嶋台にしつらひ献上仕候。

⑳拙聴堂集書先生『因伯民乱太平記』（元文四年〈一七三九〉）

張本進出、ヤア推参なり。虎の気をかる狐づら、御上を掠下をも潰し、御褒美ニ目がくれて、立毛を見へぬ夏勘定。迚も餓死する我々なれバ、存生の内ニ此一礼を申さん為、是迄おしよせ参りたり。

㉑八文字屋自笑『刈萱二面鏡』巻一（寛保二年〈一七四二〉）

重氏今ハ制し給ひ、「所といひ町人づれを重氏が相手にも成がたし。必竟きやつらハあばれ者、よいかげんにしてこい〱」と、廓の内へ入給へバ、二人の大鼓も重ねてから、我らにあふたらまつ此通りと、虎の威をかる二人の末社、打つれてこそ入にける。

㉒八文字屋自笑『弓張月曙桜』巻一（寛保四年〈一七四四〉）

「狐も虎の威を狩場の口論」（見出し）

㉓八文字屋其笑『壇浦女見台』巻三（宝暦三年〈一七五三〉）

「譬一応のひが事ありとも、君命いかで背き申さるべき。急ぎ仰にしたがひ、ミおのやが女房を爰へ出されよ。さもなきにおゐてハ貴殿も逆意の同類其咎のがれあるまじ」と、膝たてなをし虎の威を借る狐のごとく、よはミを見せずのゝしりける。

㉔竹田出雲ほか『小野道風青柳硯』第一段（宝暦四年〈一七五四〉）

はなの追風頼風が御供申て「殿造り。代盛と用ゆる時ハ虎の位を、假初ならぬ檜皮ぶき、檜造に橋の左大将早成リが奥の庭。青竹打たる床几の上。

㉕平賀源内『風流志道軒伝』巻一（宝暦十三年〈一七六三〉）

さすが人がらぶつておとなげなく無間の鐘もつかれず、お出入の金売橘次に塵をひねつて頼のしるし、一の谷、屋嶋の軍に命を的にして奉公したる譜代の家来も、格式有てめつたには貫ハれぬ、虎の威を借る定紋付を、狐狸が着すれバ、さながら上下のわかちも見えす。

㉖江村北海『日本詩史』巻四（明和七年〈一七七〇〉）

況ヤ赫赫タル東都。非二他邦ノ比一。或攀龍附鳳。欸託シ二禁臠ニ一。或ハ曳裾授簡。長ク沾二侯鯖ニ一。假ル二虎威ヲ一者附ク二驥尾ニ一者。青雲非レ難レ致シ也。加ルニレ之邦国士人。各従テ二其君ニ一往来シ。結交同盟。遍三満諸藩ニ一。褒レ同ヲ伐トレ異ヲ。鼓盪扇揚。靡二遐僻トシテ不ル一レ届ラ。是其所三以顕二赫スル一時ニ一也。

㉗平賀源内『弓勢智勇湊』第三段（明和八年〈一七七一〉）

俄に騒ぐ表の方上使のお入リとひしめきて、入リ来るハ梶原平三景時、虎の威をかる古ル狐くはんくと打通

り、挨拶もなく上座に直り、

㉘平賀源内ほか『矢口後日荒御霊新田神徳』第七段（安永八年〈一七七九〉）

「わいらが騒ぎでまぎらしても、肝心の旦那が浮ねバ、付ィて来たおれが立ない。どいつもこいつも人を茶にするいけすかないやつらだと、虎の威を借狐 客稲荷の鳥居越て来た、琴野が気転の笑ひ顔ホ……」

㉙古川古松軒『東遊雑記』巻七（天明八年〈一七八八〉）

いよ〳〵日和あしく、十二日、十三日、十四日も御滞留也。世に云虎の威をかる狐にて淋しきのまゝ市中にて蝦夷地へ行しと云者あれば誰かれとなく呼寄せて夷人の事を委く聞しに、言語抔ハ記するにも尽さざれハ、僅斗リ左に書載し也。

㉚一ツ分ン万十作『落咄はつわらい』跋文（天明八年〈一七八八〉）

虎の威を借る稲荷まち、名にし月池の大横物

㉛森島中良『拍掌奇談 凩草紙』巻三（寛政三年〈一七九一〉）

狐ハ千歳を歴て淫婦となり、百歳を経て美女となり、尾を撃て火を出し、髑髏を戴きて人となる。氷を聴て河を渡り、丘を首として仁を見ハす事ハ、古き書に記せりとや。智ハ猛虎の威を假て百獣を走らしめ、学ハ群書に済て張華が才を詰る。

㉜樗樸道人『鄙都言種』巻下（享和二年〈一八〇二〉）

虎の威をかる狐

夫主人たる者ハ我智を深くおさめて人にあらわし見すべからず。下なるものハ其主人のほこりよろこぶところへつけこみて己れが邪智を以て媚へつらひ主人をあほうにするものなり。戦国束に曰く、或時きつね虎に

出合しが、狐ハ邪智あるえせものにて、とらの猛威をおそれず誑て曰、（以下略）

㉝大田錦城「疎拙」（文化三年〈一八〇六〉）

蝿粘驥尾元非願　　蝿粘驥尾元願ひに非ず
狐假虎威尤可羞　　狐假虎威尤も羞づべし

㉞滝沢馬琴『松染情史秋七草』第九回（文化五年〈一八〇八〉）

おのが詐術の弶かけて虎の威を借る老狐。ひとつ穴とて見えざりぬ。税平ハ是非八に、向火を焼つけられ、燃る薪に油を沃ぐ。烈しき怒りに些も擬議せず。

㉟高井嵐山『孝子嫩物語』巻三（文化五年〈一八〇八〉）

小天狗がかたへ帰りてハ、仲間と倶に賊盗をなせり。又赤松家にハ喜藤太に心腹として、虎の威を假し下司の面々。今は羽を毟られたる鳥のごとく、家中の悪ミは深し。

㊱小枝繁『古乃花草紙』（文化六年〈一八〇九〉）

・時々花街などに通へどあくまで吝嗇なれバ己が財をバ費で、主家に立入商人を誘引て、これに揚代を償ハしなどすれど、人あへて厭ハさるハ、これ虎威をかる狐なりとハ知らで擅に利を貪ぬ。（巻二）

・忠兵衛はやくも身をかはし、欺笑て云へりけるハ、「今までハ大内家へ、首尾のよからんこと想へば、心にもあらで、汝を敬ひつるを、虎威をかる狐とハ心つかずや。今ハ何とて恐るべき。我をもて盗人なり」と罵れど、（巻三）

㊲滝沢馬琴『南総里見八犬伝』第二十回（文化十三年〈一八一六〉）

信乃ハ日来額蔵が、言行にこゝろをつくるに、よろづ温順にして、村落の小断に似ず。主なる庄官の虎威を借て、われを侮る気色ハなく、いと老実に仕しかハ、こゝろに深く感佩して、是より多くは疑ハず。

㊳松浦静山『甲子夜話』巻三十五（文政六年〈一八二三〉頃）

用人中に仰聞られ候はゞ、某の不念第一に候。冀くは、内済に成し給はれと、流石の虎威を假る面皮もなく、手を下げて平伏するゆゑ、さらば心得候。

㊴茅原虚斎『茅窓漫録』巻中（文政十二年〈一八二九〉）

或ル人予を笑て曰ク「子ハ世の諺をしらざるか。虎の威を假る狐とハたれも〳〵いふ事にて文選に鼠ハ憑ミ二社ノ貴ヲ一狐ハ藉ル二虎ノ威ヲ一とあり（下略）狐虎の走る後より其ノ尾に附て走る時人虎を懼バ、己レ其威を假て人を懼さす邪智淫獣の性なり。尊神の御名を假て鄙俗を懼さすも宜ならずや」

㊵滝沢馬琴『近世説美少年録』第十七回（文政十二年〈一八二九〉）

慾多ければ貪れども足らず。驕れる故に鄙吝なり。冠すといふ猴ならずハ、虎の威を借る狐に似たる。這元盛が狼貪鴟張を、知るも知ぬも憎ミけり。

㊶為永春水『孝女二葉錦』初編序文（文政十二年〈一八二九〉）

いさゝか書林に寛爾させしは虎の威を借ゑせ作者狐にあらで困窮の折節筆採貧家の幕明泣で発行か活ないで本屋が泣か両道に泣せる案事の続編六冊思ひの外に悲しくない大笑だと諸見看が笑ひたまハバ、是も亦目出度春の幸前よし。

㊷芙蓉亭文雄『十二支紫』跋文（天保二年〈一八三一〉）

おのれに、これがはしかきせよとあるにぞ、およバぬわざとはおもひながら、兎にかくいなみかたければ、千里にはしれる渓の名の、虎の威をかりて、狐の毛のまじれる筆とりつゝ、そのゆゑよしをかきつける。人おぞかしをなすものにこそ。

㊸滝沢馬琴『南総里見八犬伝』第八十八回（天保三年〈一八三二〉）

土丈二ハ片貝殿より、賞銭さへ賜りて、御沙汰宜しきものなれバ、有繋に守を憚りて、面前にいふものあらず。
日属ハ児品子儀とて、虎の威を借るもの多かれども、忿る折にハ皆阿容く。

㊹寺門静軒『江戸繁昌記』巻一（天保三年〈一八三二〉）

假テ二虎威ヲ一張リ二空力ヲ一舞シテ二狸術ヲ一収メ二虚名ヲ一鷹隼攫ミレ物ヲ狻猊哮ユルレ世ニ唯タ出シテ二死力ヲ一以求ム二世間喝采之声ヲ一。

㊺寺門静軒『江戸繁昌記』巻二（天保五年〈一八三四〉）

詩ニ云人トシテ而無ンハレ礼胡ソ不ル二遄カニ死ナ一。鱣ハ則無シテレ礼而可ナリ。猿ハ則無シテレ義而可ナリ。乃至テハ二於不シテレ知二仁義ヲ一而謂フニ一レ儒ト也則不可ナリ矣。藉ラハ二虎ノ威ヲ一、即チ狐爾ミ。非ルレ人ニハ也矣。

㊻滝沢馬琴『南総里見八犬伝』第百三十六回（天保九年〈一八三八〉）

「いかにして上ざまの、憲覧に備へ奉る、然ばかりの技候ハむや。曩に素藤征伐に、微功ありといはるゝハ、都人の僻伝へにて、虎の威を借る狐に似たる、僥倖なりけるを、好も思ハぬ故にこそ候ハめ」

㊼滝沢馬琴『南総里見八犬伝』第百五十二回（天保十年〈一八三九〉）

又石浜の千葉自胤ハ、封内広からず、且扇谷の管領に附庸の小諸侯なるに、犬阪毛野、犬田小文吾の事あれバ、今那虎の威を借て、旧羞を雪んと思ひにけれバ歓びて其催促に従ひけり。

㊽塩谷宕陰「上君公書」（弘化元年〈一八四四〉）

臣所レ憂者、一在下群下假二虎威一快二恩讐一以累中公家上。一在下閣下或踏二覆轍一以負中天下之大任上焉。

㊾清河八郎『西遊草』巻十一（安政二年〈一八五五〉）

尾花沢は楯岡程の所にて、御預所の番人ある所なり。故に最上にては尤とも人のはびこる地なり。所謂虎の威光をかる狐とはいふべき人気の所なり。

㊿柳下亭種員『白縫譚』第二十七編自序（安政六年〈一八五九〉）

本編がお牛を誅戮の大場ハ綴文かね乍、画の愛敬を於菟の威と假て次編の花姤退治、首絵に掲るもこと旧たれど、猫を画て杓子とも哂れぬのが此年頃。誰しらぬひの譚。

51悪文舎他笑『鳴久者評判記』（慶応元年〈一八六五〉）

上上　清濁くらべ

頭取　虎の威をかる老狐のしらばけ。皮をかぶつてかゝれたれど、手ぶりハれいの愚痴趣向。尾をつかまつツた黒白論の正法にふしぎなくすんだつもりのにごりをも水にながしてさらり〳〵。岡目　おや子はらひませう。あくおとし。

概して【古辞書類】では原形「狐、虎（の）威を借る」を保持しているものが多いのに対して、【文学作品類】では早い時期から変容形「虎の威を借る狐」と併用された形跡がうかがえる。特筆すべきは作中で様々な活用がなされ、連体形「借る」に加えて連用形「借り」も散見される。形式上では「狐、虎の威を借る」が「狐」を主語に置いて簡潔に表現した一文の体裁を取っており、「狐」なしには成立し得ない。それ故に、定型の修飾語を受けて「狐」を体言止めで結ぶ「虎の威を借る狐」とは明確な相違がある。つまり、前者があくまで「狐」の習性の範疇から脱し得ない印象が拭えないのに対し、後者は「狐」に相当する箇所に様々な事物が当てはめられ、その結果により汎用性を備えていった状況がわかる。

また、雑俳集には「請売も虎の威をかる五種香屋」（『鶯宿梅（おうしゆくばい）』享保十五年〈一七三〇〉）、「虎のいを五種香うりもちつとかり」（『誹風柳多留（はいふうやなぎだる）』七篇　明和七年〈一七七〇〉）、「虎の威を故郷へかりるふといやつ」（『川傍柳（かわぞいやなぎ）』初篇　安永九〈一七八〇〉）、「虎の威をかりて家中の笑ひもの」（『川傍柳』四篇　天明二年〈一七八二〉）、「虎の威もかりず賑ふ午まつり」（『誹風柳多留』三十七篇　文化四年〈一八〇七〉）、「虎の威をかりていんきよは二ッ取」・「寅の威をかりる末社のいなり也」（『誹風柳多留』六十六篇　文化十一年〈一八一四〉）、「熊の威を借る木曾路の猿の肝」（『誹風柳多留』一四一篇　天保六年〈一八三五〉）、「渡し場て虎の威をかし」（『歌羅衣（からごろも）』初篇　天保五年〈一八三四〉）などと詠まれている。

以上の点からも【文学作品類】に見られるこうした変容の軌跡は成語特有の文語的硬質性に加えて、わが国ではある種の表現的可撓性を持って迎えられてきたことの証左である。中国古典由来の故事成語がわが国で独自の発展を遂げてきたことは明らかである。

その後、明治中期の辞書には「虎の威を借る狐」での立項が多く見られ、後期には「狐、虎の威を借る」・「虎の威を借る狐」双方の項目で収録がなされている。[*11] 南方熊楠（みなかたくまぐす）は大正三年（一九一四）に雑誌『太陽』（博文館）に「十二支考」を連載し、「虎の威を假る狐てふ諺だ。是は江乙が楚王に狐假㆓虎威㆒と言つた故事で戦国策に出てゐる」と述べている。しかし、前節で確認したように、江乙の「狐虎寓話」から沈約の「狐假虎威」に至るまでには八百年ほどの時間が経過していると考えられるため、厳密に言えば江乙が「狐假虎威」を直接口にしているはずはない。ただし、このような見解が示されるのも、それだけ「狐虎寓話」と「狐借虎威」の親和性の強さを物語るものである。さらに南方は、俚諺「虎の威を假る狐」の出処について『今昔物語集』巻五第二十一話が弁財天と堅牢地神の縁起譚を引いていることからインドで作られた可能性を視野に入れながらも、最終的には『戦国策』の江乙の発言に鑑みて中国由来であると結論づけている。

四　文語「借る」の考察及び漢文教材における観点

本節では、当該成語の一部に組み込まれる文語「借る」及び漢文教材における重要句法について考察する。国語学者北原保雄編『日本国語大辞典』（小学館）には、四段活用動詞「借る」に対し、江戸中期に上一段活用「借りる」の定着により後者が共通語となった経緯の説明がある。中世における「借る」の用例には「いかゞ他の力を借るべき」（『方丈記』）や「弁慶宿を借らせけるは」（『義経記』巻七）などが見られるほか、近世でも貞享四年（一六八七）に大和を旅した松尾芭蕉は俳諧紀行文『笈の小文』に「草臥（＊くたびれ）て宿かる比（＊ころ）や藤の花」と詠み込んでいる。元禄年間に生まれた尾張の俳人横井也有『鶉衣』前編巻下「借物の弁」（安永年間〈一七七二〜一七八一〉）には文語「借る」の活用形表記が効果的に鏤められている（以下、後半部のみ引用）。

なへて世にある人の、衣服調度をはしめて人なミならねは恥かしとて、そのためにかねをかりて世上の恥ハつくらふらめと、人の物をかりてかへさぬを恥と思はさるハ、たゝ傾城の客にむかひて飯くふ口もとを恥かしかれと、うそつく口ハ恥さるにおなし。かくいへる我も借らぬにてハなし。かす人たにあらば誰とてもかりのうき世に、金銀道具ハいふに及はす、かり親、かり養子も勝手次第にて、女房はかりハかりひきのならぬ世のおきてこそ有かたきためしなれ。

かる人の手によこれけり金銀花

文語体及び掛詞の多用により、滑稽な中にも典雅な風格がある。也有の死後、この文章に深い感銘を受けた当時の文人大田南畝が本書刊行に尽力した話は有名である（天明七年〈一七八七〉）。このほかに「借らず負はず」、「借るときの地蔵顔、済す時の閻魔顔」などの俚諺においても「借る」が用いられている。

室町時代末期に成立したとされる『運歩色葉集』にはすでに「借カリル　音ハ昔　借カス　音ハ舍」、ここでは上一段活用動詞「借りる」の記載がある。十八世紀末の江戸中期における雑俳、洒落本、滑稽本など俗語体で記された書籍には「借りる」の用例も実際に見受けられる。「三みせんをかりる使をといつめる」(『誹風柳多留』三篇　明和五年〈一七六八〉)、「ナアニサかすのかりるのといふことじやァねへ」(『嚋昔の茶唐』寛政十二年〈一八〇〇〉)、「かづらを一ッかりれバいゝ」(『花暦八笑人』文政七年〈一八二四〉)など、次第に上一段活用動詞「借りる」が一般に浸透していくのだが、当該成語においては現在に至るまで基本的に文語の「借る」は口語の「借りる」に取って代わられることなく、一定の形式をとどめたまま人口に膾炙してきた様子が垣間見える。現在、「虎の威を借る」は一つの常套句として定着していることは改めて言うまでもない。例えば、戦前期には次のような用例が散見される。

◆松村春輔『春雨文庫』(明治十年〈一八七七〉)

此ごろ京で人の名を知る目明しの文吉と言ゝもの幕府の光りを冠にきて虎の威を借る狐毛の衿まき散眼顔にあたり見ながら、

◆永井荷風『新橋夜話』(大正元年〈一九一二〉)

勇吉は一時重役の親戚だとかいふ、虎の威を借る若い学士さんの為めに、大分意地のわるい事をされたけれど、

◆梶井基次郎『卑怯者』(大正十二年〈一九二三〉)

「商船側は俺達の学校の生徒に圧迫せられてゐる奴」といふ虎の威を借る狐の気を負つてゐた。

◆直木三十五『南国太平記』(昭和六年〈一九三一〉)

「さうか――覚悟してをるのか」、「お身達、虎の威を借る狐とはちがふ」一木の顔色が動いた。

◆林不忘『丹下左膳　こけ猿の巻』（昭和九年〈一九三四〉）

本人は大得意で、『虎の威を借る羊ぢや』といふのが、口癖。よく知つてゐるんです」

◆太宰治『虚構の春』（昭和十一年〈一九三六〉）

「虎の威を借る云々」とドバ（＊駑馬）どもはいひふらすだらう。そしたら「あいつは虎でないとでもいふのか」と逆襲してやる。

文語「借る」が伴われることで厳かな韻律が醸成される。前節で確認したようにわが国では柔軟に変容された成語「虎の威を借る狐」は、口語体小説における文語「借る」の介在により、ある種の「エクリチュール」としての機能を果たしてきたと見ることもできる。ただし、尾崎士郎『石田三成』（昭和十三年〈一九三八〉）「まア何でもいい、貴様も虎の威を借りるのは今のうちだ」、織田作之助『青春の逆説』（昭和十六年〈一九四一〉）「実は背景になつてゐる新聞のおかげだ。つまり、虎の威を借りてゐる、といつては月並かな」のようにやや砕けた用例も残っている。初めて当該成語を耳にした児童や生徒にとっては「借る」の古風な響きのためにその文意を直ちに了解することは難しいところかもしれない。しかし、一定の言い回しが保たれてきた成語特有の硬質性は、伝統的な言語文化理解のうえで大変重要となるはずである。

次に、「狐借虎威」の教材的観点について確認したい。当該成語における具体的な指導目標について第一学習社「国語総合」の教科用指導書には八点が掲げられていた（ただし、❶～❹については漢文教材全般の指導目標に該当するため、ここでは割愛する）。[*12]

---

❺動物の寓話を用いた説得術の巧みさを考えさせる。

❻中国の戦国時代における遊説家の活躍を知らせる。
❼「狐借虎威」の故事成語の由来を知らせる。
❽現代における故事成語の使い方を習得させる。

主に戦国時代に活躍した遊説家（ここでは「江乙」）と故事成語における寓喩性に焦点が当てられている。さらに、類話として『イソップ物語』にある「獅子の皮を着た驢馬と狐」の話にも触れつつ、英語の慣用表現「All ass in a lion's skin.」が紹介されており、漢文の故事成語と英語の慣用表現との対比によって興味づけがはかられている。また、（指導上の留意点）には「本来この話にある、だまされた虎を皮肉る意味は、現在はなくなっていることに注意する」ことも付記されており、あくまで「狐」側の行為のみが焦点化されている。また、当該教材が故事成語単元の中で最も採録数が多い理由として時代背景や汎用性のほかに、重要句法の観点を見落とすことができない。指導すべき事項には、具体的に次のようなものがあげられるだろう。

㈠使役（～させる）「天帝使ム三我ヲシテ長タラ二百獣ニ一」
㈡禁止（～するな）「子無カレ二敢ヘテ食フコト一レ我ヲ也」
㈢仮定（もし～ならば）「今子食ハバレ我ヲ」

㈠「使」は「しむ」と読み慣わす使役の助動詞であり、未然形に接続する点、㈡「無」は形容詞「なし」の命令形「なかれ」で禁止を意味する点、㈢「今」は「もし」という仮定を表す副詞である点などがある。そのほか、「子」は「あなた（二人称）」の敬称、「以為」は「もつて～となす」と「おもへらく」の二通りの読み方が可能であり、「思ったことは」を意味することなどがあげられる。

ただ、最も注意したい句法は、副詞「敢」と否定詞との組み合わせであり、否定詞と「敢」の位置関係で意味が全く異なる点である。当該教材では「子無二敢食一レ我也」と「敢不レ走乎」の箇所がこれに該当する。前者「否定詞＋敢」（「不〈無〉二敢A一」）が、「敢へてAせず（Aすること無し）」と読んで「決して（進んで）Aしない」（強い否定）を表すのに対し、後者「敢＋否定詞」（「敢不レA乎」）は、「敢へてAせざらんや」と読んで「どうしてAしないことがあろうか、いや必ずAする」（反語）となり、意味が正反対になる。和漢における言語の違いをめぐり、この「敢」に着目したのが、江戸中期の儒学者太宰春台（だざいしゅんだい）である。

> 凡（オヨソ）言語ノ道、中華ト吾国ト大ニ異ナリ。中華ノ書ハ、中華ノ人ノ言語ナルヲ、日本ノ人ノ言語ニテコレヲ読メバ、日本ノ人ノ言語ニ異ナルコト無シ。華語ハ上ニ在リ下ニ在ルヲ以テ、一字ナレドモ其義ヲ異ニス。不敢（フカン）トイヒ、敢不トイフガ如キ。敢ノ字或ハ不ノ字ノ下ニ在リ、或ハ不ノ字ノ上ニ在リ、不敢ト敢不トハ、其義正ニ相反ス。然ルヲ倭読ニハ、アヘテトイフコトヲ必先（サキ）ニイフ故ニ、不敢ト敢不トハ相乱（アヒミダ）ルコトアリ。不必必不モ亦然ナリ。
>
> （『倭読要領（わどくようりょう）』巻上　享保十三年〈一七二八〉）

春台は「不敢」と「敢不」の違いについて「不必」と「必不」の用法にも言及している。ただし、「必」と否定詞の組み合わせが「部分否定」と「全否定」における否定の程度差であるのに対し、「敢」のそれは「強い否定」と「否定の反語（＝強い肯定）」を表しており、正反対の意味となる。[*13] この二種類の「不（無）敢」・「敢不」の句法を訓点付原文において対比しながら学習できる点でも当該教材は重要である。この「敢」の句法を取り扱うことにより、訓読に依拠した「書き下し文体」（「敢へてAせず」と「敢へてAせざらんや」）の書き分けのみでは、両者の意味の違いが判然としない状況を学習者も実感することになるだろう。結果的に、春台の説くように「敢」と否定詞の位置関係といった「原文（白文）」尊重の目も開かれるはずである。

五　まとめとして

本章では摘要型成語「狐借虎威」の成立と受容について考察を試みた。これまで教科用指導書には当該成語の典拠として『戦国策』「楚策」にのみ焦点が当てられてきたが、その普及に際しては諸書の影響についても留意すべきであろう。さらに、わが国ではすでに江戸時代の【古辞書類】や【文学作品類】においてそれぞれ「狐、虎の威を借る」と「虎の威を借る狐」の両者が截然と区分されて記載されつつも、四段活用動詞「借る」の一貫した使用状況により時代を経ても色褪せることなく今日まで伝わっている点を概観した。伝統的な言語文化の一つに相当する故事成語には日常の口語体に埋没されない文語の響きがある。この点では可塑性の乏しい文体の硬質性こそが言語的効果を生み出していることは疑い得ない。

昭和十七年（一九四二）十二月四日、作家中島敦は喘息の悪化により三十三歳の生涯を閉じる。妻のたかから遺稿を託された深田久弥は「李陵」の題名をつけ、翌十八年七月に雑誌『文学界』の掲載にこぎつける。昭和三十六年（一九六一）一月に『李陵』の草稿の一部が新たに発見され、これをもとにさらに校訂が加えられる。[14] 初出では脱落した箇所に当該成語の使用が認められる。

> 最後には彼は大将軍衛青と衝突した。流石に衛青にはこの老将をいたはる気持はあつたのだが、その幕下の一軍吏が虎の威を借りて李広を辱めた。憤激した老名将は直ぐにその場で——陣営の中で自ら首を刎ねたのである。

司馬遷が宮刑を受ける「漢の武帝の天漢二年（紀元前九九年）」前後を舞台にしたこの作品において、李陵や司馬遷など前漢の人々にとって、戦国時代の江乙の発言に由来する「狐虎寓話」はあるいは周知されていたかもしれないが、当該成語自体はおそらくまだ成立してはいなかったことが推測される。この箇所は看過してしまうところであろうが、慣用句「狐藉虎威」の普及が『文選』に拠るところであれば、五世紀南朝宋の沈約によって作られた言葉であったものと考えられる。ただ、ここはあくまでも「語り」の箇所であり、登場人物の言葉ではないため、厳密に言えばどのような表現方法がとられても不自然ではない。中島が執筆の際にその典拠として取材した『漢書』巻五十四「李広蘇建伝第二十四」における大将軍衛青（えいせい）の威光を笠に着た長史による李陵の祖父李広（りこう）への叱責の場面を表現するうえでは当該成語の引用が不可欠だったのだろう。かほどまで当該成語はわが国における言語文化に染みついたものとなっていた状況がうかがえる。

漢文教材「狐借虎威」は現在、故事成語「虎の威を借る狐」の典拠として取り扱われているが、受容史の観点に照らせば、『戦国策』のみならず、『文選』巻五十史論「恩倖伝序」も典拠の一つに掲げるべきものと思われる。典拠「狐虎寓話」成立後、長い時間を経てこれに慣用句「狐藉（借）虎威」のラベルが貼られてわが国に伝わり、江戸時代には「虎の威を借る狐」の形に変容を遂げた。これにより当該成語はさらなる汎用性を帯びることになる。その一方で、現在に至るまで継続して保持された文語「借る」の存在が当該成語に言語的な深みを与えている。時代変遷に伴う可撓性とその影響をさほど受けない硬質性の観点から、「狐借虎威」は伝統的言語文化を理解させるうえで重要な教材であると結論づけられるのである。

注

1 各社の教科用指導書が『戦国策』を典拠に掲げる中で、数研出版のみ『戦国策』のほかに『新序』の存在にも触れている。ただし、類話を紹介する程度であり、文字の異同についての言及はない。

2 楊寛「七強並立的形勢和戦争規模」二七九頁。（『戦国史　一九九七年増訂版』台湾商務印書館　一九九七年十月）

3 『説苑』巻十二「奉使」、『晏子春秋』巻六「内編雑下」、『韓詩外伝』巻十は「晏子使楚」を取り扱っているが、いずれも晏子と対峙した「楚王」が誰を指すのかの判然としない。これに対して明代の余邵魚『春秋列国志伝』巻七「晏平仲弁楚君臣」には、当該人物を「霊王」と比定している。

4 南宋の洪邁は『戦国策』と『新序』における末尾の異同を示し「俗諺は蓋し諸此に本づく」と述べ、成語化に際しては『新序』に由来したものと指摘する（『容斎五筆』巻二）。

5 「狐虎寓話」の典拠に『春秋後語』をあげている類書には北宋の李昉ほか奉勅撰『太平御覧』巻九〇九や南宋の祝穆撰『古今事文類聚後集』巻三十七がある。また、後世の偽作とされるが、『尹文子』の佚文にも「狐虎寓話」を見ることができる。

6 「鼠憑社貴」は、社殿に住み着いた鼠は焼き殺すことができないことを意味しており、やはり弱いものが高貴なものに取り憑いて権威を持つたとえとして引用されている。『宋書』以前に見られる熟語「社鼠」の用例には『韓非子』「外儲説右上」、『晏子春秋』巻三、『説苑』巻十一「善説」、『三国志』「魏書」巻四などがある。

7 鎌倉時代の『塵袋』巻九「戦国策ニ見エタリ恩倖伝ニ」、室町時代の『塵添壒嚢鈔』巻二「戦国策ニミヘタリ恩倖伝ニ」、一条兼良『語園』巻下「文選注」とある。江戸時代には『世話支那草』巻下「文選にあり。本戦国策に出たり」、『訓蒙故事要言』巻八「文選ニ云」、『和訓栞』巻七「文選に」などと記されており、いずれも典拠について『戦国策』のほかに『文選』をあげている。また、江戸後期の文人大名松浦静山は『新序』に目を通したうえで「これ人固より狐言を知るべき由なし。蓋（けだし）時世を諷ぜしために設けしなれどおもしろきいひぶんなり」（『甲子夜話』巻二十二）と感想を述べるなど、当時の人々が『戦国策』以外の諸書にも当たった状況がうかがえる。

8 このほかに、白話小説には『金瓶梅』第十八回「皆鷹犬之徒、狐假虎威之輩」、『西遊記』第七十四回「他就是妖怪、故意狐假虎威的来伝報」などの用例が見える。なお、わが国でも戦前の漢文教科書の見出しには「狐假虎威」で立項されている（遠

藤隆吉編『中等漢文読本改纂入門篇』（昭和十一年〈一九三六〉）、武藤長平編『準制新定漢文入門備考』〈同年〉）。

9 現代の『漢語大詞典』（上海辞書出版社　一九九四年）、『新華成語大詞典』（商務印書館　二〇一三年）、『漢語成語詞典』（四川辞書出版社　二〇一九年）には「狐假虎威」で所収される。

10 後に本書は『故事落穂集』の書名で改題出版されている。

11 坂井慶次郎『雅俗故事新編』「狐ハ虎ノ威ヲ藉ル」（明治十八年〈一八八五〉）、岡本経朝編『古今俚諺類聚』（明治二十六年〈一八九三〉）「虎の威を借る狐のやう」、山田美妙編『日本大辞書』（同年）「虎ノ威ヲカルきつね」、鳥野幸次『応問録』（明治三十五年〈一九〇二〉）「問　虎の威をかる狐といふ諺の出典」、柿村重松『漢文故事熟語正解』（明治三十九年〈一九〇六〉）「狐假ル二虎ノ威ヲ一」、熊代彦太郎『俚諺辞典』（明治三十九年〈一九〇六〉）「狐虎の威をかる」が見える。さらに、簡野道明編『故事成語大辞典』（明治四十年〈一九〇七〉）には「狐虎威ヲ假ル」・「虎威ヲ借ル狐」・「虎ノ威ヲ假ル狐」、藤井乙男編『諺語大辞典』（明治四十三年〈一九一〇〉）には「狐、虎ノ威ヲ藉ル」・「虎威ヲ借ル」・「虎ノ威ヲカル狐」などで立項されている。

12 第一学習社「高等学校国語総合古典編　指導と研究・漢文編」「故事成語（狐借虎威）」四八頁。（平成二十六年〈二〇一四〉度以降使用）。なお、令和四年（二〇二二）度より使用の同社「言語文化」にはこの記述は見られない。

13 同時代の儒学者伊藤東涯も「不敢ハアヘテセザルナリ。敢不ハセザルコトヲアヘテスルナリ。凡テ敢ハ果敢ノ意ニテコトヲイサミスヽミテナスコト。ソレ故不敢ト云ハコトヲヒカヘハヾカツテ遠慮スルコトナリ（中略）敢不ト云ハソノウラナリ」と記している（『新刊用字格』巻三　元禄十六年〈一七〇三〉）。なお、「不敢A」の用例には「秦不敢動」（「完璧帰趙」）・「昆弟妻嫂、側目不敢視」（「鶏口牛後」）などがあり、「敢不A乎」の用例には「敢不承教乎」（「枕中記」）などがある。

14 山下真司・村田秀明「『李陵・司馬遷』校訂覚え書き」（中央大学文学部『文学部紀要 言語・文学・文化』第百十一号二〇一三年三月）

COLUMN

「小説」の系譜

一「物語」と「小説」の間に

「物語」と「小説」の違いについて一般的に明確な違いは見出だしにくいようです。授業において生徒に発問すると、彼らは概して「物語」を「口頭で語り継がれてきたもの」（あるいは「空想的」「子ども向け」・「古典的」として）、「小説」を「作者によって意図的に創作されたもの」（あるいは「現実的」・「一般向け」・「近代的」として）それぞれイメージしている状況がありました。それでは、各方面の研究者から提示された中からいくつかの定義を見ましょう。

国文学者笹淵友一（ささぶちともいち）は一般的な概念とことわったうえで、古典的な内容のものを「物語」、近代的な作品を「小説」とする考えを提示しつつ、両者の連続性を指摘しています（『物語と小説—平安朝から近代まで』）。アラビア文学者岡真理（おかまり）は「物語」を小さな共同体の中で語られたもの、「小説」は地域や共同体を越えて異質な読者によって読まれるものとしています（『思考のフロンティア記憶／物語』）。文学者田中実（たなかみのる）は「物語（記憶）」に対して、これに「書き手の自己表出（詩）」が加わったものが「小説」であると解釈しています（『「読みの背理」を解く三つの鍵』）。

それぞれが多様な解釈によって両者を区分していることがうかがえます。現代において「物語」と「小説」という言葉に対する解釈は必ずしも一様に定まっているのではなく、新しい定義づけがなされている状況が読み取れます。辞書には一体どのように定義されているのでしょうか。『広辞苑』第七版（平成三十年〈二〇一八〉）では、両者の区別について次のような記載があります。

【物語】

作者の見聞または想像を基礎とし、人物・事件について叙述した散文の文学作品。日本文学では平安時代から室町時代までのものをいう。大別して伝奇物語・写実物語または歌物語・歴史物語・説話物語・軍記物語・擬古物語などの種類があり、「日記」と称するものの中にはこれと区別しにくいものもある。ものがたりぶみ。

【小説】

①［漢書芸文志「小説家者流は、蓋し稗官より出づ、街談巷語は、道聴塗説の者の造る所也」］市中の出来事や話題を記録したもの。稗史（はいし）。

②（坪内逍遙によるnovelの訳語）文学の一形式。古代における伝説・叙事詩、中世における物語などの系譜を受け継ぎ、近代、とりわけ一八世紀以降の西欧で発達、詩に代わって文学の中心を占めるに至る。韻文の形式や手法から解放され、どのような素材でも自由に扱うようになった。四迷、小説総論「されば模写は小説の真面目なること明白なり」

ここでは「物語」を中古・中世の散文作品と捉えているのに対し、「小説」は主に西洋から伝わった近代の散文形式作品と定義づけています。「小説」の語句は、『荘子』外物編「飾リテ二小説ヲ一以テ干（もと）ムニ県令ヲ一」を典拠としており、『漢書』芸文志にも「小説家者流ハ、蓋（けだ）シ出（い）ヅ二於稗官（はいくわん）ニ一。街談巷語（がいだんかうご）、道聴塗説（だうちやうとせつ）所レ造ル也」とあるため、当初は「取るに足りない議論、世俗の笑話」といったイメージだったことがわかります。翻って漢文教材における「小説」は時代と内容から次の三つに分類されています。

・六朝志怪小説…『幽明録』、『捜神記』、『捜神後記』
・唐代伝奇小説…『杜子春伝』、『枕中記』、『遊仙窟』
・明清白話小説…『三国志演義』、『水滸伝』、『西遊記』

この「小説」が文芸性を高めた時期について魯迅は「小説も詩と同じように唐代になって一変する」（『中国小説史略』）と評したように、漢詩とほぼ期を一にして芸術性が高まっていきました。近代散文作品において「小説」という名称が定着したのは、『広辞苑』の記載にも見られるように、坪内逍遙の『小説神髄』（明治十八年〈一八八五〉）によるところが大きいでしょう。この文芸評論は人間の心情から小説を描くべきと説きながら、功利主義や勧善懲悪的な文芸を退けています。それまで戯作者の地位は低く、卑しめられていましたが、逍遙の「小説は美術なり」の一言によって高められていったことは想像に難くないところでしょう。翌十九年（一八八六）に発刊された末広鉄腸の政治小説『雪中梅』序文には尾崎行雄の次のような小説観が見られます。

> 邦人未だ小説の何者たるを知らず。動もすれバ、之を視て、婦女子消間の玩具にして士君子の手にだも触るべき所に非ずと為す。焉ぞ知らん、小説（今綏当の訳語を得ざるが故暫く小説の二字を以てnovelに充つ。以下単に小説と記する者ハ是なりと知るべし）ハ近世文学上の一大発明にして其文化を賛育せること実に少小ならざるを、古の歴史ハ荒誕怪奇にして、編者の想像に成れる者多しと雖ども、尚ほ是れ歴史にして、小説に非ず。支那の古に飛燕外伝、穆天子伝等あれども、復た一部の小説と称すべき者なきに非ずや。希臘、羅馬、波耳西、亜拉比亜、皆な怪譚奇話に富めり。而して古昔復た一部の小説と称すべき者なかりしに非ずや。

ここでは中国のほかにギリシャ、ローマ、ペルシャ、アラビアなどの諸国に怪譚奇話があった事実に触れながら、十七世紀の英国小説あたりに「小説」の直接の淵源を見ています。つまり、もともとは多義的な要素を含んでいた「小説」の語に近代的な定義が付されているわけです。それ以前の日本において「小説」の語はどのように用いられていたのでしょうか、次節で考察します。

二　江戸時代における「小説」

近代以前にわが国の文学観の中で「小説」の語が話題にのぼったのは江戸時代のことですが、こちらは現代とは意味が異なっています。江戸中期の儒医にして戯作者の都賀庭鐘は、「読本」の嚆矢に当たる『英草紙』（寛延二年〈一七四九〉）という作品を世に出したことで文学史上に大きな足跡を残しました。この庭鐘について評判記には、「小説家の学者そふな」、「あれこれ小説集ガ板にござります」（『三都学士評林』明和五年〈一七六八〉）との紹介がありますが、日本古典文学者の中村幸彦はこの「小説家」とは「白話（小説）の研究家」であると指摘しました（『中村幸彦著述集』第十一巻）。つまり、「小説家」とは中国白話小説を翻訳や翻案する人物を指しており、現代のいわゆる「作家」と同義ではありません。これに対して「物語」と言えば、日本の古典文学を指すときに限定されます。本居宣長も「中むかしのほど、物語といひて、一くさのふミあり。物がたりとハ、今の世に、はなしといふことにて、すなはち昔ばなし也」（『源氏物語玉の小櫛』）と述べています。それは「歌物語」、「軍記物語」、「歴史物語」などといった文学ジャンルを表す場合もあれば、『源氏物語』、『伊勢物語』といった個々の作品の題名にも取られています。江戸中期の国学者賀茂真淵が『国意考』（明和二年〈一七六五〉頃）により漢語の煩雑さを批判し、和文の重要性を主張しました。真淵の弟子筋に当たる建部綾足や上田秋成によって中国の白話小説の趣向を借りた『西山物語』や『雨月物語』が世に問われましたが、これはいわば「小説（漢文）」の「物語（和文）」化であったことを意味しています。

明代以降、中国から『水滸伝』、『三国志演義』、『西遊記』などの白話小説が陸続とわが国に伝えられました。荻生徂徠の古文辞学派による白話受容と相俟って、唐話学習が盛んになり、江戸中期以降に大流行しました。これに伴って、白話小説の趣向を借りながら日本風に書き改められた翻案文学作品が文人の間に広がりました。こうした作品は一般に「読本」というジャンルに区分されますが、『水滸伝』を翻案した滝沢馬琴の大作『南総里見八犬伝』もその一つです。白話短編小説集「三言二拍」を抜粋施訓した岡白駒『小説精言』（寛保三年〈一七四三〉）の序文には次のような記述が見られます（以下、訓点は筆者による）。

> 曼倩ノ神異洞冥諸記、茂先ノ博物志、今升ノ捜神記、彦升ノ述異、休文ノ斉諧、学ブ者多ク称スレ焉ヲ。漢武内伝、飛燕外伝、雖モレ曰フト二別史ト一、亦古之小説也。自リレ此已ニ還タ如キハ二虬髯、紅線、隠孃、白猿諸伝ノ一、雖モレ近シト二誣誕ニ一乎、辞ハ資リ二史漢ニ一、総テ厥ノ帰スレバレ塗ニ、則チ皆史之流亜也。

東方朔『神異経』、張華『博物志』、干宝『捜神記』、任昉『述異記』などに加えて、『漢武内伝』、『飛燕外伝』を指して「古の小説」と称し、さらに『虬髯客伝』、『紅線伝』、『聶隠娘伝』、『補江総白猿伝』といった作品も史書の体裁に倣っていれば、これに類することが述べられています。ここでは六朝志怪小説、唐代伝奇小説を総称して「小説」と呼んでいた事情が浮かび上がります。先の庭鐘も第二作『繁野話』（明和三年〈一七六六〉）序文において「近路行者三十年前、国字小説数十種を戯作して茶話に代ゆ」と述べるほか、平賀源内『風来六部集』所収の『天狗髑髏鑒定縁起』（安永五年〈一七七六〉）には、門人戯蝶による「我風来先生、戯に筆を採、多くの小説世に行れてより」という序文もあります。ここでは「小説」に「よみほん」というルビが施されており、「読本」と「小説」が不可分な関係として捉えられました。伊丹椿園『唐錦』（安永八年〈一七七九〉）や滝沢馬琴『南総里見八犬伝』第九輯（天保十一年〈一八四〇〉）それぞれの序文を見てみましょう。

・小説ハ夷堅斎諧を祖とし宋の孝皇侍従に命して日に民間の奇事を探りきかしめて太上慰め給ひしより通俗演

義の一種始て盛に行れ、元の施羅の二子巧ミを究め妙を尽し、大に斯道を述たり。（『唐錦』序文）

・漢土に、斉諧・異苑の二書あり。国朝に浦島子伝、続浦島子伝あり。便是和漢小説の鼻祖、戯墨の嚆矢といひつべし。（『南総里見八犬伝』第九輯巻三十三簡端附録作者総自評）

「中国小説」の源流として『夷堅志』、『斉諧記』、『異苑』などの書名に触れたり、施耐庵の『水滸伝』や羅貫中『三国志演義』などを代表作に掲げたりしている点に特徴があります。上田秋成も『ますらを物語』の中で「もろこしの演義小説、こゝの物語ぶみ、その作れる人のさかし愚にて、世にとどまる」と使い分けています。このほか平井権八の事件をもとに、白話小説の趣向を借りて馬琴が翻案した『小説比翼文』、白話小説の語彙をまとめた『小説字彙』、白話語彙を用いた狂文『本朝小説』、『小説白藤伝』などもあり、江戸時代の人々にとって「小説」という言葉は中国の文学作品を意識したものであったことがわかりますね。

三　伝統文化の中の「小説」

明治十八年（一八八五）発表の『小説神髄』以降、尾崎紅葉の『金色夜叉』、泉鏡花『高野聖』、夏目漱石『三四郎』、芥川龍之介『羅生門』と多くの近代の名作が世に問われました。

近代以前は第一義的に中国の散文作品を意味した「小説」が翻案を通じてわが国の散文文学を指す用語としても使われましたが、近代に入ると坪内逍遙等によって読み換えられて新しい意味が付与されたことになります。つまり、「小説」も近代以降に誕生した「日本漢語」的な側面を持っていたことは注意したいところです。中国の散文作品は「小説」の語を介してわが国の文学作品に積極的に受容されていた状況がうかがえます。

江戸後期の儒学者斎藤拙堂は『拙堂文話』巻一（文政十三年〈一八三〇〉）において和漢文学作品の関連性につい

て次のように述べています。

物語草紙之作ハ在レバ二於漢文大イニ行ハレシ之後ニ一則チ亦不レ能ハレ無キレ所レ本ヅク焉。枕草紙ハ其ノ詞多ク沿フ二李義山ノ雑纂ニ一。伊勢物語ハ如シ下従リ二唐ノ本事詩、章台楊柳伝一来タル者ノ上。源氏物語ハ其ノ体ハ本ヅキ二南華ノ寓言ニ一、其ノ説閨情ハ蓋シ従リ二漢武内伝、飛燕外伝及ビ唐人ノ長恨歌、霍小玉伝ノ諸編一得来タル。其ノ他和文ハ凡ソ曰ヒレ序ト曰ヒレ記ト曰ヒレ論ト曰フレ賦ト者ハ既ニ用キレバ二漢文ノ題目ヲ一則チ雖モレ有リト二真假之別一、仍ホ是レ漢文ノ体製ナル耳。

ここでは国風文化の代表作である『枕草子』、『伊勢物語』、『源氏物語』などがそれぞれ『李義山雑纂』、『本事詩』、『漢武内伝』、『飛燕外伝』などの漢文学の影響を受けたものと述べられています。さらに近年、わが国の「物語の祖」と位置づけられてきた『竹取物語』もまた白居易の漢詩に触発されて創作されたとする説が中国古典文学者静永健によって提示されました（『漢籍伝来　白楽天の詩歌と日本』）。

芥川龍之介の『杜子春』や中島敦の『山月記』は今なお幅広い読者から愛読されています。近代名作の誕生の背景には中国古典由来の漢文小説が翻案を通じて受容された歴史がありました。現代人が愛読する「小説」もその語源を遡れば、漢文学との深い関わりも見えてきます。このような観点から漢文教材を眺めるのも興味深いものではないでしょうか。

第六章 「塞翁馬考」

――「摘要型成語」における比較読みの観点に照らして――

一　はじめに

故事成語「塞翁馬」は禍福は糾える縄のようであると人生の達観を唱えた漢文の定番教材である。典拠は『淮南子』巻十八「人間訓」であるが、本文中には「塞翁」の用語もなく、後世諸書の変遷を受けて熟語化した「摘要型成語」の一つであることは明らかである。故事成語「塞翁馬」における中国の受容状況に関して、すでに湯浅邦弘が『故事成語の誕生と変容』（角川書店　平成二十二年〈二〇一〇〉）の中で『芸文類聚』、『白氏六帖』、『太平御覧』、『天中記』といった類書の存在を指摘しており、大変示唆に富むものがある。ただ、こちらは漢籍における用例のみで、和書の受容状況にはほとんど言及されていない。また、「塞翁」と「北叟」のそれぞれの用例について分けて整理する必要もある。さらに、その派生語として結実した「人間万事塞翁が馬」がわが国では人口に膾炙するが、この「人間」の読み方についても「ニンゲン」なのか「ジンカン」なのかの戸惑いもある。本章は故事成語「塞翁馬」の和漢諸書における用例を取りあげて言語的観点からの考察及び教材的観点に照らした提言である。

二　漢籍における「塞翁馬」用例――「塞翁失馬」と「人間万事塞翁馬」――

故事成語「塞翁馬」は、前漢の劉安(りゅうあん)『淮南子』巻十八「人間訓」の以下の文章が典拠である。

近キ二塞上(さいじやう)一之人、有リ二善クスル レ術ヲ者一。馬無クシテ レ故(ゆゑ)亡ゲテ而入ル レ胡ニ。人皆弔(てう)ス レ之ヲ。其ノ父曰ク「此レ何遽(なん)ゾ不ラン レ為(な)ラ レ福ト乎ト。」居(を)ルコト数月、其ノ馬将(ひき)キテ二胡ノ駿馬ヲ一而帰ル。人皆賀ス レ之ヲ。其ノ父曰ク「此レ何遽ゾ不ラン レ能ハ レ為ル レ禍ト乎ト。」家富ム二良馬ニ一。其ノ子好ミ レ騎ヲ、堕(お)チテ而折ル二其ノ髀(ひ)ヲ一。人皆弔ス レ之ヲ。其ノ父曰ク「此レ何遽ゾ不ラン レ為ラ レ福ト乎ト。」居ルコト一年、胡人大イニ入ル レ塞ニ。丁壮(ていさう)ナル者引キテ レ弦ヲ而戦フ。近キ レ塞ニ之人、死スル者十ニ九ナリ。此レ独リ以テ二跛(は)之故ヲ一、父子相保(たも)テリ。故ニ福之為リ レ禍ト、禍之為ル レ福ト、化シテ不 レ可カラ レ極ム、深クシテ不 レ可カラ レ測(はか)ル也。

塞上付近に住む人物のもとから馬がいなくなるが、当の主人は「これなんぞ福とならざらんや」と述懐していると、数ヶ月後、先の馬は新たに駿馬を連れて帰る。主人はこれを「これなんぞ禍となるあたはざらんや」といぶかしむ。かくて良馬が増えたため、息子が試乗すると落馬してその髀骨(ひこつ)を折ってしまう。主人はまたもや「これなんぞ福とならざらんや」と呟(つぶや)く。一年後、胡人が塞に攻め入り、壮健な者が多く戦死するも、息子は足の負傷により徴兵を免(まぬが)れ、父子ともに生命を全うする。末尾の「福の禍と為(な)り、禍の福と為る」は、老子『道徳経』第五十八章「禍ハ兮福之所レ倚(よ)ル、福ハ兮禍之所レ伏(ふ)ス」の影響を色濃く受けている。中国古典思想研究者向井哲夫(むかいてつお)は「塞翁寓話」が道家思想の影響を受けた運命随順論であると述べながらも、「人間訓」の本来の基調は人間の知恵と意志により人生と世界を積極的に創造することを論じたものであり、当該寓話が異質であるとの指摘をする。*1 この「塞翁寓話」に深い関心を寄せた江戸時代の戯作者滝沢馬琴は『淮南子』中の類話の存在に着目する。*2

> 塞翁が馬の故事ハ淮南子の人間訓より出たるよしハしらざるものなし。しかるに彼ノ書にハ牛馬もて対とす。王充論衡にハその牛を載せて馬を収めず。これより後の類書小説にハ馬を載して牛を収めず。こゝをもて世の童子等塞翁が故事に対あるを知らざる歟。いと遺恨の事也。
>
> （『燕石雑志』巻五）

馬琴は「塞翁寓話」が大変有名なのに対し、直前に配せられた「黒牛白犢寓話」（「宋人好善者章」）があまり知られていない現状を嘆く。善行を積んだ宋人の飼育する黒牛がなぜか白犢（仔牛）を生むが、これを聞いた先生は「吉兆」と判じた。その後に宋人の父子が盲目になったことで徴兵を免れて生命を全うし、結果的に目が見えるようになる。ここでは宋国を楚が攻め込む話が挿入され、その時代背景を彷彿とさせる。当該寓話は『列子』「説符編」や後漢の王充『論衡』「福虚編」にも見られ、伝統的な話柄だったことがうかがえる。

『淮南子』における主人（「近塞〈上〉之人」）*3は、唐代詩文において「塞上翁」もしくは「塞翁」の用語で称される。前者「塞上翁」の用例には、初唐の上官儀「定惑由関吏　徒嗟塞上翁（定めて惑ふ由関の吏　徒だ嗟く塞上の翁）」（「従駕閻山詠馬」）、盛唐の高適「垂竿已羨磻渓老　体道猶思塞上翁（垂竿已に羨む磻渓の老　体道猶ほ思ふ塞上の翁）」（「金城北楼」）、李頎「不見古時塞上翁　倚伏由来任天作（見ずや古時の塞上の翁　倚伏由来天作に任す）」（「別梁鍠」）、劉禹錫「文儒自襲膠西ノ相　倚伏能斉塞上翁（文儒自ら襲ふ膠西の相　倚伏能く斉ふ塞上の翁）」（「覧董評事思帰之什因詩以贈」）、白居易の『白孔六帖』巻九十六「塞上翁　失馬ノ人。弔シテ曰ク未ダ二必ズシモ不ンバアラ一レ為ラレ福ト。俄爾ニシテ馬引キテ二塞外ノ馬ヲ一帰ル」などの記載が見える。特筆すべきものとして、初唐の陳子昂「弔塞上翁文」があり、塞翁の古城が荒れ果てていく様子を嘆じた詩も見受けられる。*4

後者の「塞翁」の用例には中唐の戴叔倫「是非園吏夢　憂喜塞翁心（是も非も園吏の夢　憂も喜も塞翁の心）」（「贈

韋評事儹」）、晩唐の杜牧「才微分薄憂何益　却欲回心学塞翁（才微にして分薄きも憂ひ何ぞ益さん　却りて欲す回心して塞翁に学ばんことを）」（「題白雲楼」）、北宋の范仲淹「酔醒往日惭漁父　得失今朝賀塞翁（酔醒往日漁父に惭づ　得失今朝塞翁に賀す）」（「依韻酬太傅張相公見贈」）、陳鵠『耆旧続聞』巻六「馬去リ馬帰リ敢ヘテ計ラン二塞翁之倚伏ヲ一」など、当該人物は「塞（上）翁」と称された状況がうかがえる。[5] また、以上の用例から「塞翁」は「磻渓老（太公望）」、「膠西相（董仲舒）」、「園吏（荘子）」などと対にして詠み込まれており、その達観的な人物像を彷彿とさせる。

北宋になると「塞翁失馬」の四字熟語化が見られ、北宋の魏泰『東軒筆録』巻六「塞翁失ヒレ馬ヲ、今未ダレ足ラレ悲シムニ。楚相断チレ蛇ヲ、後ニ必ズ為ルレ福ト」、南宋の祝穆『古今事文類聚』巻三十八「塞翁失フレ馬ヲ」、胡継宗『書言故事大全』巻十一「塞翁失馬　識ル二禍福之倚伏ヲ一」、陸游『剣南詩稿』巻十五「士師分鹿真是夢　塞翁失馬猶為福（士師鹿を分つ真に是れ夢　塞翁馬を失ひ猶ほ福と為る）」（「長安道」）、元代の王子一『誤入桃源』第一折「羨殺ス那ノ知リシ二禍福ヲ一塞翁失フレ馬ヲ」、明代の丘瓊山『故事必読成語考』巻下「塞翁失スルハレ馬ヲ難シレ分カチ二禍福ヲ一」、清代の張玉書ほか『佩文韻府』巻一「塞翁　淮南子　塞上叟失スレ馬」など、現在まで中国では「塞翁失馬」が一般的に使用されていることが報告される。[6]

もう一方の成語「人間万事塞翁馬」は、元僧熙晦機の頌句に基づくものと言われる。熙晦機についてはすでに一色英樹による詳細な報告があり、そこでは五山の住職を務めた清拙正澄によって当該頌句が伝えられたと推測する。[7] また、湯浅は前掲書『故事成語の誕生と変容』においてその典拠に『文選』をあげるが、[8] ここには班固「幽通賦」に関連語「北叟」の使用を認めるのみで、当該頌句の記載はない。そもそも六朝時代に成立した『文選』の本文に元代の頌句が所収されるとはまず考えにくい。伊藤東涯『秉燭譚』巻三、山崎美成『海録』巻十八にはその典拠として南宋の松坡宗憩『江湖風月集』を指摘するが、この本文にも「人間万事塞翁馬」の一節は見られない。

当該書は宋末元初の禅僧の二百六十三首の偈頌集であり、わが国には鎌倉末期に伝わった。ただし、『江湖風月集』の流布本の一つに『首書江湖風月集』（刊年不詳）があり、この中の南康松巌永秀禅師「送人之仰山」（巻四）の傍注に以下の漢詩の添え書きが付記される。

推枕軒題スル二仰山ニ一頌ニ云ク、

先度劉郎景定先　　先づ劉郎を度す　景定の先
宜春風物亦依然　　宜春の風物も　亦た依然たり
青山湧出黄金宅　　青山湧出す　黄金の宅
白日夢昇都率天　　白日に夢昇る　都率の天
水鳥樹林羅帝網　　水鳥の樹林　帝網を羅ね
栴檀楼閣按西乾　　栴檀の楼閣　西乾を按ず
人間万事塞翁馬　　人間万事　塞翁が馬
推枕軒中聴雨眠　　推枕軒中　雨を聴きて眠る[*9]

右はそれぞれ「仰山」は江西省宜春県の南にある山、「先度劉郎」とは一度去った者が再び帰ってくることを意味し、中唐の詩人劉禹錫が玄都観に遊んだ詩に由来する熟語、「景定」とは南宋時代の年号（一二六〇～六四）、「都（兜）率天」とは仏教世界観における天界の一つ、「帝網」とは仏法の守護神帝釈天の宮殿を煌びやかに装飾する網、「推枕軒」とは作者熙晦機の寝室のことを指す。これは径山（浙江省余杭県）に住む虚谷陵和尚に向けて仰山の住持晦機が送ったものとされる。頌意には様々な旅路を経て最終的に古巣の仰山に舞い戻り、自然の中で仏の加護を受けて外部の事象に心を乱さず雨音を聞いて眠る晦機禅師の心境が詠まれている。

上記を俯瞰すると、『淮南子』の「近塞上之人」から、唐代詩文では「塞（上）翁」の略語化がはかられて宋代以降に四字熟語「塞翁失馬」となったのに対し、次節に詳しく述べるように、わが国では「人間万事塞翁馬」が人口に膾炙された状況がうかがえる。

三　和書における「塞翁馬」用例――「人間」の読みから――

和書における「人間万事塞翁馬」の受容状況についてはすでに内田澪子（うちだみおこ）や杉下元明（すぎしたもとあき）による五山文学を中心にした用例の報告があるが、[*10]その実態に迫った分析まではなされていない。国語教材として「塞翁馬」を取り扱う以上、冒頭で話題にした「人間」についての読みは避けて通れない問題となる。中国古典文学者飯塚朗（いいづかあきら）は当該語について禍福は人間が招くものとされたため、これまで「人間（にんげん）」と読まれてきたが、本来は「天国」に対して「この世」という場合には「人間（じんかん）」と言うべきことを説く。[*11]このように「人間の世界」を意味するときは漢音の「ジンカン」の読みを提唱する声も依然として大きい。[*12]この点について、近世（江戸）資料には節用集をはじめ、多くの書籍がルビ付きで当該成語を採録していることから、どのように読まれたのかその実態を把握することができる。

わが国の中世（鎌倉・室町）における「塞翁馬」の用例は、室町時代の『下学集（かがくしゅう）』巻下には「人間万事塞翁馬　是レ宋人ノ晦機師ノ頌句也。人間万事塞翁馬　推シテレ枕ヲ軒ノ裏ニ聴キテレ雨ヲ眠ル。謂ヒテ二此ノ句意ヲ一人間万事善モ不ニ必ズシモ善ナラ一悪モ不ニ必ズシモ悪ナラ一不レ可カラレ喜ブ不ルレ可カラレ悲シム之義也」（言辞門）とまとめられる。このほか、『文明本節用集（ぶんめいぼんせつようしゅう）』にも「人間万事塞翁馬　是レ塞翁之故事也。宋人晦機師ノ頌句也。人間万事塞翁馬　推枕軒ノ中聴キテレ雨ヲ眠ル。（中略）世俗口号（クチスサミニ）吟ズ二此ノ句ヲ一。豈ニ無カランレ意哉。塞翁ハ唐ノ羅隠之子也」とあり、ここでは「塞翁」が晩唐の詩人羅（ら）

隠の子で五代十国時代の画家羅塞翁と目されているが、当然『淮南子』の記載とは時代が合わない。また、連歌論集『連集良材』「塞馬トハ宋人ノ句ニ云、人間万事塞翁カ馬、推枕軒ノ中聴キテレ雨ヲ眠ル。此句ノ意ハ人間万事善モ不レ善カラ悪モ不ニ必ズシモ悪シカラ一。不レ可カラレ喜ブ不レ可カラレ悲シムト云也」などが見える。いずれの書籍も「人間万事塞翁馬」の頌句及びその典拠として『淮南子』の故事来歴を掲げている。ただし、三書とも塞翁の息子が落馬の際に骨折した部位が典拠の「髀」から「臂」に変容しており、江戸時代の古辞書類には「髀」と「臂」のどちらの用例も見られる。*13 おそらくこれは中唐の白居易の反戦詩「白豊折臂翁」との混同が考えられ、徳川光圀の漢詩の一節「折臂質塞翁（臂を折らば塞翁に質す）」（『常山文集拾遺』）からもその状況がうかがえる。

漢詩文には中巌円月『東海一漚別集』「人間万事塞翁馬　四蹄撥刺遍天下（人間万事塞翁の馬　四蹄撥刺天下に遍し）仏智祖翁」、湖心碩鼎『三脚稿』「雖失残紅得新緑　一枝々上塞翁心（残紅を失はずと雖も新緑を得たり　一枝の枝上塞翁の心）」、鉄山宗純『金鉄集』「人間好是塞翁馬　不得相逢無別離（人間好き是れ塞翁の馬　相逢ひて別離無きこと得ず）」、鉄舟徳済『鉄舟和尚閻浮集』「人間尽是塞翁馬　臥看金烏又出東（人間尽く是れ塞翁の馬　臥して看る金烏又東に出づ）」、『滑稽詩文』「人間万事塞翁春　不得逢花更無別（人間万事塞翁の春　花に逢ひて更に別無きことを得ず）」などと詠み込まれた。さらに、『里見九代記』巻三「七字を備に取事。人間万事塞翁馬と口伝す」が見られるほか、謡曲にも「人間万事塞翁が馬何か法ならぬ、げに隔てなき世の慣らひ」（笠卒塔婆）、「然るに世の中ハ、人間万事塞翁が馬なれや」（綾鼓）など、「人間万事塞翁馬」が定型句並びに変容された形跡も見られる。それでは江戸時代の採録状況を読みと典拠に焦点を当てて以下に掲げる。第五章同様に成語そのものに焦点を当てて見出し語などにしたものを【古辞書類】、文学作品中に当該成語を応用して取り扱ったものを【文学作品類】に区分しながら、それぞれの用例を以下に確認する。

◆【古辞書類】

①作者未詳『二体節用集』（寛永六年〈一六二九〉）

人間万事塞翁馬

②松江重頼『毛吹草』巻二（寛永十五年〈一六三八〉）

にんげんばんじさいをうがむま

③皆虚『世話焼草』巻二（明暦二年〈一六五六〉）

人間万事塞翁が馬

④松浦某『世話支那草』巻下（寛文四年〈一六六四〉）

人間万事塞翁がむまといふ事○是ハ宋の世の人晦機師といふ者の詩なり。いはく人間万事塞翁馬推シテ二枕ヲ軒頭ニ聴イテ一レ雨ヲ眠ル云々の句の心は、世間の事あしきとても定てあしきにあらず、善とても定てよきにあらず。されバなに事もかなしまず、枕を軒の頭におさへ、雨の降をきゝながら、浮世に貪着せず、眠てにてありなむといふ義なり。淮南子にむかし塞上とて、北の胡の国にひとりの翁あり。（以下略）

⑤苗村丈伯『理屈物語』巻二（寛文六年〈一六六六〉）

人間万事塞翁が馬の事

もろこし辺塞のほとりに一人のおきな有しか、つねにひさうせる馬有。あるときいづく共なくうせゆきけり。（中略）是を人間万事塞翁馬推二枕軒頭一聴レ雨眠と宋人晦機師といふ僧の頌につくりしより、人口すさミにしけるとなり。

⑥伊藤玄節『愈愚随筆』巻十（延宝元年〈一六七三〉）

塞翁失フレ馬ヲ　韻府

⑦松浦黙『斉東俗談』巻七（延宝七年〈一六七九〉）

塞上北叟馬ヲ失フ。人皆弔レ之ヲ。叟ガ曰ク「此何ゾ福トセザル。」数日有リテ胡ノ駿馬ヲ将テ至ル。（以下略）

塞翁馬宋ノ晦機師カ頌ニ人間万事塞翁カ馬　推シテ二枕ヲ軒頭ニ一聴テレ雨ヲ眠ル。世俗、倚伏常ナキ喩ニ此一句ヲ云ナラハセリ。委シク下学集ニミヘタリ。

⑧恵空『新刊節用集大全』（延宝八年〈一六八〇〉）

・人間万事塞翁馬　人間万事塞翁馬是レ宋ノ人晦機師ノ頌句也。書言故事ニ云文選北史ニ塞上ノ翁也。馬亡入レ胡ニ。人弔フレ之。翁ノ曰「安ソ知レ非レ福ニ乎」（以下略）　（巻一）

・塞翁　塞翁見ニ上ノ仁集ノ言辞ニ一　（巻六）

⑨松井精『野語述説』巻一（貞享元年〈一六八四〉）

人間万事塞翁カ之馬

淮南子人間訓ニ云、塞人ノ之人、有ニ善スルレ術ヲ者一。（中略）愚按スルニ、此レ則老子ノ所謂ル禍ハ兮福ノ所レ倚ル、福ハ兮禍ノ所レ伏スル。孰カ知ン二其ノ極ヲ一。其レ無レ正邪。正復為レ奇ト。善復為トテフレ妖ト之論也。然ルニ父子之間、往々処スルニレ之ニ、以セハレ如ナルコトヲ二彼ノ術ヲ一。豈ニ不ンレ為ニ不慈不孝ト一焉乎。観ン者ノ詳ニセヨレ之ヲ矣。

⑩万屋庄兵衛版『広益二行節用集』巻一（貞享三年〈一六八六〉）

人間万事塞翁馬　人間万事塞翁馬　是ハ宋ノ人晦此師頌句也。人間万事塞翁カ馬。推テ二枕ヲ軒頭ニ一聴レ雨ヲ眠ル。此句意ハ人間ハ万事善モ不ニ必スモ善ラ一悪モ不ニ必スモ悪ラ一、不レ可レ喜不レ可レ悲義也　淮南子ニ云ク、塞上ニ有リ二一ノ翁一。失レ馬ヲ皆ナ弔フレ之。翁ノ云ク「悪何ソ必モ悪カラン」数月ニ此ノ馬将ニ駿馬ヲ一而来ル。（以下略）

⑪鱗形屋版『頭書増補節用集大全』（貞享四年〈一六八七〉）

人間万事塞翁馬　人間万事塞翁馬

⑫海汀疑木軒『世話類聚』（貞享年間〈一六八四～一六八八〉）

人間万事塞翁馬

⑬蔀遊燕『漢語大和故事』巻四（元禄三年〈一六九一〉）

人間万事塞翁之馬　コレハ、総テ人間世ノ事ハ善悪禍福マコトニ不可極ムトイフ諺ナリ。塞上ニ翁アリ。馬故ナクシテ、亡テ胡トイフ所ニ行タリ。人皆コレヲ弔フ。翁ガ曰ク「此何遽不為福乎」（中略）淮南子人間訓。老子所謂禍ハ兮福之所倚ル、福ハ兮禍之所ハ伏スル塞翁ガ馬ノ事ヲ謌ニコヽロヲバ、北ノ翁ニ、ナラヘドモ、マタタチカヘル、コマダニモナシ。

⑭宮川道達『訓蒙故事要言』巻八（元禄七年〈一六九四〉）

故事成語考ニ曰、塞翁失スルハ馬ヲ難シ分チ禍福ヲ。淮南子人間訓ニ云、塞上ノ翁術ヲヨクスル者ナリ。我カ家ニカフ所ノ馬ニケテ胡国ニ入リケリ。人コレヲ笑止ナリトトブラヘバ、翁ノ曰「安知ンヤ非ルコトヲ福乎。コレモ福ノモトトナリト憂ルコトナシ」（中略）▲世話ニ人間万事塞翁之馬ト云コレナリ。

⑮作者未詳『世話重宝記』巻一（元禄八年〈一六九五〉）

人間万事塞翁馬といふ事ハ宋の晦機師といふ人の詩なり。もろこし塞上に翁あり。あるとき馬をうしなふ。人ミなこれをとふらひけれハ、翁の曰「これなんぞ福とならざらんや」と。程をへてかの馬よき馬を引つれてかへる。（中略）淮南子にミへたり。人間生の事善悪禍福ともに極むべからず。塞翁が馬のごとく心得へしといふ詩の心なり。歌に心をハ北の翁にならへども又たちかへる駒たにもなしとよめり。塞ハ北の方なれハ北翁とよむなり。

⑯貝原好古『諺草』巻一（元禄十二年〈一六九九〉）

人間万事塞翁馬　東坡カ詩ニ。人間万事塞翁ガ馬。推枕軒ノ中聴テレ雨ヲ眠ル。諺こゝに出たり。此諺の意ハ、淮南子に云、むかし塞上とて、北の胡の国に近き所に一人の翁あり。其人馬を失へり。人皆これをとふらひぬ。翁か曰「これも又さいはひたらざる事をしらんや」月を経て此馬、すぐれたる馬一疋をつれて帰る。（以下略）

⑰貝原益軒『和漢古諺』巻一（宝永三年〈一七〇六〉）

▲人間ばんじさいおうがむま。

⑱須原屋茂兵衛ほか版『大益字林節用不求人大成』（享保二年〈一七一七〉）

人間万事塞王馬　人間万事塞王馬

⑲槙島昭武『書言字考節用集』巻九（享保二年〈一七一七〉）

塞翁馬　人間万事善モ不ニ必モ善一。悪モ不ニ必モ悪一之謂〇事ハ見淮南子　匀瑞

⑳中村三近子『満字節用書翰宝蔵』（享保十五年〈一七三〇〉）

人間万事塞翁馬　人間万事塞翁馬

㉑梅村弥右衛門版『大富節用福寿海』（享保十八年〈一七三三〉）

人間万事塞翁馬　人—間—万—事—塞—翁—馬

㉒時枝左門『森羅万象要字海』（元文五年〈一七四〇〉）

人間万事塞王馬　人間万事塞王馬

㉓中西敬房『倭漢節用無双嚢』（宝暦二年〈一七五二〉）

人間万事塞王馬（にんげんばんじさいわうがむま）　人間万事塞王馬（ヒトアイダヨロヅコトフサガルキミバ）

㉔絢藻斎『万世節用集広益大成』（宝暦六年〈一七五六〉）

人間万事塞王馬（にんげんばんじさいおうがむま）　人間万事塞王馬（ヒトアイダヨロツワザフサグキミ）

㉕蘆田鈍水『万代節用字林蔵』（明和三年〈一七六六〉）

人間万事塞王馬（にんげんばんじさいわうがむま）　人間万事塞王馬（ヒトアイタヨロヅコトフサグキミバ）

㉖須原屋茂兵衛ほか版『百万節用宝来蔵』（明和六年〈一七六九〉）

人間万事塞王馬（にんげんばんじさいわうがむま）　人間万事塞王馬（ヒトアヒダヨロヅワザフサグキミバ）

㉗鳥飼市兵衛ほか版『文翰節用通宝蔵』（明和七年〈一七七〇〉）

人間万事塞王馬（にんげんばんじさいわうがむま）　人間万事塞王馬（ヒトアヒダヨロヅワザフサグキミバ）

㉘中村三近子『満字節用錦子選』（明和八年〈一七七一〉）

人間万事塞翁馬（にんげんばんじさいをうがむま）　人間万事塞翁馬（ヒトアイタヨロヅコトフサグヲキナムマバ）

㉙恵海『類聚世話百川合海』（安永五年〈一七七六〉）

人間万事塞翁が馬

㉚久保田定延『大豊節用寿福海』（安永六年〈一七七七〉）

人間万事塞王馬（にんげんばんじさいわうがむま）　人間万事塞王馬（ヒトアイダヨロヅコトフサグキミバ）

㉛松葉軒東井『譬喩尽』（天明六年〈一七八六〉）

人間万事塞翁馬。（にんげんばんじさいおうがむま）　推二枕軒頭一聴レ雨眠（をしてまくらをきうとうにきひてあめをねふる）

㉜風月庄左衛門ほか版『掌中節用急字引』（寛政五年〈一七九三〉）

人間万事塞翁 馬

㉝秋里籬島『絵引節用集』（寛政八年〈一七九六〉）

人間万事塞 翁 馬　人間 万事 塞 翁 馬

㉞太田全斎『諺苑』（寛政九年〈一七九七〉）

人間万事塞翁馬〔諺草〕東坡詩。

㉟須原屋茂兵衛ほか版『字尽節用解』（寛政十一年〈一七九九〉）

人間万事塞 翁 馬　塞翁と云人あり。あるとき夷のくにより名馬来りしを翁の子おゝきによろこびたるに翁いふ「これ禍ならん」とて少も喜ばす。（中略）これよりわざワひもあまりなげくまじくよろこびも格別に喜にたらぬことをいえり。

㊱片山敬斎『大宝節用集文林蔵』（文政十三年〈一八三〇〉）

人間万事塞王馬　人間 万事塞王馬

㊲留守友信・千手興成『増補語録訳義』巻三（文政十三年〈一八三〇〉）

塞翁馬　禍福不定曰「塞翁馬。」淮南子曰北叟塞上翁也。馬亡入胡。人弔之。翁曰「安知非福乎。」後馬将駿馬帰。（以下略）

㊳岡田有信『万物紀元故事大全』巻下（文政十三年〈一八三〇〉）

人間万事塞 翁馬　淮南子塞とハ城郭の外を塞と云。則塞てなり。此処に住居する人故に塞翁といふなり。翁とハとし寄の称号なり。さて此翁家富さかへ、又男子あり。或時この男子中国辺より名馬一匹をゐたり。依て一家親類ともうち寄、「能き馬を得給ふ」と。これをほめて翁にいふ。翁の曰「民の身として、馬なと

に乗はあまりこのましからす」といふ。（以下略）

㊴東岳外史『諺叢』（天保三年〈一八三二〉）

人間万事塞翁馬　淮南子出処謂禍福無定

㊵中村国香『いろは節用集大成』（天保十三年〈一八四二〉）

塞翁馬　塞フ翁ヲ馬

㊶為永春水『意見早引大善節用』（天保十三年〈一八四二〉）

人間万事塞翁馬　引ごとにいふのハいつでもくやミのことばにいふなり。あきらめろといふすてぜりふ。

㊷宮田彦弼『万代節用集』（嘉永元年〈一八四八〉）

人間万事塞翁馬　人間万事塞翁馬　吉もよろこバず凶も悲ずといふ故事也。

㊸本居内遠『俗諺集成』（幕末期・年代未詳）

人間万事塞翁馬

◆**【文学作品類】**

①山本西武『鷹筑波集』巻三（寛永十五年〈一六三八〉）

万事よき春や塞翁が馬の年

②作者未詳『百物語』巻下（万治二年〈一六五九〉）

むかしもろこしのかたハらに塞翁とて賢人ありけるが、馬をうしなひし事あり。知音きたりていひけるハ、扨も馬をうしなへりと聞し、笑止やといひければ、思ひのほかによろこびゐける。（以下略）

③大蔵虎明『わらんべ草』巻五（万治三年〈一六六〇〉）

塞翁ハ、北叟也。塞をばそことよむ、北を云也。南を朽ちとすれば、北ハすなハちそこ也。よつてさいほくとも云。此さいおうハ、吉事をもよろこばず、あくじをなげかず、万事にすこしばかりわらふ、よしと思ふ事もあしく、あしゝと思ふ事も又よければ也。（中略）是を、人間万事、塞翁か馬と云也。されば、吉凶ハ、あざなへるなわのことしといへり。

④中山三柳『醍醐随筆』巻上（寛文十年〈一六七〇〉）

吉凶ハ如二糾纆一とハ吉の中に凶こもり、凶の中に吉こもれり。凶のうらハ吉也。吉のうらハ凶也。吉もよろこぶにたらす、凶もかなしむにたらず。塞翁が馬を失たるを、人とふらへハ何福たらざらんと云。（中略）人間万事塞翁馬。推枕軒中聴レ雨眠と、作れる詩これ也。

⑤井原西鶴『西鶴大矢数』巻十一（延宝八年〈一六八〇〉）

塞翁か馬をつないて大臣さま

⑥鹿野武左衛門『鹿の巻筆』巻一（貞享三年〈一六八六〉）

何事も人間ばんじさいをふか馬とたとへし事もこそあれ

⑦作者未詳『遊小僧』巻五（元禄七年〈一六九四〉）

塞翁に物をとへは、それもよしといふ、頓作は当座の恥辱をすゝぐ。去人、婚礼の祝儀に肴を贈るとて、祐筆に状をかゝせらる。折節右筆、肴といふ文字をわすれ、かんなにて書にけり。

⑧近松門左衛門『雪女五枚羽子板』巻中（宝永五年〈一七〇八〉）

恋から生れた人間ばんじさいおうが馬のうつたたいこのばち、狸がうつたはらつゞミうつたらなるべい。何になるべい。知行になるべい。

⑨涼花堂斧麿『当世誰が身の上』巻四（宝永七年〈一七一〇〉）
先ハ仕合を致されたりと申けれ共、塞翁又悦ぶていなく生ある者死すまじきに不作と答へ居たるなり。依人間万事塞翁が駒と申なりと。爰にても彼こにても人をすゝめ其身も楽しミ暮しけるが、八十郎といへる男子一人持てり。

⑩雨森芳洲『たはれぐさ』巻中（正徳年間〈一七一一～一七一六〉）
塞翁がむまのたとへハ得といへるうちに失ふ事あり。失といへるうちに得ことあれば、得るもよろこびとするにたらず。失ふもうれへとするにたらず。失ふもうれへとするにたらざる事をいへり。

⑪柳沢淇園『ひとりね』巻下（享保九年〈一七二四〉）
油屋九郎右衛門とかはり、おミつにむたいな恋慕しかくるかたきやくとなりて、人間万事塞翁が馬の足になつて見へし男も、今見れハ黒文字の上々といふ評判にのりて、たんと花をやりぬれハ、過し三条勘太郎か生れのまゝにて娘の子の如く也。

⑫前田武兵衛『万物故事要訣』巻七（享保十二年〈一七二七〉）
○吉凶不定憂喜相ヒ交ル事ヲサイヲウカ馬ト云ハ何事ソ。塞翁トハ北叟也。（中略）是ヲ人間万事塞翁カ馬ト云也。サレバ吉凶ハ糺ル縄ノ如シト云リ。

⑬伊藤東涯『秉燭譚』巻三（享保十四年〈一七二九〉）
人間万事塞翁ヵ馬ト云ハ元ノ僧熙晦機ノ詩ナリ。（中略）江湖風月集ト云モノゝ上帙ニテコレヲ見ル。推枕軒ト云ハ仰山ニアル軒ノ名。世ノ人枕ヲ軒頭ニオシテトヨムハタカヘリ。重テ本書ヲ考ヘテ正スヘシ。

⑭八文字屋自笑『雷神不動桜』巻四（寛保三年〈一七四三〉）

宋人晦機師の頌の句に人間の万事。さい翁馬枕を軒の頭に推て雨を聴て眠といへるハ、喜怒哀楽の定めがたく。善も善にあらず。悪も亦悪にあらず。昨日の悦びハけふの愁をしらず。朝の嘆きハ夕の楽をしらず。

⑮葛飾守株窓『跖婦人伝』跋文（寛延二年〈一七四九〉）

浮世の是非、彼我ハ万事塞翁が馬なりと、古風の洒落者の、諺にして、誠に万古不易の金言なり。凡木の曲れるものは、木挽町に鋸の難をのがれ鵝の声よき物ハ、瀬戸物町に鍋の害をまぬかれぬ。

⑯多田南嶺『世間母親容気』巻一（宝暦二年〈一七五二〉）

人間万事塞翁が馬のり羽織こじりつかへずゆたかなる都の楽人。弁当に花麗をつくし、人数より酒樽大きに、詩も歌も連俳する友どち、五六人さそひあはせて道々のミゆく高尾の紅葉。

⑰窓梅軒可耕『世話詞渡世雀』巻下（宝暦三年〈一七五三〉）

「相場商ひの勝負は童に花の一トさかり　附リ世の盛衰にまき付る家も田地も質の種。人間万事塞翁が生れ付た一番息子」（見出し）

⑱平賀源内『根無草後編』巻五（明和五年〈一七六八〉）

人間万事塞翁がうまれた時ハ裸にて又死時もはだかなり。飲や謳や一寸先ハ闇の夜に、鳴ぬ烏の声聞バ、拾ぬ先の金ぞ恋しき。

⑲西山拙斎「与佐長史」（安永二年〈一七七三〉）

前日有レ猫来。乳ニ二子于寓舎棟上一。而余旦夕適レ他。初未レ暇レ知レ之。昨来臥蓐終日。乃始視レ之。因謂嚮無ニ鼠喫之患一。頼ニ此物之力一爾。余之遇レ猫。亦猶ニ塞翁馬一歟。

⑳三浦梅園『五月雨抄』巻三（天明四年〈一七八四〉）

今身の置所なきまゝにつゞれをまとひ身をやつす。武名を失ふに似たれども将の盛衰は塞翁が馬なり。句践呉王のいばりをなめたるをも世に恥とせず。互に干戈を交るは武将の習ひ、戦利なきハ時の運なり。大志あるものゝ命を捨ざるハ将の心とする所なり。

㉑大田南畝『徳和歌後万載集』巻十（天明五年〈一七八五〉）

塞翁かむまい事ならいつとても跡からうしが来ると思へや

㉒六如『葛原詩話』巻四（天明六年〈一七八六〉）

人間万事塞翁ヵ馬ノ句ハ元ノ晦機元熙山禅師寄スル二径山ノ虚谷陵和尚ニ一詩ナリ。晦機サキニ仰山ニ住シ、移テ径山ニ住セラルゝニ、衆情違縁アリテ、又仰山ニ返ル。虚谷和尚代テ径山ニ住セラルゝ時、仰山ヨリコノ詩ヲ寄セラル。故ニ人間万事ノ語アリ。後再ヒ衆請ニ依テ径山ニ住セラルゝトナリ。

㉓最一挙六『南遊記』巻一（寛政十二年〈一八〇〇〉）

「人間万事賽翁が甘い事斗りハ辛い世の中　虚言か真実か喰ふて見たがるあぢなもの好」（見出し）

㉔樗樸道人『鄙都言種』巻下（享和二年〈一八〇二〉）

塞翁が馬　晨には日ハ東にさかんなれとも夕には西にかたむく。花の春にさかふるも秋に至りて零落す。くろかみのつや〱しきもいつしか雪をいたゞくごとくにふりかわり行は目前のことぞかし。若き時のしんくハ乞ふてせよとの鄙言宜なるかな。多くハ老てくるしむことがちなり。

㉕滝沢馬琴『松染情史秋七草』第十回（文化五年〈一八〇八〉）

その禍も忽地に、福となる。稚君と姫君の奇耦。人間万事塞翁馬。よきも歹も何か喞たん。（中略）染松聞て莞爾とうち笑ミ、津積生悔給ふな。母御前も泣給ふな。善悪吉凶時あり時なし。

㉖滝沢馬琴『南総里見八犬伝』第三十一回（文政三年〈一八二〇〉）
いにしへの人いハずや、禍福ハ糾纏の如し。人間万事往として、塞翁が馬ならぬハなし。そハ福の倚る所、将禍の伏する所、彼にあれバ此にあり、とハ思へども予てより、誰かよくその極を知らん。憐むべし。

㉗滝沢馬琴『南総里見八犬伝』第四十二回（文政五年〈一八二二〉）
縦大塚に赴きて、街談衢説を撈るとも、誰か亦彼ほどに、曲に告るものゝあるべき。現禍も禍ならず、福も亦福ならず。世ハ塞翁が馬なりけり。

㉘滝沢馬琴『南総里見八犬伝』第四十四回（文政五年〈一八二二〉）
そが中に小文吾ハ、小膝を撲とうち鳴らして、「俗に禍も三年俟バ、福になるといへり。そは塞翁の故事なるべし。（中略）これ禍も三年俟バ、福になるといふ。世話に相似て面目あり。いと歓しく候」とその伝来をとき諭せバ、

㉙志賀理斎『理斎随筆』巻六（文政六年〈一八二三〉）
世人運の善悪をいふ。思ふに運といへるものハ、いつまでも永続するものならず。吉凶ハ縄のごとく四時の移りかはるが如し。仕合不仕合互にめぐりあふ事なれバ、福ハ禍の伏する処にて人間万事塞翁が馬のたとへの如く、古人ハ吉事も無にしかずといへり。

㉚西村定雅『長唄馬歌集』（文政七年〈一八二四〉）
都て一得一失は天地の器。人間万事塞翁が馬のもの。それ山姥といふ謳ひものに曰、末はどふなることじゃやら。

㉛滝沢馬琴『近世説美少年録』第二十九回（天保二年〈一八三一〉）

人間万事塞翁が、馬の足掻に譬たる。月日は立ことはやくとも、なほ春秋に富たれバ、後会ハ又いくらもあらん。

㉜柳川星巌「食鉛錘魚有感」（天保四年〈一八三三〉）

嗚呼人生塞翁馬　嗚呼人生塞翁が馬
人生得喪偶然耳　人生得喪偶然なるのみ

㉝安積艮斎『艮斎間話』巻上（天保十一年〈一八四〇〉）

晋ノ郭璞ハ「我今日日中ニ死スヘシ」ト云ヲ知リタルハ奇異ノ妖術カ又ハ王敦ノ形勢ニテ知リタルカ正道ニハナキコトナリ。サレハ天命ハ容易ニ言フヘキ所ニ非ス。善ヲ行ヒ悪ヲ戒メ人道ヲ尽スナラハ天命ニ叶ヒ福ヲ得ヘシ。縦令禍来ルトモ少シモ驚カス。我心身ヲ切磋スル薬石ト思フヘシ。人間万事塞翁ヵ馬ナレハ後ノ福トナルモ知リ難シ。

㉞松園茂栄『松園漫筆』巻一（弘化四年〈一八四七〉）

▲烏有いはく諺に人間万事塞翁が馬といふことあり。いかなる事の喩にや。老右衛門曰これ人間世万事将来の吉凶禍福はかるべからざるの譬喩なり。此七字ハ東坡の詩の一句なり。淮南子に出たる故事なり。（以下略）

㉟巌垣月洲「示和田生」（嘉永年間〈一八四八〜一八五四〉）

人間万事塞翁馬　人間万事塞翁が馬
安知空箱非吉祥　安んぞ知らん空箱の吉祥に非ざることを

㊱松本奎堂「老将」（安政二年〈一八五五〉）

人間万事塞翁馬　人間万事塞翁が馬

天上月亦有円欠　天上月も亦た円欠有り

㊲吉田松陰「妹千代宛書簡」（安政六年〈一八五九〉）

陳又禍福如レ縄といふ事御さとりがよろしく候。禍は福の種、福は禍の種に候。人間万事塞翁馬に御座候。

㊳高杉晋作「獄中手記」（元治元年〈一八六四〉）

予遊支那、距今已三年。昨日鳳翼、今変為籠中鳥、諺云、人間万事塞翁馬、真哉。

上記の用例からは漢籍に見られる「塞翁失馬」よりも、成句「人間万事塞翁馬」が圧倒的に多く引かれており、人生観の一つとして人口に膾炙された様子が垣間見える。一部節用集には「塞翁」のみならず「塞王」の表記も見える。また「塞翁」については『誹風柳多留』にしばしば詠まれ、一般庶民の関心の高さをうかがわせる。例えば、「塞翁が馬とちへても行次第」（四十二篇　文化五年〈一八〇八〉）、「塞翁が馬一と鞍か五十年」（六十一篇　文化九年〈一八一二〉）、「さいわふの事ゆへ馬か付て来る」（六十六篇　文化十一年〈一八一四〉）、「さいおふの意見も息子馬に耳」（七十五篇　文政五年〈一八二二〉）、「塞翁は寐転んで聞時の鐘」（八十一篇　文政七年〈一八二四〉）、「人間万事さまざまの馬鹿をする」（百十七篇　天保三年〈一八三二〉）、「あまのじやくだと塞翁が女房言」（百四十六篇　天保九年〈一八三八〉）などユーモラスな塞翁像が浮かびあがる。

明治末期には池田四郎次郎『故事熟語辞典』（明治三十九年〈一九〇六〉）〔人間万事塞翁馬〕、簡野道明『故事成語大辞典』（明治四十年〈一九〇七〉）【人間万事塞翁ガ馬】で立項され、ともに晦機禅師の頌句であることも併記される。文学作品には、夏目漱石『吾輩は猫である』（明治三十九年〈一九〇六〉）「所が人間万事塞翁の馬、七転び八起き、弱り目に祟たり目で」、南方熊楠『十二支考』（大正七年〈一九一八〉）「支那の馬譚で最も名高きは、『淮南子』に出た人間万事此の通りてふ塞翁の馬物語で有う」、太宰治『竹青』（昭和二十年〈一九四五〉）「人間万事塞翁の馬。元気を出して、再挙を図るさ」など、中国では散見されない「人間万事塞翁馬」の用例は枚挙に暇がない。また、「人間万事塞翁馬」は七言絶句の一節であったことから、明治以降も新宮涼閣「排悶」（『白雲遺稿』）、大賀賢励「歳末吟」（『旭川詩鈔』巻二）、荻野独園「偶成」（『退耕語録』巻三）などで漢詩文にも詠み込まれる。中でも特筆すべきは教育者で思想家の杉浦重剛の遺稿集に収められた「悼女田鶴」と題された次の漢詩である。

屈指三年無此児　　指を屈して三年此の児無く
生而喜矣死而悲　　生まれては喜び死しては悲しむ
人間万事塞翁馬　　人間万事塞翁が馬
自是糾纏天理彝　　是より糾纏天理の彝

（『梅窓遺稿』）

「田鶴女」の詳細は不明であるが、愛児を亡くした心痛の様子は読み手にも切々と伝わってくる。あたかも「人間万事塞翁馬」の一節に救いを求めているかのようである。わが国では「人間万事塞翁が馬」が人口に膾炙していたのはこれまで確認した通りであるが、あまりにこのフレーズが浸透しているせいか、かえってこれに俗臭を嗅ぎ取った者がいたのも事実である。「正直正太夫」の別号でも知られる明治の文人斎藤緑雨は次のように語る。

塞翁馬とハ唐土塞上に住ふたる翁の飼馬との意なり。この馬禍福吉凶の測り知られざる入訳を仕方を以て翁に呑込せたるより人間万事塞翁が馬と俗に謂へり。著者ハ頗る俗嫌ひなれバ、斯くは高尚に塞翁馬と題したるなり。

（『小説評註』「塞翁馬」）

わが国では、『淮南子』よりも晦機禅師「人間万事塞翁馬」頌句に焦点が当てられていることがわかる。山崎美成はその典拠として『江湖風月集』のほかに『貞和類聚祖苑聯芳集』も掲げるが、後者には巻七に「推枕軒中聴雨翁（推枕軒の中　雨を聴く翁）」（断江覚恩「酬晦機禅師」）の句がわずかに見えるのみで、やはり「人間万事塞翁馬」

の句の掲載はない。また、蘇軾の詩を典拠に掲げるものもあるが、これは彼の「洗足関門聴雨眠（足を洗ひ門を関ぢて雨を聴きて眠る）」（「是日宿水陸寺寄北山清順僧二首其二」）の一節に基づく誤認なのかもしれない。いずれにせよ、これだけ人口に膾炙されている頌句であるにもかかわらず、その出典が不明瞭な点も特徴である。また、備後福山藩の藩医伊沢蘭軒が「晩秋病中雑詠其二」（文化十年〈一八一三〉）において「古人言尽人間事　推枕軒中聴雨詩（古人言ひ尽くす人間の事　推枕軒中雨を聞く詩）」と詠んだことは森鷗外の史伝『伊沢蘭軒』の中で紹介されている。

上記の用例では概して「ニンゲンバンジ」と読まれており、節用集などには「に（仁）」の部に所収される。積極的に漢音で「ジンカン」と読まれた形跡はなく、基本的に呉音で「ニンゲン」と呼び習わしていた状況がうかがえる。ただし、「万事」についても呉音「マンジ」、漢音「バンシ」となるため、「バンジ」の読みもまた漢音・呉音の混用読みとなる。呉音は六朝時代の古い漢字音で百済を経由してわが国に伝わり、仏教語と深い結びつきがある。一方の漢音は奈良時代以降、遣唐使によってもたらされた漢字音である。漢文教材は「西施」、「知音」、「六朝」など漢音で読むことが原則とされるが、必ずしもこの規則に縛られているわけではない。実際に『論語』、『周礼』、「矛盾」など伝統的に呉音読みを用いる語句もある。この問題に関して中国古典文学者の鈴木修次は漢音・呉音混用読みを「ごちゃ混ぜ読み」と呼んで、すでに慣習読みとなった用例を掲げながら「人間万事塞翁が馬」の読み方にも踏み込んでいる。

「人間」という漢語は、『荘子』の「人間世」をはじめとして、中国の古代漢語においてつとに存在していたことばで、元来は漢語であったが、仏教の十法界の一である「人界」（にんがい）を「人間界」ともいうようになった。したがって漢語の「人間」と、仏語の「人間」との間に本質的な区別はないのであるから、すべてを「にんげん」と読んで実はさしつかえないのである。「じんかん」と「にんげん」とを区別しようとするのは、漢学者のかた意地であるにすぎない。[*14]

さらに鈴木は「漢文訓読において、漢文だからできるかぎり漢音で読みましょうという指導は、必ずしも語彙の学習にはならず、しばしば国語を混乱させることにもなる」と述べ、語彙が呉音で定着しているもの、漢音・呉音の「ごちゃ混ぜ読み」で定着しているものはその習慣に従って初めて日本語教育にも寄与し得ると提言する。そもそも禅僧の頌句たる漢詩文の一節である事実に照らせば、呉音読みにもさほど抵抗を感じる必要はないものと思われる。いずれにせよ、「人間」の冠辞が当該成語に深みを与えたことは想像に難くない。

四　故事成語「塞翁馬」教材考——比較読みの観点に照らして——

漢文入門期の故事成語の単元は概して語源と意味の指導に重点が置かれる傾向にあるが、講義解説型の授業では、学習者の興味関心を惹(ひ)くことも難しい。「塞翁馬」教材の先行研究についてはこれまで「塞」、「胡」、「跛」などテキスト中の語彙の取り扱いに焦点を当てた指導が報告されてきた。[*15]また、湯浅邦弘は「塞翁馬」を入門期の寓話的な取り扱いにとどめず、発展的な老荘思想学習に関連づける指導が望ましいと説いた。[*16]当該成語の理解を深めるうえで、上記とは異なった視点から関連教材の検討を試みる。

概して故事成語は思想家や遊説家などの発言者を通して歴史的な背景を映し出す傾向にあるが、この「塞翁寓話」は説話色が強く、授業において時代背景が深掘りされることも少ない。ただし、前出の『世話支那草』、『諺草』、『松園漫筆』などには、塞翁の息子が落馬により「臂」を折る場面の後に「秦の始皇帝、胡をふせがんために、蒙恬を遣して万里の長城を築かしむ」の一文が挿入する。『史記』巻六「始皇本紀第六」と巻八十八「蒙恬列伝第二十八」

にはそれぞれ次のような記載がある。

・（始皇三十二年前二一五）因リテ使ム三韓終、侯公、石生ヲシテ求メ二仙人ノ不死之薬ヲ一。始皇巡リ二北辺ヲ一、従リ二上郡一入ル。燕人盧生使ヒシテ入リテレ海ニ還リ、以テ二鬼神ノ事ヲ一、因リテ奏ジテ二録図書ヲ一、曰ク「亡ボスレ秦ヲ者ハ胡也ト。」始皇乃チ使メ下将軍蒙恬ヲシテ発シテ二兵三十万人ヲ一北ノカタ撃タ上レ胡ヲ、略二取ス河南ノ地ヲ一。（「秦始皇本紀第六」）

・始皇二十六年（前二二一）、蒙恬因リテ二家世ニ一得タリレ為ルヲ二秦将一ト、攻メレ斉ヲ、大イニ破リレ之ヲ、拝セラレテ為ル二内史一ト。秦已ニ并セ二天下ヲ一、乃チ使ム下蒙恬ヲシテ将ヰテ二三十万ノ衆ヲ一北ノカタ逐ヒ二戎狄ヲ一、収メテ中河南ヲ上。築キ二長城ヲ一、因リテ二地形ヲ一、用ヒテレ険ヲ制スレ塞ヲ。起リ二臨洮ヨリ一至ル二遼東ニ一。延袤万余里ナリ。（「蒙恬列伝第二十八」）

典拠である『淮南子』「人間訓」にも「秦皇挟ミ二録図ヲ一、見テ二其ノ伝ヲ一曰ク「亡ボスレ秦ヲ者ハ胡也ト。」因リテ発シテ二卒五十万ヲ一使ム三蒙公ト楊翁子ヲシテ将トシテ築カ二修城ヲ一」とあるが、紀元前二二一年に中華統一を成し遂げた始皇帝は不死の薬、匈奴攻め、万里の長城などの事績を残しており、これらが「塞翁寓話」の背景にあると解釈する見方である。前二一五年に方士たちに不死の薬を探し求めさせた始皇帝に対し、燕人盧生は「秦を亡ぼす者は胡（匈奴）である」と記された預言書を献上した。*17 そこで始皇帝は将軍蒙恬に数十万人を与えて匈奴を攻め、その防波堤として万里の長城を築かせる。故事成語「塞翁馬」を直接史実に徴することは難しいかもしれないが、こうした比較読みにより、始皇帝の事績とも関連づけて紹介できるだろう。

次に、わが国における当該成語の言語的な問題について取りあげるうえで、「塞翁」に相当する「北叟」の語彙に注目したい。漢籍における「北叟」の用例は「塞翁」よりも古くから使われており、すでに『漢書』巻百「叙伝第七十」に後漢の班固「幽通賦」の一節「北叟頗ル識ル二其ノ倚伏ヲ一」が見える（『文選』にも収録）。『後漢書』巻六十下「蔡邕列伝第五十下」「資リ二同人之先ニ号ブヲ一、得タリ二北叟之後福ヲ一」、『晋書』巻五十一「摯虞列伝第二十一」

「爰ニ攬リレ轡ヲ而旋ラシレ驅ヲ兮、訪フ二北叟之倚伏ヲ一」、『旧唐書』巻六十三「蕭瑀列伝第十三」「翻リテ見ル二太平之日ヲ一。北叟失フレ馬ヲ、事モ亦難シレ常」に引かれるほか、晋の方湛（湛方生）には「北叟賛」なる四言詩がある。

楽為憂根　楽は憂ひの根と為り
禍為福始　禍は福の始めと為る
数極則旋　数極まれば則ち旋り
往復迭起　往復迭に起こる

（『芸文類聚』巻三十六）

唐代詩文においては、初唐の駱賓王「惟余北叟意　欲寄南飛鴻（惟だ余す北叟の意　寄せんと欲す南飛の鴻に）」（「辺夜有懐」）、盛唐の儲光羲「吉凶問詹尹　倚伏信北叟（吉凶詹尹に問ふ　倚伏北叟を信ず）」（「獄中貽姚帳薛李鄭柳諸公」）、北宋の祖無擇「臥龍誰識南陽隠　失馬失何労北叟悲（臥龍誰か識る南陽の隠　失馬何ぞ労せん北叟の悲）」（「贈牛仲容」）、元代の朱希晦「北叟塞上馬　秦人宮中鹿（北叟塞上の馬　秦人宮中の鹿）」（「雑詠」）などが見られる。上記の詩の中で、儲光羲の漢詩に登場する「詹尹」とは『楚辞』に登場し、屈原と対話する古代の占師鄭詹尹のことであり、北叟の神秘性に対比された状況がうかがえる。

わが国では「北叟」の語彙自体はすでに平安時代の源為憲『世俗諺文』に現れ、当時の漢詩人都良香による方湛にならった四言詩「北叟賛」も伝わっている。

雖楽勿楽　楽しむと雖も楽しむこと勿かれ
雖哀勿哀　哀しむと雖も哀しむこと勿かれ
憂為喜本　憂は喜を本と為し
福為禍胎　福は禍を胎と為す

（『都氏文集』巻三）

鎌倉時代になると、「北叟（塞翁）」の故事が『妻鏡』、『沙石集』巻八、『古今著聞集』巻二十、『十訓抄』巻六などに紹介されるようになる。さらに、和歌には後鳥羽院「いつとなく北の翁が如くせばこのことわりや思ひ入れなん」、土御門院「心をば北の翁にならへども、又たちかへる駒だにもなし」、藤原知家「古への北の翁もあるものをなとあやにくに世を嘆くらむ」、公朝大僧正「世の中はきたのおきなのむまなれやよきもあしきも後を知らねば」と詠まれたほか、漢詩文には大江匡房「続座左銘」「運譬北叟馬　途任南司車（運は北叟の馬に譬へ　途は南司の車に任す）」、葉室定嗣『葉黄記』「庶幾弘景之牛、北叟之馬也（庶幾はくは弘景の牛、北叟の馬なり）」、江西龍派『続翠詩集』「北叟馬帰今日事　南華蝶化曩時遊（北叟の馬帰る今日の事　南華蝶に化す曩時の遊）」なども見られる。ここでは「北叟」が六朝時代の道士「陶弘景（弘景牛）」や戦国時代の思想家「荘子（南華蝶）」など世俗を超越した人物と対比されている状況がうかがえる。室町時代の行誉『壒嚢鈔』巻三には「塞翁トハ北叟也。塞ヲハソコトヨム。北ヲ云也。南ヲ口チトスレバ、北ハ即。ソコ也。仍テ塞北共云也」とあり、「塞翁」と同義とされた。なお、室町時代末期の『塵添壒嚢鈔』巻五にも同様の記述が見られ、江戸時代の『諺草』巻一には次のような説明がある。

　北叟顔　俗に、憂喜心にとゞめず、いつも悦ハしき顔を北叟顔と云。又北叟笑と云。塞翁が故事也。已に前に見えたり。班固ヵ幽通ノ賦ニ。北叟頗識二其倚伏ヲ一。又頭に被るを、北叟頭巾と云。*18

ここでは「北叟」から「ほくそ笑み」や「北叟頭巾」などの言葉が生み出されたとあるが、この「ほくそ笑み」については、鎌倉時代の無住『妻鏡』にも「今ノ人モ少シヱミタルヲホクソ咲ト云ヘルハ此北叟カ事ナルベシ」の記述があり、当時はすでに通説となっていた状況が垣間見える。『源平盛衰記』には特に多く用いられ、巻十二「「左モ右モ御計ニ随ヒ奉ベシ」トテ、ホクソ咲テ出ラレヌ」・巻十四「競ハ畏り給テ、ホクソ咲テ罷帰ヌ」・巻十九「文覚ホクソ咲テ」などが散見される。江戸時代の古辞書類には、若耶三胤子『合類節用集』巻八（延宝四年

〈一六七六〉）「北叟笑　少ク笑フ曰二北叟笑ト一」、遊林子詠嘉『反故集』巻下（元禄九年〈一六九六〉）「北叟笑　塞翁」、松葉軒東井『譬喩尽』（天明六年〈一七八六〉）「北叟附」などの単語が所収されるほか、文学作品類には次のようなものがあり、一癖ある含み笑いに用いられている。

❶北村季吟『新続犬筑波集』巻十一（万治三年〈一六六〇〉）
花のかほやほくそうわらひ窓の梅

❷藤元元『前太平記』巻一（天和元年〈一六八一〉頃）
権ノ守興世進出テ申ケルハ「一国ヲ掠ルモ、板東ヲ皆ナ奪モ其ノ罪以テ可レ同カル。先ツ常陸ノ国ニ攻入、兵ヲ卒テ直ニ下野ニ移国司ヲ追出シテ、上野ニ入武蔵相模ヲ略シ、安房上総ヲ打従ヘテ関八州ヲ手ニ入ンコト、不レ可カラレ廻スレ踵ヲト、憚処ナク申ケレバ、将門ホクソ笑テ、

❸室鳩巣『駿台雑話』巻三（享保十七年〈一七三二〉）
宗盛対面して、「汝今より我につかへハ、入道の恩にはまさるへし」とて、小糟毛といふ馬に貝鞍をき、乗かへの料とて、遠山といふ馬を引そへ、黒いとおとしのよろひ冑まて皆具してたひけり。競かしこまり給りて、ほくそ笑て罷帰りぬ。

❹八文字屋自笑『物部守屋錦輦』巻一（延享四年〈一七四七〉）
叢雲異儀なく血判して、「それがし事ハ申までもなく、天皇の御内臣にて、お側にまかりあれば、首尾を見あはせ軍をなさるゝまでもなく、致方あるべき事なり。ちつとも御気づかひなさるゝな」と事もなげにいへば、皇子北叟笑してぞ悦れける。

❺滝沢馬琴『椿説弓張月』第二十九回（文化四年〈一八〇七〉）

けふは稀なる獲ありて、金魚と人魚を両ながら得たり。幸あり幸ありとほくそ笑て、やをら魚籃を背負つゝ小唄うたふて帰り行く。

❻石川雅望『近江県物語』巻三（文化五年〈一八〇八〉）

せめて声をあげて、「おれハひはぎなり」といふ〳〵。ふるひてをるを、旅人見て、「なに」といふ。「ひはぎなりとか。さもあるべし。などてさハふるふぞ」といへば、おくれをミせじとて、「これハ武者ぶるひとて、たけき人のする事ぞ」といへば、旅人ほくそ笑て、

❼山東京伝『本朝酔菩提全伝』巻一（文化五年〈一八〇八〉）

乞食等口〴〵に、「我輩が見こんだる其懐、豈手を空しくとゞめんや。汝手づから施さずハ、手ごミにすぞ」と叫ハりつゝ、四人ひとしく身におほひたる薦を手ばやく摝捨て、右左に立ならぶ。曾根松ハ事ともせず、ほくそ笑して居たりけるが、

❽山東京伝『双蝶記』巻六（文化十年〈一八一三〉）

物具の金物を月影に耀し、光渡て歩来る。其形勢志気堂々威風凜々たる若武者なり。閑作ハ肩をゆすりてほくそ笑、こと〴〵しげに名乗し故、いかなる荒武者か出来とおもひしに、手にも足ざる小冠者原、討手の大将なんどとハかたハらいたし。

❾滝沢馬琴『朝夷巡島記』第二十回（文化十三年〈一八一六〉）

因幡介広元の奉翰に執権時政の下行書を相添て、「義邦義秀等を追捕の事。骨相書をもて速に、国々へ徇しらしむべし。又時夏が忠勤の為体、いと神妙に思召。猶糾明を遂させて、勧賞の沙汰あるべし」と義兼に下知せらる。時夏これを伝へ聞て、ほくそ笑てゐたりける。

⑩岳亭定岡『俊傑神稲水滸伝』第二十三回（弘化三年〈一八四六〉）

「斯る地へ倡引、殿原たちに仕へよとハ、空怖しの命せぞや。況て妾糸竹の業患にして、饗応の席を興ぜん役目など弗に心得はべらぬ也。然命せ宣ハで、疾疾妾をころしてたべ。情ぞ慈悲ぞ衆人公」と、彼方此方を伏拝ミ、よゝと計りに泣沈ミぬ。鬼門ほくそ笑て曰く、

また、「ほくそずきん」とは「（オクソズキンの転）カラムシの茎で作った頭巾。形は両下の屋根に似て紐は内につき、鷹匠・猟師などが用いた」（『広辞苑』）とあり、江戸時代の用例には『日本鹿子』（元禄四年〈一六九一〉）「苧屑頭巾 世ニホクソヅキント云（越前国）」、『諸国万買物調方記』巻十（元禄五年〈一六九二〉）「▲をくづつきん 世ニほくそつきんといふハあやまりか（越前国）」、『守貞謾稿』巻十五（嘉永六年〈一八五三〉）「ホクソ頭巾 織田信長着ス尤モ古キ製也。苧ヲ以テ作ル故ニ苧屑也」などがある。

ただし、この「北叟語源説」に異論を唱える向きもある。前掲『書言字考節用集』には「北叟顔 俚俗斥テ下喜慍不レ止二面色一者ヲ上云レ爾。蓋取レリ二事ヲ於塞翁ニ一」（巻五）とある一方で、「苧屑頭巾 或ハ作ル二北叟ニ一者非」（巻六）とも述べていることから、「北叟顔」と「北叟頭巾」を切り離している見解がうかがえる。このように「北叟語源説」にも揺れが見られる。さらに、国学者谷川士清は『和訓栞』前編巻二十四において次のように説いた。

ほくそ　新撰字鏡に熜をよめり火糞の義。新千載集に沈のほくそと見えたり。今ほくちといふ。火口なり。火朽にハあらし（＊「あらじ」の意）。火引をいふ。ばんやいちびよしといへり○黒子を俗にほくそといふ。ほくろともいへり。老人の事にほくそづくといひ、しら笑といふ是なり。北叟の故事を引ハあらし。*19

ここで「ほくそ」は「燃えかす」に語源を持ち、そのイメージから「しら笑い」のことを指すとある。つまり、「北叟語源説」を明確に否定して「ほくそ笑い」とは人を嘲るような含み笑いとの意であると解したのである。

関連して石川雅望（いしかわまさもち）『雅言集覧（がげんしゅうらん）』巻三にも「ほくそ」と「ほくそわらふ」は次のように別項で取り扱われている。

・ほくそ　俗にいふホクチ也。〔字鏡〕㷫燭余保久曽又〔和名〕十二、十一、灯火具にハ、㷫（ホソクツ）保曽久豆燭余炭とミゆ。

・ほくそわらふ　うれしと思ひて笑ふをいふ。

こちらも「ほくそ」は「㷫」と明記されているのに対し、「ほくそわらふ」にも「北叟」についての言及はない。このほか、河崎清厚（かわさききよあつ）『雅言童喩（がげんどうゆ）』（天保十五年〈一八四四〉）にも「ほくそ　ホクチ」とあり、「火口」と結びつけられている。以上の点から、授業において当該成語「塞翁馬」を取り扱った際に「ほくそ笑い」の語源をめぐって「北叟」由来の漢語説と「㷫（火糞）」由来の和語説の二説の提示が可能である。両説の比べ読みは言語観の涵養に資するものとなるだろう。

道家思想に由来する達観的視点は学習者に感銘を与えるはずだが、授業の際には単なる内容解説にとどめるのではなく、歴史や言語に関わる仮説を踏まえた関連教材との比較読みにより、定番教材たる故事成語に発展的な興味関心を持たせる指導も必要となる。

五　まとめとして

本章では故事成語「塞翁馬」の和漢における受容状況を俯瞰した。典拠である『淮南子』の寓話には主人の実名が明らかにされないが、後世「塞翁」や「北叟」の用語が生み出された「摘要型成語」の一つであることは間違いない。漢籍では「塞翁失馬」が四字熟語化したのに対し、和書では頌句「人間万事塞翁馬」が好まれた。そのため、「人間万事」の読みについての考察も加えている。ただ、これだけ親しまれた頌句であるにもかかわらず、その典拠が未詳であるため、江戸時代から様々な推測がなされた経緯も見られた。当該成語「塞翁馬」はどのような事態が起きても達観する姿勢を求めるものだが、どちらかと言えば不幸に見舞われたときに引かれるケースが圧倒的に多いことだろう。昭和五十六年（一九八一）に第八十五回直木賞を受賞した青島幸男の『人間万事塞翁が丙午』は「丙午」の年に生まれた青島の母ハナをモデルにしている。作品中で家業の仕出し弁当屋「弁菊」を切り盛りするハナが、二年前に出征に取られた夫青山次郎を見送ったことを回想する場面は以下の通りである。

> 思えば二年三ヶ月前、同じような騒ぎの中でおとうちゃんは出かけて行った。あの時は、壮行会だの歓迎会だのと呼び名ばかり景気はいいが、目出度い、目出度いと口では言っていても、真底、目出度いと思っている人のいる筈もなく、明日は我が身とヤケのヤン八。なーに、生き死には寿命で畳の上で死ぬ者は死ぬし、戦争に行ったたって死ぬと決った訳じゃない。人間万事塞翁が馬と誰もが納得出来るような出来ないような理屈で自分を押し殺して、バンザイ、バンザイと誤魔化してはいたが、家にいるより戦争に行く方が危険が多いのは子供でもわかる。*20

ここでは、戦地に赴く人間を案じてどのような結果が待ち受けているのだろうかと想像を巡らせている状況がうかがえる。このように、「人間万事塞翁が馬」は諦めざるを得ない状況下において人々への救いのスローガンとして受容された事実があった。

国語教材的な観点に照らせば、故事成語「塞翁馬」は老荘思想の影響が色濃く、思想教材との読み比べが可能である。その成立背景にある始皇帝の存在からは史伝教材との関連づけも可能になるほか、「ほくそ笑み」の「北叟語源説」を取りあげる際には通説と異説との読み比べも実践できる。故事成語を授業で取り扱う際には発展教材との関連づけが重要であり、学習者の新たな知見を引き出すような効果的な指導方法が今後も求められるだろう。

注

1　向井哲夫「人間訓と縦横家思想」二二九頁。（『淮南子と諸子百家思想』朋友書店　二〇〇二年六月）

2　宋の林希逸は『列子鬳斎口義』巻下において説符篇「黒牛白犢寓話」に「此ノ章ハ塞翁ノ得馬失馬意同ジ。言ハ吉モ未ダ二必ズシモ不ンバアラ一レ為ラレ凶、凶モ未ダ二必ズシモ不ンバアラ一レ為ラレ吉也」と注しており、「塞翁寓話」の類話と見なしている。ちなみに、馬琴には『人間万事塞翁馬』（寛政十二年〈一八〇〇〉）と題する洒落本もある。

3　清代の学者王念孫は『芸文類聚』巻四十礼部下、巻九十三獣部上、『太平御覧』巻五百六十一礼儀部四十、巻八百九十六獣部八などの記載を踏まえて「近キ二塞上ニ一之人有リ二善ク術スル者一、念孫案ズルニ近塞ハ本作ル二北塞ニ一。此レ後人以テレ意ヲ改ムルレ之ヲ也」と述べ、「近塞」はもともと「北塞」の誤りではないかと指摘する（『読書雑志』「淮南内編第十八」）。

4　石村貴博「唐代弔文小考――陳子昂と張説を軸として――」（『國學院中國學會報』第五十輯　二〇〇四年十二月）、中尾一成「陳子昂垂拱二年出征考（十）――「弔塞上翁文」――」（『千里山文学論集』第七十七号　二〇〇七年三月）

5　また、晩唐の李群玉「誰会陶然失馬翁」（「自遣」）、許渾「冥心失馬翁」（「泛渓」）など、「失馬翁」の用例も見られる

6　林世景「中国の成語の用例及びその変遷『塞翁失馬』」（『青山学院大学論集』第三十七号　一九九六年十一月）また、陳力衛は「塞翁失馬」は失敗のイメージを強めるもので、中国では「安知非福（どうして福でないことと知ろうか）」とセットで用いることで、失敗や損失も福に転ずる可能性に触れた心理的防御戦に重点が置かれると述べる（陳力衛『日本の諺・中国の諺――両国の文化の違いを知る――』明治書院　二〇〇八年六月）。

7　一色英樹「「人間萬事塞翁が馬」と晦機禪師」（『漢文學會々報』第三十六輯　一九九〇年十月）

8　湯浅邦弘「塞翁が馬の由来」一六六頁。

9　当該頌句は『秉燭譚』巻三、『葛原詩話』巻四にも引かれる。

10　内田澪子「「北叟」と「塞翁」」（勉誠出版『アジア遊学155　もう一つの古典知　前近代日本の知の可能性』二〇一二年七月）、杉下元明「人間万事塞翁馬――五山文学と日本文化」（おうふう『国文学言語と文芸』第一三〇号　二〇一四年三月）

11　飯塚朗『中国故事』六六頁。（角川書店　一九七四年十一月）

12　駒田信二『「論語」その裏おもて』十一頁。（旺文社　一九八五年一月）、松本一男『中国故事一日一話　人生の機微・処世の知恵365』二六頁。（一九八九年六月）、合山究『故事成語』八七頁。（講談社　一九九一年十一月）、中野清『成語故事』二〇三頁。（ディーエイチシー　一九九六年十二月）、井波律子『中国名言集　一日一言』一三頁。（岩波書店　二〇〇八年一月）及び前掲8などにはいずれも「ジンカン」の読みが付されている。これに対し、陳舜臣『弥縫録――中国名言集』二一五頁。（読売新聞社　一九八〇年七月）はこれを「ニンゲン」と読んだうえで、中国では「人の世」・「世間」・「社会」を意味すると解釈する。令和四年（二〇二二）度発行の教科書「言語文化」において「塞翁馬」を採録するのは東京書籍、筑摩書房、桐原書店の三社であり、いずれも「人間万事塞翁馬」の頌句を紹介しているが、この中では東書教科書のみが「ジンカン」の読みを施している。

13　江戸時代の古辞書類の用例として「髀」と記載するものは、『愈愚随筆』、『漢語大和故事』、『万物故事要訣』などがあり、「臂」と記載するものは『世話支那草』、『理屈物語』、『諺草』、『松園随筆』などがある。

14　鈴木修次「呉音語と漢音語」一〇四頁。（『漢語と日本人』みすず書房　一九七八年九月）

15　阿部正和「漢文に苦手意識を持つ生徒への工夫②――「塞翁馬」を教材を用いて――」（『漢文教育』第二十五号　二〇〇〇年十一月）、村山敬三「漢文教材研究「塞翁馬」教材研究」（『新しい漢字漢文教育』第四十二号　二〇〇六年五月）、吉田勉「多音字と辞書指導――「塞翁馬」を事例として――」（『国語論集』第十七号　二〇二〇年三月）

16　湯浅邦弘「高等学校漢文教育の現状と課題――「塞翁馬」と道家思想教材をめぐって――」(『島大国文』第十四号　一九八五年十月)

17　なお、裴駰(はいいん)『史記集解(しきしっかい)』には「鄭玄(じょうげん)曰ク、胡ハ胡亥ナリ。秦二世ノ名也。秦見テ二録図ヲ一不レ知ラ二此レ人名タルヲ一。反リテ備フ二北胡ニ一」とあり、後漢の鄭玄はこの「胡」が秦の二世皇帝「胡亥」のことを指すものと解釈している。

18　『斉東俗談』巻一、『世話重宝記』巻一にも同様の記述がある。

19　なお、『和訓栞』中編巻五にも「きたのおきな(北叟)」が採録される。

20　青島幸男『人間万事塞翁が丙午』「待人来タラズ」一一九頁。(新潮社　一九八四年八月)

COLUMN

「渾沌」変容考

一 『荘子』の「渾沌寓話」から

現在、「渾沌（こんとん）（混沌）」は「無秩序」を意味し、日常的に広く使われている語句の一つです。「渾沌」は定形を持たないものと捉えられますが、漢籍では次のようないくつかのイメージで登場しています。

㈠「渾沌未分（カオス）像」（『三五歴記』・『淮南子』・『論衡』）

㈡「凶悪神格（デーモン）像」（『書経』・『史記』・『神異経』）

㈢「餛飩点心（ワンタン）像」（『資暇集』・『北戸録』・『春秋演繁露』）

㈣「天真無垢（イノセンス）像」（『荘子』）

以上のうち、ここでは定番教材である『荘子』「応帝王編」の「渾沌寓話」（㈣天真無垢像）を取りあげて考察していきたいと思います。

南海之帝ヲ為シレ儵ト、北海之帝ヲ為シレ忽ト、中央之帝ヲ為ス二渾沌ト一。儵ト与レ忽、時ニ相与ニ遇フ二於渾沌之地ニ一。渾沌待スルコトレ之ヲ甚ダ善シ。儵ト与ハレ忽謀リテレ報インコトヲ二渾沌之徳ニ一曰ク「人皆有リ二七竅一、以テ視聴食息ス。此レ独リ無シレ有ルコト。嘗試ミニ鑿タントレ之ヲ。」日ニ鑿チ二一竅ヲ一、七日ニシテ而渾沌死ス。

南海の帝「倏」と北海の帝「忽」が中央の帝「渾沌」の地で面会した際に、倏と忽は渾沌への謝礼のために「人には皆七つの穴があり、それによって生活が可能なのに渾沌には穴がない。試しに一つ穴を開けてやろうではないか」と相談し、一日に一つずつの穴を開けているうちに渾沌が死んでしまいます。「倏」、「忽」ともに「たちまち」の意となるのに対し、「渾沌」は「万物が未だ形成されておらず、陰陽の気がまだ分かれていない状態」を表します。つまり、自然状態のものに無理に人知が入り込んで文明化させる問題が主題となります。一般に人は目、耳、鼻、舌などの五官により外界の刺激を吸収するものですが、こうした刺激は人の本性を疲れさせるものにもなりかねません。結果的には情報過多により個人の本質を損なうと解されてきました。

荘子は「知」のあり方そのものに疑問を投げかけています。「知は待つ所有りて然る後に当たる」(「大宗師編」)、「知なるものは争の器なり」(「人間世編」)、「聖人は謀らず。悪くんぞ知を用いんや」(「徳充符編」)など、知の限界が繰り返し語られています。『荘子』「天地編」では老荘思想を指して「渾沌氏の術」とも称されるため、「渾沌」が当該思想の中でも中核をなしていたことがうかがい知れます。

老荘思想が最も流行したのは晋代に入ってからと言われます。「竹林の七賢」にも数えられる阮籍が『達荘論』を著して「無為の貴」を説いたことが『晋書』巻四十九に見えますし、陶淵明の「飲酒」や劉伶の「酒徳頌」も『荘子』の影響が色濃いことがこれまで指摘されてきました。

二　和書における「渾沌寓話」の受容

『荘子』はその書物伝来とともに西晋の郭象による『郭註荘子』が広く読まれてきました。室町時代の五山僧の間では宋代の林希逸『荘子鬳斎口義』が好まれますが、江戸中期の儒者荻生徂徠は林注を批判して郭注を見直しました。「渾沌寓話」における「天真無垢（イノセンス）像」は概して儒家にも肯定的に受け入れられた様子が見受けられます。近世儒家の祖にして林羅山の師に当たる藤原惺窩は、豊臣秀吉の御側衆大村由己（梅庵）とのやり取りの中で、漢詩文において「混沌説」を説きながらその自然性を強調しています（以下、訓点は筆者による）。

> 蒙荘之言ニ云ク、「日ニ鑿チ二一竅ヲ一、七日ニシテ混沌死スト。」於イテモレ詩ニ亦タ如キレ斯ノ耶。意也体也、于イテ二首尾ニ一、于イテ二胸腰ニ一、斧二鑿シテ之ニ一、不ルレ至ラ二死句ニ一者ハ未ダレ有ラレ之。活句乎、活句乎。養フ二混沌之徳ヲ一者ハ非ズシテレ翁ニ而又誰ナランレ歟。（『惺窩先生文集』巻三「次韻梅庵由己幷序」）

世間が詩文に技巧を凝らすあまり死句を生み出してしまう風潮を批判的に捉えながら梅庵の活句を讃えた点に注目できます。こうした自然性を重視する姿勢はその後も対象を変えながら継承されました。近江聖人と称せられ、陽明学を信奉した中江藤樹は「一向に世人の誉をもとめて、徳性の養をたちすて、混沌の死する事をしらさること、恰も楚女の寵愛をもとめて餓死したるに似たる故に、寓言の故事をかりて喩たり」（『翁問答』下巻末）と説き、君主の寵愛を受けるために体型を気にしたあまり餓死に至った「楚女細腰」の故事を踏まえて、人々が流行を模倣して名利に走り、徳性を失っている現状に当てはめています。鬼神なる不可思議なものの存在について語らなかった孔子ですが、近江の儒者で早くに没した富永滄浪は「鬼神有無之論所由起也。弁論之甚至王充阮瞻之徒、渾沌全死（鬼神有無の論由りて起こる所なり。弁論の甚しきは王充阮瞻の徒に至りて渾沌全て死す）」（『古学弁疑』）と述べ、後漢の王充や西晋の阮瞻の無鬼論により聖人の教えに疑念が持たれたことを「渾沌全て死す」と表現しました。また、門弟四千人を数えた広瀬淡窓の咸宜園を嗣いだ弟の旭窓は和漢の儒者観を次のように述べています。

> 畢竟ハ宋以後ノ学者、権ト云フ義ヲ失フテ、学悉ク死物トナルヨリシテ、朝廷ノ人、名ヲ争フ而已ニナレリ。我邦、忌御免ハ、免セラルヽ者、難有ト云ハサルヲ、礼トスル位ニテ、他人ヨリ一言是ヲ攻ルモノナシ。此風大ニ漢

一土ニ勝レリ。我唯、今後拘儒ノ混沌ヲ鑿タンコトヲ恐ル。（『九桂草堂随筆』巻一）

宋代以降、中国では儒学が教義主義に陥ったの対し、わが国では本来特例であるはずの喪中出仕（「忌御免」）にも批判を受けることがないという「渾沌」的で純朴な国民性を讃えています。幕末期に水戸の藩校彰考館初代総教に就任した青山延于は『文苑遺談』において宝暦年間（一七五一～一七六四）に水戸藩に将来した古文辞学派の学者田中江南と結びつけています。この人物の登場によって固陋の旧弊に陥っていた藩内の宋学が一変したのですが、その後には古学が隆盛を極めた次第を語る中で「明儒の偸薄（薄情）」の風が人々に染みついた点に言及しつつ、「至今不可去者亦江南之余毒也。此豈所謂七竅成而渾沌死者耶（今に至りて去るべからざる者も亦た江南の余毒なり。此れ豈に所謂七竅成りて渾沌死する者ならんや）」と述べ、純朴な人柄の変化を嘆きました。老荘思想に由来する「渾沌」ですが、上記の用例からはその天然性については江戸時代の多くの儒者が好意的に受容しているようです。

古辞書類には『日葡辞書』「Conton. 例 Conton mibun（渾沌未分）」、『易林本節用集』（慶長二年〈一五九七〉頃）「[マ]渾沌／「[コ]混乱―沌」」、『合類節用集』（延宝八年〈一六八〇〉）巻三人物部「渾敦 万人ヲ云」、人支部「[コ]混沌衣 人胞ヲ云」、巻五禽鳥部「[タ]渾 沌池」、巻八言語部「[マ]渾沌」、『書言字考節用集』（享保二年〈一七一七〉）巻一乾坤「[コ]混沌 [書言故事] 陰陽未レ分[事苑]清濁未レ分――為レ一也」などとあり、その形態にも触れています。

三　戯画化された「渾沌」像

近世俳諧の分野において「渾沌」はまたもう一つの顔を覗かせました。俳諧における『荘子』の「寓言説」は貞門派、談林派ともに林希逸注に拠るところですが、近世初頭から俳言を強く提唱した松永貞徳門下の貞門俳諧に対して、洒脱の気味が強い西山宗因門下の談林俳諧がこれに対抗しました。この火種がやがて両派の争いへと発展していきます。延宝二年（一六七四）に刊行された談林派宗匠宗因の『蚊柱百句』に対し、南都の去法師なる人物が『渋団』において『蚊柱百句』を批判しました。これを受けて、宗因の弟子岡西惟中は翌三年（一六七五）に『俳諧蒙求』を刊行して貞門派の軽口俳諧に批判を加えますが、ここには俳諧の心得が記されています。

一、俳諧の二字　第一この二字のこゝろをよく会得せざれは、俳諧にはならぬ事なり。
一、俳諧といふこゝろ　もろこしの書には『史記』『荘子』のこゝろなり。
一、『荘子』一部の本意、これ俳諧にあらすといふ事なし。「逍遙遊の篇」、林希逸か注に、「不レ知是レ滑稽ノ処如今ノ人ノ所謂ル断頭ノ話也」とあり。またその下の注に「読ニ二荘子ヲ一其実皆寓言也」ともみえたり。

松尾芭蕉もまた『笈の小文』（宝永四年〈一七〇七〉）の中で「百骸九竅」（『荘子』「斉物論編」）の語句を用いて自らの境遇を振り返ります。冒頭の「百骸九竅の中に物有。かりに名付て風羅坊といふ」の一節はとても有名です。さらに弟子の其角、才丸、揚水の四人で詠み交わした『俳諧次韻』（延宝九年〈一六八一〉）には、当時の芭蕉（俳号は「桃青」）の『荘子』「駢拇編」に趣向を借りた発句に対して、宝井其角は次のような脇句を付けています。

鷺の足雉脛長く継添て　　桃青
這句以テ二荘子ヲ一可シレ見ッ矣　　其角

発句は長足の鷺の余分を短足の雉に継ぎ足すことの無意味さを説きながら、それぞれの生物の特性を生かすように説いた句意ですが、脇句において其角は前句の典拠について漢文訓読体で注釈を試みています。さらに、この句集には芭蕉の次のような句を見ることもできます。

渾沌翠（ヌヘツホウミトリ）に乗て気に遊ふ　　桃青

目鼻耳口の七竅を持たない「渾沌」を「ぬぺつぼう」とルビつきで詠み込み、顔のないものとしての形容として用いています。現在一般的に「のっぺらぼう」と称され、顔のない妖怪の代表として鳥山石燕『画図百鬼夜行』（安永四年〈一七七五〉）などにも紹介されます。このほかに、蕉門の松倉嵐蘭は『桃青門弟俳諧独吟廿歌仙』（延宝八年〈一六八〇〉）の中で次の句を詠み込みました。

目やら鼻やら只ぬらり殿

人並みにされども食は参りけり

やはり耳目のないぬらり殿（「渾沌」）であってもちゃっかり食事はかかさない愛嬌ある様子がうかがえます。同時期に芭蕉の高弟其角の編纂した『虚栗』（天和三年〈一六八三〉）は蕉門以外に貞門派、談林派などの作品も入集しており、蕉風の確立に一役買った句集として名高いですが、巻下に「渾沌」を詠んだ次のような句も見えます。

不二に目鼻混沌の王死シテより　鼓角

渾沌の死により「不二（富士）」にまで目鼻をつけるといった、やはり「ぬぺつぼう」的要素を強調する句風になっています。江戸中期の俳人横井也有の『鶉衣』後編にはこの「渾沌」が顔面ではなく腹部に見立てられる点に特色があります。

人の支体に不用を論せは、男の乳はかりこそいかなる益のあるとも見えねと、今更これらをとり払ハ〱、腹ハ渾沌王の面かげして、世にすげなきものなるへし。（「臍頌」）

ここでは「臍不用」論から始まって男の乳頭もまた意味を持たないものとして取り去ったならば、腹は「渾沌王」の面影になって愛想のないものとなると解釈を加えています。明治二十九年（一八九六）一月、俳人正岡子規は雑誌『日本人』に次の文章を寄稿しています。

天地渾沌として未だ判れざる時腹中に物あり恍たり惚たり形海鼠の如し。海鼠手を生じ足を生じ両眼を微かに開きたる時化して子規と為る。猶鷺のかひ子のうちにあり。余が初めて浮世の正月に逢ひたるは慶応四年なれば明治の新時代は将に旧時代の胎内を出んとする時なりき。其時の余は余を知らず。況して四囲の光景は露知らざりしも思へばきはどき年を重ね初めたるものかな。

（「新年二十九度」）

自らの出生を「混沌未分」の状況として、これが明治維新期に重なったことにある種の感慨を覚えているようです。彼の句に「混沌をかりに名づけて海鼠哉」があり、「海鼠」の姿に見立てました。

「渾沌」が持つユーモラスな側面はすでに唐宋時代の漢詩文の中にもしばしば詠み込まれました。中唐の韓愈「南帝初奮槌　鑿竅泄混沌（南帝初めて槌を奮ひ、竅を鑿ちて混沌を泄す）」（「嘲鼾睡其二」）と鼾声に合わせて詠み込んだり、北宋の蘇軾「既鑿渾沌氏　遂遠華胥境（既に渾沌氏を鑿ち　遂に華胥の境に遠ざかる）」（「飲酒第四」）と飲酒する口になぞらえたり、同じく北宋の晁説之「描難渾沌眉　遽識斉宿瘤（描き難し渾沌の眉　遽に識る斉宿の瘤）」（「無己初除正字以詩寄之」）とぬっぺらした顔に眉を引いたりするなど様々な用例が散見できます。

ノーベル物理学賞を受賞した物理学者湯川秀樹もまた『荘子』の愛読者として有名であり、素粒子の研究の際に「渾沌寓話」から示唆を得たことを述懐します。

儵も忽も素粒子みたいなものだと考えてみる。それらが、それぞれ勝手に走っているのでは何事もおこらないが、南と北からやってきて、渾沌の領土で一緒になった。素粒子の衝突がおこった。こう考えると、一種の二元論になってくるが、そうすると渾沌というのは素粒子を受け入れる時間・空間のようなものといえる。こういう解釈もできそうである。

（『本の中の世界』）

漢籍における「渾沌」はわが国においても様々なものに読み換えられ、のっぺりとした素顔を見せながら現在までその生命を保ってきました。漢文教材で「渾沌」を取りあげた際には、その死に多くの生徒が衝撃を受けていました。情報過多により本質を失うテーマは思考教材として最適ですが、そこまで深く捉えずとも学習者が各自の「渾沌」像を表現する授業も楽しいものです。今後とも「渾沌」の変容が続けば、また違った一面を見せてくれるかもしれません。

第七章

「燕雀鴻鵠考」

――「引用型成語」における文体指導の観点に照らして――

一　はじめに

平成三十年（二〇一八）三月告示の高等学校学習指導要領は令和四年（二〇二二）四月入学生より全面実施され、旧課程の「国語総合」は「現代の国語」と「言語文化」に改編された。これは現代文分野と古典分野との垣根を取り払った六十年ぶりの大きな改革であると注目されている。この改訂により、新設科目「言語文化」は従来の古典教材に加えて近現代の文学作品を指導の対象とした。当該科目の目標については以下の通りである。

㈠生涯にわたる社会生活に必要な国語の知識や技能を身に付けるとともに、我が国の言語文化に対する理解を深めることができるようにする。

㈡論理的に考える力や深く共感したり豊かに想像したりする力を伸ばし、他者との関わりの中で伝え合う力を高め、自分の思いや考えを広げたり深めたりすることができるようにする。

㈢言葉がもつ価値への認識を深めるとともに、生涯にわたって読書に親しみ自己を向上させ、我が国の言語文化の担い手としての自覚をもち、言葉を通して他者や社会に関わろうとする態度を養う。

ここでは「言葉がもつ価値」が明記され、伝統的な言語文化について重点が置かれていることから、学習者が言語の担い手となるように文体を意識づける指導が求められている。従来、授業の現場では口語訳による内容解釈が喜ばれる一方で、文法や句法を通した文語体学習については生徒に歓迎されないという声も根強く存在する。つまり、古文・漢文教材を取りあげる際に、原文ではなく現代語訳による内容解説が中心となる授業展開を余儀なくされることになる。古漢の二重性により構成される古典分野ではあるが、和文脈である古文体に比しても、漢文への風当たりには大きいものがある。しかし、近代以降、漢文訓読を基調とする「普通文」が書記言語としての役割を担っていた歴史的事実は近年改めて注目されており、新科目「言語文化」の教育的意義と通底するものがあると思われる。本章は引用型成語「燕雀安知鴻鵠之志哉（燕雀安んぞ鴻鵠の志を知らんや）」を取りあげて、故事成語における文体意識について考察する。

二　和漢諸書における「燕雀鴻鵠」用例

当該成語は青雲の志を有する若者の言葉であり、春秋に富む高校生に向けて紹介するにふさわしいものがある。ここには既成概念にとらわれず、「ツバメ」や「スズメ」などの「小鳥の類（小人物）」には「オオトリ（大人物）」の持つ大志が理解できないとする寓言を引きながら、周囲から困難を指摘されても大望を持ち続けて結果につなげた人物が登場する。ただ、必ずしも生徒になじみのある故事成語とは言えない。典拠は『史記』巻四十八「陳渉世家第十八」や『漢書』巻三十一「陳勝項籍伝第一」の中に見える陳勝（ちんしょう）が仲間に語った発言の一節である。

陳勝者陽城ノ人也。字ハ渉。呉広者、陽夏ノ人也。字ハ叔。陳渉少キ時、嘗テ与レ人傭耕ス。輟メテレ耕ヲ之キ二壟上ニ一、悵恨スルコト久シウシテレ之ヲ曰ク「苟クモ富貴トナラバ、無ケント二相忘ルル一。」傭者笑ヒテ而応ヘテ曰ク「若為ス二傭耕ヲ一。何ゾ富貴ナラン也ト。」陳渉太息シテ曰ク「嗟乎、燕雀安ンゾ知ラン二鴻鵠之志ヲ一哉ト。」

秦末期、史上初の農民蜂起「陳勝呉広の乱」により一時的には王位に就くことになる陳勝若き日のエピソードが冒頭に紹介される。雇われ農民に過ぎない陳勝が雇い主（あるいは小作仲間とも）に向けて将来自身が富貴になった際の処遇を話題にしたところ、全く相手にされなかったことに対して当該成語が発せられる。陳勝は「燕雀安んぞ鴻鵠の志を知らんや」と嘆じながら、血統という既成概念から脱せない聞き手の器量の小ささを批判する。その言葉通り陳勝は活躍して張楚王の地位に就くが、まもなく秦の攻勢により滅ぼされる。『韓詩外伝』巻六によれば、「鴻鵠」は一挙にして千里を翔る「オオトリ」を指し、これは『孟子』、『列子』、『説苑』など諸書にも見られる。以下に漢籍における当該成語の用例を確認したい。まず、史書類には次のようなものがある。

❶陳寿『三国志』魏書巻六「董二袁劉伝」

卓曰ク「鴻鵠固ヨリ有リ二遠志一、但ダ燕雀自ラ不ルレ知ラ耳ト。」嵩曰ク「昔与二明公一倶ニ為リ二鴻鵠一、不意ニ今日変ジテ為ル二鳳凰ト一耳ト。」

❷房玄齢ほか『晋書』巻四十二「王濬列伝第十二」

嘗テ起レ宅ヲ、開クコト二門前ノ路ヲ一広サ数十歩ナリ。人或イハ謂フレ之ニ「何ゾ太ダ過グルト。」濬曰ク「吾欲ストレ使メントレ容レ二長戟幡旗ヲ一。」衆咸笑フレ之ヲ。濬曰ク「陳勝有リレ言、燕雀安ンゾ知ランヤト二鴻鵠之志ヲ一。」

❸葛洪『抱朴子』外編「博喩」

抱朴子曰ク「小鮮ハ不レ解セ二霊虬之遠規ヲ一、鳧鷖ハ不レ知ラ二鴻鵠之非匹ヲ一。是ヲ以テ耦耕ノ者笑ヒ二陳勝之投耒ヲ一、浅識ノ者嗤フト二孔明之抱膝ヲ一。」

❹施耐庵『水滸伝』第六十回

盧俊義喝シテ道フ「你省得スルコト甚麼ゾ。這等燕雀、安ンゾ敢ヘテ和二鴻鵠一廝拼セン。我思量ス平生学ビ二得タリ一身ノ本事ヲ一、不三曾テ逢二著セ買主ニ一。今日幸然トシテ逢フト二此ノ機会ニ一。」

❺羅貫中『三国志演義』第四回

操曰ク「燕雀安ンゾ知ラン二鴻鵠ノ志ヲ一哉。汝既ニ拿二住ヘリ我ヲ一。便チ当ニ二解キ去リテ請ク一レ賞ヲ。何ゾ必ズシモ多ク問ハント。」

❶後漢末期、権力を握った董卓がかつての同僚皇甫嵩に尋ねた場面である。董卓は自身を「鴻鵠」、聞き手（皇甫嵩）を「燕雀」にたとえて、自身の大志をおまえは知らなかったのだろうと揶揄している。❷晋の武将王濬は大志を抱き、自身の屋敷には不釣り合いな大きな武具の収納を希望した際に衆人からの嘲笑を受けたことに対し、当該成語を用いて自身の志が周囲に理解されないと訴えている。❸『抱朴子』では「鳧鷖（鴨と鴎）」が「鴻鵠」の非凡さを知らないとのたとえをあげて、陳勝が農具を捨て、諸葛孔明が不遇を託っていた様子を人々が嘲笑したことに見立てた。❹盧俊義が梁山泊の盗賊を恐れた家中の者に向けて「奴らが自身に敵うか」と言い放ったものである。❺専権を振るう董卓に暗殺を仕掛けた曹操が事破れて逃亡し、県令たる陳宮に向けて発した言葉であり、曹操も自身を「鴻鵠」になぞらえている。いずれの用例にも当該成語は登場人物の会話文中に見られる。こうした事例からは当該成語が話し言葉に取り込まれて盛んに用いられた形跡がうかがえる。このほか、厳密には会話文とは言えないものの、散文作品では、初唐の弁機『大唐西域記』巻十二「負ヒテ二燕雀之資ヲ一、廁ハル二鵷鴻之末ニ一」、元代の戯曲『翫江亭』第二折「燕雀豈ニ知ランヤ二鵰鶚ノ志ヲ一」、明代の劉元卿『賢奕論』巻一「燕雀安ンゾ知ラン二鴻鵠ノ志ヲ一也」、清代の陳球『燕山外史』巻六「志存リ二鴻鵠ニ一、燕雀安ンゾ知ラン」などの言い回しも見られる。明代の丘瓊山『故事

必読成語考』巻下「小人不ルヲレ知ラ二君子之心ヲ一曰フ三燕雀豈ニ知ランヤト二鴻鵠ノ志ヲ一」、清代の翟灝『通俗編』巻二十九「燕雀安ンゾ知ランヤ二鴻鵠ノ志ヲ一」など成語辞書にも採録がある。漢詩文には「衆雀豈能知鵠志（衆雀豈に能く鵠志を知らんや）」（仇遠「書与士瞻上人十首其七」）「不聞燕雀知鴻鵠（燕雀の鴻鵠を知るを聞かず）」（曾肇「二賢堂」）、「燕雀不知鴻鵠志（燕雀鴻鵠の志を知らず）」（華岳「悶題」）、「燕雀豈知鴻鵠（燕雀豈に鴻鵠を知らんや）」（辛棄疾「破陣子」）、「燕雀安与鴻鵠同（燕雀安んぞ鴻鵠と同じからんや）」（耶律楚材「用前韻感事二首其二」）、「燕雀焉知鴻鵠（燕雀焉んぞ鴻鵠を知らんや）」（張野「念奴嬌」）、「燕雀未知鴻鵠志（燕雀未だ鴻鵠の志を知らず）」（郭諫臣「贈孔曲山秀才」）「燕雀安知鴻鵠志（燕雀安んぞ鴻鵠の志を知らんや）」（王世貞『円機活法　韻学』）といった若干の異同があり、当該成語は必ずしも忠実に引かれていない状況がある。

わが国では、平安時代の『世俗諺文』、鎌倉時代の『玉函秘抄』、『明文抄』などに「燕雀安ンゾ知ラン二鴻鵠之志ヲ一哉」が記載され、道元『正法眼蔵』安居には圜悟克勤の頌句「大象不遊兎径、燕雀安知鴻鵠（大象兎径に遊ばず　燕雀安んぞ鴻鵠を知らんや）」が紹介されている。戦国時代の『句双紙』や『文明本節用集』などにも当該成語の採録がある。また、漢詩文にも平安時代の賀陽豊年「寄言燕雀徒　寧知鴻鵠路（言を寄す燕雀の徒　寧んぞ知らん鴻鵠の路）」（『凌雲集』）、三善為康「苟携術業道雖分　燕雀庶幾鴻鵠群（苟くも術業を携へ道分くと雖も　燕雀庶幾ふ鴻鵠の群れ）」（『続千字文』）、戦国時代の相国寺の禅僧西笑承兌「無学辞衆於景徳　鴻鵠志非燕雀之知（無学の辞景徳に衆し　鴻鵠の志燕雀の知に非ず）」（『南陽稿』）などの作品がある。さらに下って江戸時代になると好んで引かれるようになり、諸書において多くの用例が散見される。

①林羅山『羅山先生文集』巻六十五（慶長年間〈一五九六～一六一五〉）

太史公陳渉世家ニ載ス二傭耕ノ之事ヲ一。有リ下燕雀安ンゾ知ン二鴻鵠之志ヲ一哉ヤノ之句ヲ上。漢書因ルレ之ニ。范曄後漢書班超伝ニ載ス二傭書之事ヲ一。有リ下小子安ンソ知ン二壮士ノ志ヲ一哉之句ヲ上。其ノ体相似テ而范ハ劣レリ焉。

②宗親『祇園物語』巻下（寛永年間〈一六二四〜一六四四〉）

陳渉か日用にやとはれし時に、富貴をわすれしと申けるを、わきの者わらひければ、「燕雀なんぞ鴻鵠の心さしをしらん」と申。後にもろこしにかくれなき人になれり。

③作者未詳「小幡景憲伝」（正保四年〈一六四七〉頃）

小幡氏狐独而始得レ見二太守一、漸長得二近幸一焉、景憲天性不レ欲レ立二人之宇下一、有下睥二睨燕雀一之知慕二鴻鵠一之志上唯所レ願、先君信玄公創業垂統之規矩殊軍旅之制法詳レ之、故甲信両国之士普入二其門一、尋二探故実一委曲記二録之一。

④山岡元隣『他我身のうへ』巻五（明暦二年〈一六五六〉）

其時韓信心に、一かたなにさしころさんとハ思へ共、終には身をもだて先祖の名をもあげんと思ふ身の、かゝる小事を心にかけてハいかゞと思ひ、さしうつぶやきてまたぐらをくゞりければ、本より燕雀何知二鴻鵠志一なれバ、皆々一どきにこゑをそろへて、「さてもつたなき韓信や」とてのゝしりけることこそはかなけれ。

⑤山鹿素行『山鹿語類』巻三十一（寛文六年〈一六六六〉）

己レニ不レ如モノヲ友トスルコトナカレトアレバ小身トハ付合間布ナト心得。燕雀ハ何ソ鴻鵠ノ志ヲシラントアル語ヲ見テハ小身モノヲアナトリ、大名ヲ分別者ト号シテ、行義ハ嗜如クナレトモ、慮外ナルモノ結句他国ヨリ多、知行禄ノ賜ハルニモ学問詩作ノアリテ花奢ナル輩ヲ第一ト賞美アルヲ以テ、遺恨ノ者多シ。

⑥菱川師宣ほか『江戸雀』序文（延宝五年〈一六七七〉）

国の人いへるハ「汝よくしれり。江戸雀にや」といひてけれは、「去は燕雀鴻鵠の心を知らす」といひて、はかなき縦に上たれは、百になれとも踊忘れすして、よしなき笑草をつくり、しかあれは此題号を誉友の言葉に付て、江戸雀と名付てんとて傍にさし置ヌ。

⑦浅井了意『新語園』巻七（延宝九年〈一六八一〉）

張顕カ折言ニ万雀不レ及ハ二一鳳皇ニ一、衆星不レ如カ二一月ノ明ナルニ一ト云ヒ、史記ニ陳勝カ云フ「燕雀安ンゾ知ラン二鴻鵠ノ之志ヲ一哉ト」是雀ハ短尾ノ小鳥ナリ。簷ノ瓦ノ間タニ宿シ階除ノ際ニ遊ヒ賓客ノ如クナルヲ以テ瓦雀賓雀ノ名アリ。亦タ嘉賓—云フ。

⑧南渓会林『会林説話』巻一（貞享二年〈一六八五〉）

何知ン二鴻鵠志ヲ一　前漢書三十一巻初

燕雀知ン二鵠志ヲ一　史記陳勝之伝出所

⑨湖南文山『通俗三国志』巻二（元禄二年〈一六八九〉）

曹操ガ曰「燕雀イヅクンソ鴻鵠ノ志ヲ知ン。汝スデニ我ヲ生取タリ。早ク都ニ送テ恩賞ヲ被レ」、奉行笑テ曰「汝ワレヲ軽ンスルコト勿レ。我モ冲天ノ志アリ。常ニ志ヲ同スル者ナキヲ恨ム」

⑩大高坂芝山『芝山南学伝』（元禄四年〈一六九一〉）

於二邦家一果何補哉。猶下蚯蚓食二稿壌一自足上而已。以レ此詆レ彼。以レ此詆レ彼所レ謂斥鷃笑二大鵬一、燕雀不レ知二鴻鵠之志一者也。

⑪宮川道達『訓蒙故事要言』巻八（元禄七年〈一六九四〉）

陳渉コレヲ聞テ次ニ嘆息シテ曰「燕ヤ雀ヅレノ者ハ鴻鵠ノ如キ大鳥ノ志シヲ知ンヤ」ト云。果シテ後ニ秦ノ二世皇帝ノ時兵ヲ興シテ秦ヲ亡ボサント謀ル時、随フモノ甚多シ。陳王トモ楚王トモ楚隠王トモ号ス。○是レ上ハ小人君子ノ心ヲ知ザルニ喩フ。下ハ小気ナル者大気ナル人ノ心ヲ知サルニ喩フ。○鴻鵠ハ是一ノ鳥名也。鳳凰ノ如キ鳥也。

⑫香川正矩『陰徳太平記』巻二十五（元禄八年〈一六九五〉）

元就「燕雀安知㆓鴻鵠之志㆒哉トハ思給ヒケレ共、常ニ人ノ諫ヲ拒ミ給フ事ノ無大将ナル故、此度モ各申所其理有」トゾ宣ケル。

⑬都の錦『忠義武道播磨石』巻三（宝永八年〈一七一一〉）

かたり申さるゝ時。五人の者共手をうつて「扨々有がたき御いげんかな。燕雀鵬鵠の心を知ずとハ、我々が事なるべし。さしもの大岸よもや〱。変心有べき筈はなし」

⑭都の錦『忠義太平記大全』巻十二（享保二年〈一七一七〉）

世人ハともいへかくもいへ、由良ハ当世の大丈夫。その智はかりしるへからず。燕雀なんぞ、鴻鵠のこゝろざしをしらん。おそらくハかへつてその義を害すべし。地斎ハ町民たりといへ共、その義を見て、その勇あるものなり。たれか又その右に出ん。由良も亦よくその人をしれり、いひつべし。

⑮越智雲夢「寄服子遷」（享保十二年〈一七二七〉）

燕雀一枝安　　燕雀一枝に安んじ
鴻鵠思大沢　　鴻鵠大沢を思ふ

⑯長谷川千四ほか『信州姨捨山』第二段（享保十五年〈一七三〇〉）

「乾八郎国貫と名乗リ、終に聟舅の縁を結び、子細をかたれば却て我を教訓し、燕雀ハ大鵬の心を知ラずといへり。儕レなんぞ主人の心をはかり知ルべき」

⑰江島其磧『曦太平記』巻一（享保十七年〈一七三二〉）

右馬頭もいひがゝり、「ホゝ燕雀なんぞ鴻鵠のこゝろざしをしらんや。在京の足洗侍が、百人千人公家の方人したりとて、何程の事か仕出さん」

⑱江島其磧『鬼一法眼虎の巻』巻五（享保十八年〈一七三三〉）

推参ながら麁忽のやうに存るとある詞を聞て眼をむき出し、「イヤ宏才なる奴がある。それほどの事をおのれらに教られふか。片腹いたし、燕雀なんぞ鴻鵠の心をしらん。いハれぬ事をぬかさふより。明巳の刻に来れと申べし」と、枕引よせ臥ければ、

⑲竹田出雲ほか『小栗判官車街道』第三段（元文三年〈一七三八〉）

「ハヽ、燕雀なんぞ大鵬の心を知らん。大鵬と云千里にはうつ大鳥の心ハ、儕がごとき燕雀の類ハ知ル事に有ラず。小栗と照手が縁組ハ上聞に達せし兄郡司殿の遺言。一旦祝言取リ結バざれバ、将軍家の御咎横山が家の破滅と成ル」

⑳朗如『閑草拾遺』（元文五年〈一七四〇〉）

けに世をいとふこゝろのふかくいたりて、かきりなくハ、人にいてましハらんこと、いかはかりうるさく、いまハしかるへき。鴻鵠のこゝろさしハ、燕雀の知るところにあらすといへは、はらあしとて、まいらさりける人の心こそ、むけにあさはかなるにて侍るなれ。

㉑安田蛙文『雷神不動北山桜』第三段（寛保二年〈一七四二〉）

「燕雀なんぞ大鵬の心を知らぬの譬を引ての御挨拶。流石は御大老程有て、承り所てござる」

㉒江島其磧『其磧諸国物語』巻三（寛保四年〈一七四四〉）

常盤丞せゝら笑ひ、「燕雀なんぞ鴻鵠の心をしらんや。武士のふかい心ハ、女童の知事にあらず」と内儀の詞を打込、すぐに御前へ上り、新三郎事を申上ければ、ことない御きげんにて、間もなくお目見すみて、早珍しき色に御心移かハり、

㉓並木千柳ほか『軍法富士見西行』第三段（延享二年〈一七四五〉）

「ム、夫レしつて又、四天王の旧臣を遠ざけ、彼レ一人を御寵愛ハなぜなされし、燕雀鴻鵠の心をしらず、四天王の諫ハ理の当前。遠きを慮て瀬尾が勧に従ひ、放埓惰弱に身を持ッも内通さして敵の油断」

㉔龍草廬『仄韻礎』乾（延享五年〈一七四八〉）

●鴻鵠ノ志

㉕奥村保之『事語継志録』巻下（寛延元年〈一七四八〉）

是ヲバ知ラデ、ソノ事ヲ色々誹テ落書或ハ童謡シケル、サレドモカヤウナル小節ニ少モ御頓着ナサレズ、是ハ伊尹周公ノ任ヲ荷ヒ給フユヘナリ。燕雀イカデ鴻鵠ノ志ヲシランヤト云ニ同ジト、心アル人ハ感ジ奉リヌ。其後ヨリシテ殉死ノ御禁新ニ出シトカヤ、是又尤ナル御事ト人皆申アヘリ。

㉖本居宣長「谷川士清宛書簡」（明和二年〈一七六五〉）

若将言「燕雀安知鴻鵠之志哉」、是亦抗顔誇世者言已。想先生則必不然。敢請見教。

㉗近松半二ほか『三日太平記』第三段（明和四年〈一七六七〉）

弾正ハちつ共動ぜす、大口明ィてから〱と笑ひ、「燕雀何ぞ大鵬の心をしらん、七十に余る此松永、孫に持べき汝等に謀られたといハれてハ武士の家瑾、信永に遺恨有事物語らん。よつく聞」

㉘岡島冠山『通俗忠義水滸伝』中編巻二十八（安永元年〈一七七二〉）

「汝等懦弱人、何事ヲカ曉サン。梁山泊ノ盗賊等、譬方燕雀ノ群ヲ以テ、安ンゾ能ク鴻鵠ニ敵センヤ。我原来万夫不当ノ勇アリト云ヘ共、未タ功名ヲ取ス。今日幸ヒ対手ヲ得ンハ、我カ一身ノ武芸ヲ顕スヘキ時節ナリ。汝等預メ索ヲ調ヘテ待受ヘシ」

㉙平賀源内ほか『矢口後日荒御霊新田神徳』第七段（安永八年〈一七七九〉）

刃物をはつしと踏落し、「ハヽヽ、燕雀何ぞ鴻鵠の志を知ん。此将監が廓通の智謀計略。汝らごときの知ル事ならず」

㉚横井也有『鶉衣』前編（安永年間〈一七七二～一七八一〉）

むかし忠盛の闇討も、木太刀に身の難をのかれてこそ、かしこしと人にハほめられつれ。しゐて物をやぶりそこなひて後、その功をなさむとするハ、愚将のなす所なり。いてやかの鵬といふ鳥を聞けるや。九万里に羽うつて翼垂天の雲のことし。おとりはねて穂ひろふ。汝らかよくその心をしる所にあらす。

㉛根岸鎮衛『耳嚢』巻二（天明二年〈一七八二〉頃）

多分酒を喰として世上を一呑にする。あたかも真崎田楽を奴に与ふよりも安し。忠といへば鼠といゝ、孝といへば本堂の屋根をふりむき、「燕雀なんぞ大鵬のこゝろをしらんや」、小紋通しの三ツ紋ハ紺屋の三おもての働きを与へて、

㉜若竹笛躬ほか『廓景色雪の茶会』第四段（天明七年〈一七八七〉）

「サア〳〵何とでござる。ハヽヽヽヤ燕雀何ンぞ鴻鵠の志を知ん。身が胸中が聞たくバ、某が屋敷へお来やれ。討チ死ニじやの殉死じやのと、極にも立タぬ長カ評定、まだ〳〵聞イてハ居申さぬ。コリヤ〳〵佇定九郎」

㉝並木五瓶『楼門五三桐』（寛政十二年〈一八〇〇〉）
「燕雀なんぞ大鵬の心を知らんや。汝等が矛先を以て、此宋蘇卿を突止めんとは」

㉞塚田大峯『随意録』巻八（文化六年〈一八〇九〉）
○鴻鵠二字。袁文云。燕雀安ソ知ン二鴻鵠之志ヲ一。又鴻鵠一挙千里。自ラ是一種ノ名。鸞鳳之属、非二鴻鴈与一レ鵠也ト。此ノ説不ルレ可レ然ル也。燕与レ雀、二小鳥。鴻与レ鵠、二大鳥。是相対之詞耳。若シ鴻鵠為ハ二一種一、則燕雀亦為ル二一種一歟。且ツ鵠即鶴。方以智カ通雅、引テ二数証ヲ一、以正ス二鵠鶴之一ナルヲ一矣。

㉟滝亭鯉丈『花暦八笑人』巻一（文政三年〈一八二〇〉）
「ナンノ又のたり出るョ。燕雀なんぞ大鵬の心をしらん。此一回何等のことを言出ルや。つぎの段に分説をまつて知れ」

㊱滝沢馬琴『南総里見八犬伝』第四十四回（文政五年〈一八二二〉）
「噫咻や。あながまや。燕雀那ぞ大鵬の、志を知るよしあらん。管領ハいと貴き歟。現汝達の主なれバ、貴きことに思ふなるべし。しかれども両管領ハ、滸我殿の旧老党、京都将軍の家臣なり。貴きハ将軍ばかり、世に貴きものハなし」

㊲瀬川如皐『天慶異説総猨僣語』第十七回（文政九年〈一八二六〉）
「姿をやつして下賤となり、より〱味方を集め給ふ。深き念慮の底意もしらず、命おしさに山林に、はひかゞむとハ舌長し。燕雀何ぞ大鵬の心をしらん。汝等如き匹夫下賤、いかでか大丈夫の魂を知るべきや。最鳴呼がまし」と小次郎がいだけ高に罵れバ、

㊳為永春水『春告鳥』序文（天保七年〈一八三六〉）

元来鶴の一声に、寐りをさます奇談も雉も、しるし兼たる短才は、譬にいふなる燕雀の、鵬の覧をはづ、とハいえ拙著の外題をも、喚子鳥の得意もありてや。

㊴岳亭定岡『俊傑神稲水滸伝』第四十一回（嘉永四年〈一八五一〉）

快伝尚も四方に眼をつけ、「燕雀争か大鵬の心を知ん。我をも夫と気付し上ハ、玉緒ハ今を涯と思へ」と、立踏に八打とふミ転せバ、むつくと起てむさぼり着を、持る杖にて弗ひ除、

㊵吉田松陰『鴻鵠志』題言（安政三年〈一八五六〉）

安政丙辰四月、在レ家囚居、又有二此輯一、名為二燕雀安知一、用二其首語一耳。

陳勝の故事を紹介するものが散見される中で、その言い回しは必ずしも一定しているものとは言えない。三人称的な視点から取り扱ったものには、③小幡景憲・④韓信・⑩野中兼山・⑭大星由良助・㉕松平信綱（知恵伊豆）・㉚平忠盛・㊳作者自身に向けられた人物評がある。これに対し、会話文中に引かれたものには、⑤士人・⑥江戸雀（作者）・⑨曹操・⑫毛利元就・⑬五人の者・⑯源龍子大夢・⑰右馬頭（永井宣明）・⑱鬼一判官・⑲横山大膳久国・⑳はらあしき人・㉑条寺弾正・㉒若松常磐丞・㉓西行法師・㉖不遜者・㉗松永弾正・㉘盧俊義・㉙多賀将監輝門・㉛自称通人・㉜斧九太夫・㉝此村大江之助（宋蘇卿）・㉟卒八先生・㊱犬山道節・㊲小次郎将門・㊴快伝和尚の言などがある。特筆すべきは、④「国士無双」とも称された秦末漢初の名将韓信が屈辱的に股くぐりをした故事であるが、衆人にはその大器が見抜けなかった様子が描かれている。⑩土佐の執政野中兼山の死後、息子たちが僻地に配流された史実に照らした評である。つまり、「兼山（鴻鵠）」大志を理解せずその死後に家族の者を排斥した周囲の者を指して「燕雀」にたとえた。⑭赤穂浪士の頭領として討ち入りを果たした大石内蔵助をモデルに造型された「大星由良助」の大志や㉚平忠盛が闇討ちから難を逃れた態度を取りあげて、常人には到底理解できないと

評してその人物の器量を讃える。㉕将軍徳川家光逝去の際に、重臣松平信綱が殉死をしなかったことを騒ぐ者もいたが、それは知恵伊豆の深謀遠慮によるものだったと推察するものである。また、⑮江戸文人の代表格である服部南郭（はっとりなんかく）に向けられた「鴻鵠」としての見立て、㉞「鴻鵠」の種目についての検証、㊳作者たる「燕雀」が読者「鵬」の高覧を乞うた挨拶である。㊵「英雄言」とも題された古人の名言集であり、当該成語が見出しとして用いられている。

上記の用例からは「いづくんぞ」ばかりではなく「なんぞ」が用いられたり、「鴻鵠」に代わり「大鵬」が現れたりするものもある。この「鵬」については「オオトリ」の意で『荘子』内編「逍遥遊編」などに見える。興味深いものには、幕末の世相を「燕雀鴻鵠」を詠み込んだ中内樸堂（なかうちぼくどう）の次のような漢詩がある。古今の人物評を通して、鳥のいない世界では「燕雀」も「鶚（みさご）」くらいは僭称しただろうと推測するものである。

古人如鴻鵠　古人鴻鵠のごとし
今人如燕雀　今人燕雀のごとし
燕雀嘲鴻鵠　燕雀鴻鵠を嘲るも
幸不遭撃搏　幸にして撃搏（げきはく）に遭はず
如到無鳥国　如（も）し無鳥国に至らば
燕雀亦称鶚　燕雀も亦鶚（がく）を称せん

（「読近人詩戯作五首」）

わが国において当時は日常会話に頻出し、話し言葉として認知されていた。明治時代の辞書類には、「燕雀（えんじゃく）焉（いづくん）ぞ大鵬（たいほう）の志（こころざし）を知らんや」（富田能次（とみたのうじ）『日本名望家逸事（にほんめいぼうかいつじ）』明治三十二年〈一八九九〉）、「燕雀（えんじゃくいづくん）安ぞ鴻鵠（こうかう）の志（こころざし）を知らんや」（熊代彦太郎（くましろひこたろう）『俚諺辞典（りげんじてん）』明治三十九年〈一九〇六〉）、「燕雀 安 知㆓鴻鵠志㆒（エンジヤクイヅクンゾシランヤコーコクノシ）」（池田四郎次郎（いけだしろうじろう）『故事熟語辞典』同年）、「燕雀安ンゾ鴻鵠ノ志ヲ知ランヤ（エンジヤクイヅクコウコクコヽロザシ）」（簡野道明（かんのみちあき）『故事成語大辞典』明治四十年〈一九〇七〉）、「燕雀（エンジヤク）イヅクンゾ鴻鵠ノ志ヲ知ラン」（藤井乙男『諺語大辞典』明治四十三年〈一九一〇〉）などと記載され、基本的に反語形「安んぞ〜知らん（や）」に寄せられた状況がうかがえる。これに対し、文学作品の用例には以下のようなものがある。

㊶島村抱月『新美辞学』第二章（明治三十五年〈一九〇二〉）

諷喩法とは一説話中に他義を含ましむるもの、就中意味なきものを假りて之れに意味ある事柄を影の如く寓せしむるの謂なり。言ひ換ふれば人事上の諷刺勧誨の意を無生物其の他劣等なる物の動作に寓せしむるの比喩といふべし。例へば「鷽鳩を以て大鵬を咲ふ」「燕雀何ぞ鴻鵠の志を知らんや」などいへるは何れも小人が君子の心を得知らざる由を鳥の上に寓言せるの類なり。故にまた寓言といふ名あり。

㊷夏目漱石『吾輩は猫である』（明治三十九年〈一九〇六〉）

「どうも先生の冗談は際限がありませんね」と東風君は大に感心して居る。すると独仙君は例の通り山羊髯を気にしながら、のそ〱弁じ出した。「冗談と云へば冗談だが、予言と云へば予言かも知れない。真理に徹底しないものは、とかく眼前の現象世界に束縛せられて泡沫の夢幻を永久の事実と認定したがるものだから、少し飛び離れた事を云ふと、すぐ冗談にしてしまふ」「燕雀焉んぞ大鵬の志を知らんやですね」と寒月君が恐れ入ると、独仙君は左様さと云はぬ許りの顔付で話を進める。

㊸高浜虚子『子規居士と余』（大正三年〈一九一四〉）

鴻鵠の志は燕雀の知る所にあらず。大鵬南を図つて徒らに鷦鷯に笑はれんのみ。余は遂に未遂の大望を他に漏らす能はざるなり。

㊹新渡戸稲造『自警録』（大正五年〈一九一六〉）

古人の言に『燕雀安んぞ鴻鵠の志を知らん』とて小人が英雄の心事を解し得ぬに譬へたが、此句は独り人物の大小の差を示すのみにあらで、小人と小人の間にも、大人と大人との間にも当たる言である。

㊺岡本綺堂『正雪の二代目』（昭和二年〈一九二七〉）

「おれの遊蕩は別に仔細のあることだ。大石内蔵助が祇園島原撞木町に遊興したのは、一方には世間の眼をくらまし、一方にはおのれが英気を養ふためだ。燕雀焉んぞ大鵬のこゝろざしを知らんとはこの事で、貴様たちのやうな小人ばらに英雄豪傑のこゝろざしが判ると思ふか。馬鹿な奴め」

㊻「燕雀は知らず鴻鵠の志」『日本及日本人』二百一号（昭和五年〈一九三〇〉）

世界万国の動静を観ずれば、一国の存在の弱なるに堪へず、然れども一度び志を天職の崇高に置けば、興亡指頭に在り。燕雀に伍して目前の利害に営々たらば、堕して小日本となり、鴻鵠に連りて大局の趣向に稽ふれば、転じて大日本となる。要は心志の大小に在るのみ。

辞書類には「いづくんぞ」、「鴻鵠」への統一が見られたのに対して、文学作品においては前時代の言い回しが残っており、「なんぞ」や「大鵬」の語句の使用が認められる。また、「鴻鵠（大鵬）」は一人称に限らず、聞き手「独仙」㊷や師「子規」㊸のように二人称、三人称的な用例にも引かれる。また、会話文中に多く現れることからも、当時も人口に膾炙された状況もうかがえる。

わが国における当該成語の受容状況を俯瞰すると、平安時代の『世俗諺文』には典拠通りの「燕雀安知鴻鵠之志哉」の形で記載され、その後は諸書に異同が見られるものの、基本的に「いづくんぞ（なんぞ）～知らん（や）」のフレームは崩れていない。さらに、明治時代の辞書類には原典に即した訓読調の書き下し文体で明記され、小説類でも上記のような反語形が多く用いられた。明治二十年代に言文一致体が登場すると、口語と文語の二つの文体は棲み分けがなされるようになる。言文一致的口語文体が小説を通して広く浸透するのに対して、訓読を基調とした文語体は官報や法令などに適用された点について次節で検討する。

三　漢文教育史における文体指導

江戸時代には和文体、漢字仮名まじり文体も多く用いられたが、主に漢文体で記された公文書が主流であった。十八世紀末、寛政の改革において打ち出された「寛政異学の禁」により漢学志向が一層強化された。これは必ずしも朱子学を中心とする倫理道徳の涵養にばかり重点が置かれていたのではなく、漢学がもたらす文化醸成が積極的に受容されていたと見るべきであろう。こうした訓読調はある種の韻律を生み出し、書記言語としても積極的に用いられた。明治以後は漢文体から書き下した訓読基調の文体が主流になり、翻訳にも用いられた。

漢文推進派であった啓蒙家西村茂樹（にしむらしげき）は漢文体の「雄深暢調」、「荘重典雅」、「審勢審敵」が和文体には見られない点を取りあげて漢文体の格調高さを指摘したうえで、新しい文体を模索すべきであると訴えた。漢学そのものは下火になる一方で、中村敬宇（なかむらけいう）は「漢学ニ長ジ詩文ヲモ能クスル者ハ、英学ニ於テモ亦非常ニ長進シ英文ヲ能シ同儕ヲ圧倒セリ」（「漢学不可廃論」）、森田思軒（もりたしけん）は「和文と云ひ漢文と云ひ、其中の或る点より言へば、均しく既死の口語（デッドランゲーヂ）を臚列するのなり。然れども、均しく既死の口語ながら、其の現在の公衆に馴染み多き者は和文漢文孰れに多かるべきやを検しなば、余は或は其の漢文のかた多きにあらざるやを疑ひをるなり」（「我邦に於る漢学の現在及び将来」）などの論も見られ、洋学の下地としての漢文脈のなじみやすい点に擁護の目が向けられている。その一方で明治十七年（一八八四）十月に発表された「文章論ヲ読ム」の中で神田孝平（かんだたかひら）は「平生説話ノ言語ヲ以テ文章ヲ作レバ即チ言文一致ナリ」（『東京学士会院雑誌』第七編之一）と述べ、話し言葉に書き言葉を反映させるべきであると説いた。明治二十年（一八八七）には二葉亭四迷（ふたばていしめい）『浮雲（うきぐも）』の登場により、言文一致体小説の時代が幕を開ける。その後、三十八年（一九〇五）に夏目漱石『吾輩は猫である』、三十九年（一九〇六）に島崎藤村（しまざきとうそん）『破戒（はかい）』、四十年（一九〇七）に田山花袋（たやまかたい）『蒲団（ふとん）』などの近代文学の代表作が陸続と発表されるが、こうした自然主義文学隆盛期には口語体小説が主流となる。

これに対し、教育機関における漢文の地位はますます重視されるに至った。漢文は中等教育以上において課される学科となる一方で、明治天皇の侍補を務めた元田永孚（もとだながざね）の「教学聖旨（きょうがくせいし）」などにより自由観念の行き過ぎた教育令が是正され、続く明治十三年（一八八〇）には改正教育令によって儒教色が色濃く反映されるようになった。その後は明治二十三年（一八九〇）の教育勅語発布へと至る。教育勅語は漢文訓読基調の書き下し文体が用いられており、一つの範を示した形となっている。明治二十七年（一八九四）三月に井上毅（いのうえこわし）文相による「尋常中学校ノ学科及其程度」には「国語」を主として「漢文」を客とすることが明記された。当時の教科書からもそうした見解がうかがえる。

秋山四郎（あきやましろう）編『中学漢文読本』（金港堂書籍　明治二十七年〈一八九四〉八月）には次のような記述がある。

一語曰。物有二本末一。事有二終始一。知レ所二先後一則近レ道矣。於二文学一亦不レ可レ欠二此鑑識一矣。国文。本也始也。漢文。末也終也。吾人之学二漢文一者。即欲下咀二嚼其精華一以益発中揚国文之光輝上也。読二此書一者。知下其所二先後一者上如レ此。而後可レ謂レ得二編者之心一矣。

一国文与二漢文一之関係既如レ此。故読二漢文一者。依二拠国語格法一。一致調和。不レ可二乖戻一。此書之読法。於二従来之読法一。多下所二釐正一者上為レ之也。

ここでは国文が主、漢文が従である立場を明確にしたうえで、漢文はその精華を咀嚼（そしゃく）して国文の光輝を発揚しようとするもので、「故ニ漢文ヲ読ム者ハ、国語格法ニ依拠ス」と述べられており、漢文は国文法の一環として読むべきものであったことが明らかである。訓読から派生した文語文体はその実用性から作文教育の対象となっていた点が強調されている。当時は日清戦争（明治二十七年〈一八九四〉～二十八年〈一八九五〉）後の「脱亜化」の影響により漢字排斥や漢文廃止論運動が唱えられる一方で、漢学復興の機運も高まっていったことがわかる。明治三十二年（一八九九）二月、樺山資紀（かばやますけのり）文相のもとで「中学校令」が改正され、「尋常中学校」を「中学校」と改称。新しい中学校令に伴う施行規則が出された。その第三条は「国語及漢文」（明治三十四年〈一九〇一〉省令）についてである。

国語及漢文ハ普通ノ言語文章ヲ了解シ正確且自由ニ思想ヲ表彰スルノ能ヲ得シメ文学上ノ趣味ヲ養ヒ兼テ智徳ノ啓発ニ資スルヲ以テ要旨トス。国語及漢文ハ現時ノ国文ヲ主トシテ講読セシメ進ミテハ近古ノ国文ニ及ホシ又実用簡易ナル文ヲ作ラシメ文法ノ大要、国文学史ノ一斑ヲ授ケ又平易ナル漢文ヲ講読セシメ且習字ヲ授クヘシ。

ここでは理解力及び表現力を身につけ、文学趣味を養うことに資するものであることが目標として明記されており、その後の国語教育を方向づけるものであったと言えるだろう。

明治三十三年（一九〇〇）八月の「小学校令」改正により「国語」科が登場する。その施行規則には「日常須知ノ文字及近易ナル普通文ニ及ホシ又言語ヲ練習セシムヘシ」とある。この「普通文」とは「漢文調子（漢文くずし）の文章体」とも呼ばれ、漢文訓読調の書き下し文の体裁を借りながら近代的語彙と論理的な文脈を加えた実用文のことを指す。同年十二月、第五回高等教育会議において中学校・師範学校の漢文は国語の中で教授すること、高等女学校・女子師範学校においては漢文を削除することなど文部省諮問案が師範学校の場合を除いて可決されるも、実際には廃止には至らず縮小へと向かった。明治三十五年（一九〇二）二月の「中学校教授要目」では大幅な時数削減がなされ、毎学年の単元別指導項目に言及された。同年三月、国語学者上田万年（うえだかずとし）を中心とする国語調査委員会が発足し、近代教育を推進すべく、「仮名遣い」や「現行普通文」の整理を目標とし、文体の整理に着手した。

十二月、第七回高等教育会議において東京帝国大学教授山川健次郎の「中学校漢文全廃論」が審議される。これは中学生の加重な負担を考慮して漢文を書き下して国語のうちに入れるべきであると述べたものである。この建議は通過することなく、漢文教授に関する協議会が開かれ、研究会を設立することになった。翌三十六年（一九〇三）一月には帝国教育会内に漢文教授法研究部が発足し、漢文教授法の改良を目的とした提言および国語と対等な漢文の位置づけがなされ、同年七月の研究部決議案により一応の決着を見る。明治三十八年（一九〇五）十二月に文部省は「文法上許容スベキ事項・国語假名遣改定案」を告示し、これまで慣用的な文法上の誤謬の許容範囲を示したものである。これは規範とすべき文語文体である「普通文」の作成に向けて漢文訓読体をもとに平安文法を混じた漢字仮名まじりの新たな文体を目指したものである。

　教育学者久木幸夫は一連の漢文廃止運動の根柢には前出の井上毅の省令説明があったと見ており、愛国心教育が近代的な意味での「パトリオティズム」を指すのならば、それは漢文文献に直接依拠したものではなく、むしろ儒学の一徳目「忠君」に非儒教的「愛国」を結びつけたものと解している。*1 日清・日露戦争を契機に従来の漢学から儒教色は薄められる一方で、アカデミズムの立場からも儒学の解体が要請され、東京帝国大学文科大学ではそれまで「漢文科」であったものが明治三十七年（一九〇四）には「支那哲学科」と「支那文学科」に分かれた。このように漢文が伝統的な漢学や儒学の世界から離れるに従って新たな意義が求められるようになる。明治四十四年（一九一一）七月には「中学校教授要目」が改正され、「国語及漢文」には「国語講読・漢文講読・作文・文法及習字ノ五分科トス」と指導項目がさらに明確なものになった。この教授要目には、「国語講読ノ材料ハ普通文ヲ主トシ口語文・書牘文・韻文ヲ交フ」・「作文ハ現代文（＊ここでは「普通文」を指す）ヲ主トシ口語文及書牘文ヲ併セ課スヘシ」とあり、普通文は講読教材としても提示され、また作文としても模範となったこともわかる。普通文の読み書きは国語の範疇と捉えられ、漢文はこれを補うものとしての役割が与えられたのである。実際にこのような考え方は教育の現場からもうかがえる。明治四十五年（一九一二）三月には「漢文教授ニ関スル調査報告」が出され、漢文句法における一定の指針が示された。東京高等師範学校付属中学校の教授細目（明治四十年〈一九〇七〉）には、「文体ニ就キテハ文語文ヲ主トシ口語文ヲ併セ課スヘシ」（第一学年）・「文体ニ就キテハ専ラ文語文ヲ用フヘシ」（第四学年）と学年が上がるごとに文語文体の比重が増している。さらに下って、大正七年（一九一八）、東京高等師範学校教諭玉井幸助は漢文廃止論の立場から漢文教材の国訳化により国語への接収を説くが、その論の中では「漢文句調の文体は我が国に於て絶対に必要なり」・「漢文は文の構造整斉せるが故に、作文の補助として大切なり」といった漢文保存論者の意見を踏まえながら、漢文が文語体による作文教育にも資する点には一定の理解が示されている。[*2]

明治末期から大正時代にかけて、新聞や雑誌でも口語文体が世間一般に浸透していく中で、こうした文語体の存在から漢文が照射されることとなる。かくして漢文教育における〈訓読〉は、公文書に用いられる文語文体と結びつけられて改めて認知されるようになる。

当時の国語教育関係者の中では、漢文の学科は中等教育（中学校・師範学校）ではなく、高等学校や専門学校の一部で課すべきものと考えられ、さらに書き下し文に改めて取り扱うことができれば国語としての受容に該当すると国訳化を推奨する声もあった。大正時代以降は口語文体が一般化する中で、漢文教育の意義づけが求められた。国民の生活状況の変化に伴う風紀の問題は当時の臨時教育会議でも取りあげられ、国語漢文には道徳教育の面が期待されたが、それはもはや漢文擁護の積極的な理由とはなり得なかった。むしろ、漢文が伝統的に担ってきた国語の補佐としての側面や文語作文に資する役割に結びつけられた状況がうかがい知れる。大正九年（一九二〇）には当時の文相中橋徳五郎（なかはしとくごろう）が食糧関連の訓令をそれまでの文語文を改め、口語文で発したことも話題となった。こうした時代風潮下にも「普通文体」が通用されている現状は依然として変わらず、教育現場でも口語文のみならず文語文にも重点を置いた作文指導が続けられた。漢文の教育意義は当初の道徳性の涵養といった観念的なものから、明治末期よりたびたび取り沙汰された漢文廃止論を経て文体教育へと変容していった。訓読基調の書記文体「普通文」により実用性が担保され、作文指導を通して積極的に受容された経緯を有していたことは明らかである。

ここで改めて確認しておかねばならないことは、こうした書き下し文体は近代から戦前にかけて書記言語として正統に位置づけられてきたことである。この「普通文」は「漢文調子（漢文くずし）の文章体」とも呼ばれ、訓読調の書き下し文の体裁を借りながら近代的語彙と論理的な文脈を加えた汎用性のある実用文のことを指す。明治後半期には漢文をじかに読み下した漢文訓読調の正格な「書き下し文体」も、古語や雅語を多用して古典的語法を守った「擬古文体」も一定の場を除いて主流から外れていったのに対し、この「普通文体」は公用文の中には脈々と生き続けることになった。[*3] 中国古典文学者齋藤希史（さいとうまれし）は、こうした状況を概観し、「訓読体が脱＝漢文だとするなら、言文一致体は、反＝漢文として成立しているもの」と整理している。[*4] 漢文から訓読が独立し、訓読から派生した文語文は、漢文に代わる公式文体としての地位を獲得し、詔勅や法律はもとより教育や報道の場でも用いられて実用的な機能を果たした事実に鑑みて、当時の人々の文体意識が極めて高かった状況を押さえていきたい。

明治以降には典拠を忠実に再現しようとする動きが活発になる。言文一致体、候文体、普通文体など各種文体が混在した明治三十年代には文体意識が闡明になり、漢文訓読基調の普通文は新聞や官報などの公文書において書記言語としての機能を果たした。つまり、「引用型成語」の口調が忠実に求められたことになる。本章で取り扱った「燕雀安知鴻鵠之志哉（燕雀安んぞ鴻鵠の志を知らんや）」の場合、援用者は「いづくんぞ（なんぞ）」を口にするたびに、背後にある「陳勝」の存在を意識し、その格調を備えながら聞き手に対して効果的に自らの意思を表明すべく言語の硬質性に期待した点において、近代以降の文語体教育の理念にも通じるものがある。

四　「引用型成語」におけるエクリチュール

本書では古人の言葉を忠実にそのまま切り取った「引用型成語」と、後世の人により故事の概要に名称が付けられたとおぼしき「摘要型成語」を分けて取りあげている。後者が内容の全体像を簡潔に言い表しているのに対し、前者はある場面における歴史上の一人物の発言の一部を抜き出したものであることから、前後関係が不明瞭であれば、故事の全貌が把握しにくいこともあるだろう。ただし、実在の人物の生の言葉には日常語に埋没されない文語体の余韻が漂う。つまり、可塑性の乏しい文体の硬質性がある種の言語効果がもたらすものとなる。「引用型成語」は、歴史上の人物の発言を切り取っており、単語というよりは一つの文に相当する。結果的に「摘要型成語」に比べても長いものが多い。特に「燕雀安知鴻鵠之志哉」は、訓読で読み下した場合（拗音・促音を一音に含まず）にカウントすると24音節にもなる。以下に、いくつかの「引用型成語」を並べてみよう。

・百聞は一見に如かず（12音節）
・唇（くちびる）亡（ほろ）びて歯寒し（12音節）
・虎穴（こけつ）に入（い）らずんば虎子（こじ）を得ず（14音節）
・過ぎたるは猶（な）ほ及ばざるがごとし（16音節）
・少年老い易く学成り難し（16音節）
・死せる諸葛生ける仲達を走らす（18音節）

・寧ろ鶏口と為るも牛後と為る無かれ（20音節）

右の例と比べても「燕雀安んぞ鴻鵠の志を知らんや」にはかなりの長さがあり、一息に言い切ることは難しい。一般にコミュニケーションを取る場合には、他者との共通理解に基づいておこなわれる必要がある。特に、当該成語における漢文訓読調の「安んぞ〜知らんや」の文体は日常生活の中で独特の響きをもって相手に伝わるはずである。発信者は「コード（文法規則）」を記号化してメッセージを作成し、受信者はこれを様々な状況下において「コンテクスト（文脈）」に当てはめながら読み取ることになる。

ロラン・バルトは『零度のエクリチュール』（石川美子訳）において言語を「言語（ラング）」、「文体（スティル）」、「文学言語（エクリチュール）」に種別している。[*5]「言語」は「日本語」のような言語体系、「文体」は個人の語感・書き癖であるのに対して、「エクリチュール」は歴史や社会に影響を受ける限定的な言葉遣いを指す。「言語」と「文体」は対象であるが、「エクリチュール」は機能であり、歴史との連帯行為である。これに照らせば、文語体を用いた「引用型成語」も「エクリチュール」の一つに数えることもできる。前節までの用例からは基本的に会話文中に埋め込まれた「パロール（発話行為）」の中に多く引かれたが、この反語形「いづくんぞ（なんぞ）〜ん（や）」の文体は援用者によって意識的に用いられた。つまり、当該成語が文化遺産のごとく「パロール」に取り込まれて人口に膾炙したのも、聞き手が漢文脈の文語体による硬質的な響きに魅力を感じたためであると思われる。さらに、その用例からは「いづくんぞ」と「なんぞ」双方が使われていたことがわかる。江戸時代の儒者伊藤東涯『操觚字訣』巻三には「安ヲイヅクンゾ、ナンゾトヨムハ、正字通云」、禅僧釈大典の『詩語解』には「安何也。二字音通シ義通ズ。比スレバレ何ニ語寛シ（*ゆるし）」とあり、「安」は「なんぞ」とも読み習わしていたことがわかる。これに伴い、当該成語における「安知」にはかつては「いづくんぞ（なんぞ）知らん（どうして知っていようか、いや知らない）」と読む反語形表現が定型の熟語として存在していた。その用例には「安知万里連雲色（安んぞ知らん万里連雲の色）」（『詩語解』）、「安知千里外　不有雨兼風（安んぞ知らん千里の外　雨と風とを兼ぬること有らざることを）」（『詩語推敲』）などがある。

昭和十一年（一九三六）に発表された太宰治『もの思ふ葦』にも以下の言い回しが見られる。

> いづくんぞ知らん。芥川はこの「つまり」を摑みたくて血まなこになつて追ひかけ追ひかけ、はては、看護婦、子守娘にさへ易々とできる毒薬自殺をしてしまつた。

このほかにも「焉んぞ知らん、敗けたと思うた人が最後の勝利者たることを」（新渡戸稲造『自警録』）、「いづくんぞ知らんその懐中に、磨ぎ澄ましたところの釘手裏剣が、数十本蔵してあらうとは」（国枝史郎『名人地獄』）など、漢文訓読を基調とした文語表現「いづくんぞ知らん」が現代小説まで脈々と受け継がれたことがわかる。

大正時代において「センテンスメソッド」を提唱した国語学者垣内松三は視読によって文の律動を聞くべきことを説きながら、「作者の思想の姿を文の形に見るのは、思想の律動を音の流れに見るのと同じく、文を同時的全一の姿に於て意識するものである。然るに言語又はこれを表現する文字は絵画や彫刻や建築のやうにそれを同時的に現前することができぬ。その表現は音楽のやうに一語より一語に一字より一字へと連るのである。書かうと思ふことを持続して継続的に表出された形である」[*6]と述べている。これを受けて国語学者西尾実も昭和四年（一九二九）に発表した『国語国文の教育』の中で、「素読」が解釈や批評の基礎たるべき全体的直観を確立させるものであり、それはまた作者生命の体感、文学的形象の直観でもあると指摘する。[*7]かくして江戸時代には盛んにおこなわれていた「素読」が国語教育の観点から改めて見直されるのだが、これも文体指導の一環として通底しているものだろう。

敗戦後の一時期必修科目から除外されていた漢文科であったが、昭和二十七年（一九五二）二月に「東洋精神文化振興に関する決議案」が国会で可決し、「国語甲」の配当時間が増えたことに伴い、必修化が果たされた。こうした動きを受けて、山井湧、頼惟勤、近藤光男、山下龍二、新開高明などの中国古典研究者によって「漢文について」というテーマで座談会の特集記事が掲載された。ここでは漢文教育の現況が語られているが、「中国語と漢文」の中で当該成語の言い回しについての次のような言及がなされている。

近藤　たとえばね、「エンジヤクイヅクンゾ……」という諺がそのまゝ耳で聞いて分かることを、現代の言語生活の中に要求してよいかどうかは問題だと思うんですよ。これを「つばめやすゞめに」とか「小鳥どもにどうして分かろうか」とかするのが棄てる方の工夫なんです。

山井　そういったことは個人の力ではどうにもならないんじゃないですか？

山下　「エンジャク……」が今も諺として残っているのはね、その音調や意味が聞く人にピッタリとしたからでしょう。保存すべきだとか保存すべきではないとか、あんまり人為的にきめようとすることには反対なんですよ。それはできないことですしね。

山井　ぼくもそう思うな。

新開　諺をいちく今の言葉にしてしまうという議論でおすと、実用語しか残らないでしょう。それでは文化的なふくらみも何もなくなってしまう。

近藤　だからさしあたり今の高等学校における国語科の中の漢文あたりで、保存する面の工夫をするのがよいとぼくは思ってるのです。*8

ここで近藤が「棄てる方の工夫」と言っているは文語体としてのコードを外すということにほかならない。引用型成語「燕雀安んぞ鴻鵠の志を知らんや」が漢文教材の役割としては文化的な側面が期待されていたことがこうした発言からも読み取れる。近年の「学習指導要領」では「伝統的な言語文化」における文語体のリズムが重視されるが、前述のように内容解釈に重点が置かれれば、煩瑣な文法事項は等閑視される傾向にあるため、学習者は現代語訳を丸暗記するといった作業に終始してしまうことが懸念される。ただし、このような文体への意識の欠如は、かえって生徒の興味関心をそぐものになりかねない。古典ではこの文体といかに関わっていくかという観点が必須であり、改めて認識しておく必要がある。特に漢文においては「訓読」への意識が不可欠となり、文語体の有用性について今後とも問われねばならない。また、文語文体を用いた漢文指導について、中国古典哲学者阿部吉雄は「言語的障壁の多い古典にとりくんで、ことばの奥底にある作者の心はこうであろうか、ああであろうかと、自分の頭で考え、自分のことばになおしてゆく、その作業こそいちばん貴いのであって、ここにこそ古典教育の最大の意味があるのだと思う」[*9]と述べており、文芸評論家前田愛も「漢籍の素読はことばのひびきとリズムとを反復復誦する操作を通じて、日常のことばとは次元を異にする精神のことば——漢語の形式を幼い魂に刻印する学習課程である」[*10]と説きながら、漢文教材を文語文体で取り扱う意義を改めて強調している。

以上の点に照らせば、引用型の故事成語は訓読調の響きにより言語との距離感をはかりながら、文体意識を味わううえで最適なものとなるだろう。伝統的な言語への関心が薄れ、日々新しい言い回しが生み出される現代だからこそ国語教育の指導者は古典文体への意識を持たせるような教科指導が必要となる。「伝統的な言語文化」を踏まえていく意義には「言語が固有する硬質性の効果への気づき」・「話し言葉と書き言葉との距離感の確認」などがある。こうした観点により原文重視の姿勢が貫かれていたはずであるが、現在においては内容理解に重点が置かれているため、文体についての配慮があまりなされてこなかった。歴史上の人物によって発せられた故事成語は人口に膾炙しながら時代の風雪に耐えた訓読由来の文体として取り扱うことでその真価を見出すことができる。訓読基調の硬質的なリズムと現代語との距離感をはかりながら学習者が文体を味わうことができれば、教員からの解説を待たずとも自身で理解することも可能である。逆に言えば授業の中で口語訳が提示されるだけで自力読解の道が開かれなければ、新しい解釈が生まれる素地もなく、かえって古典の理解が定着する見込みもないのである。古典科目は「コード（文法・規則）」をもとに「様々な読み＝コンテクスト（文脈）」に読み換える学習である。コードが硬質性を持つことで援用者は言語との距離感をはかるばかりでなく、伝統的な言語としての安定を実感することもできる。精神科医中井久夫（なかいひさお）も訓読調の韻律について次のように述べている。

> 漢文の読み下し文が近代日本語の詩と散文の起源の大きな部分であると私は思う。漢文の読み下し文はリズムからレトリックに至るまで、日本人が漢語に触発されて生んだ文体である。この、他では得られない雄勁、典雅、流麗、音吐朗々などなどの骨格に、和文体と俗語体の筋肉と皮膚とを着せたものが近代日本の散文であると思う。漢詩の訓読読みくだしがなかったならば多くの西洋詩は訳せなかったろう。雄弁的な文章も構築できなかったろう。*11

つまり、漢文訓読が有してきた硬質性は、近代以降においてもその汎用性により広く受け入れられ、その韻律が様々な分野においても大きな影響を与えてきた状況がうかがえる。当該成語は諸書の会話文において頻繁に用いられ、「いづくんぞ（なんぞ）～んや」とその文語調の体裁を借りようとした意図が垣間見えた。文体意識が顕著になった近代以降はその定型化が促進された。さらに、「パロール」と「エクリチュール」が深く結びついた一つの用例としても取り扱うことも可能である。現在、「燕雀安んぞ鴻鵠の志を知らんや」を日常会話で使用する生徒を見かけることはほとんどないが、やはり当該成語は大志を表明する若者の言葉であり、文語体のコードを身につけるうえでも最適な教材となることだろう。

五　まとめとして

本章では陳勝の「燕雀安知鴻鵠之志哉」を通して、漢文教育における訓読調の文体論について考察した。授業では文体意識を持たぬまま指導がなされる場面も見られるが、文語体を取り扱うことは、その高次にある「メタメッセージ」を学習者に読み取らせる言語活動でもある。つまり、当該成語における文語調のリズムにより、生徒一人一人が硬質性を有する訓読調を体感しながら、古典教育そもそもの目的が文体指導にあった歴史を理解することを可能とする。授業の現場において内容解釈に重点が置かれてしまえば、古典教育の意義は薄まってしまう懸念もあるため、伝統的言語文化教材としての側面を改めて見直す必要があるものと思われる。明治二十年代以降における言文一致化の動きとは反して、当時の教育現場では依然として文語文体に焦点が置かれ、公文書には「普通文」が用いられ続けた。

このように、書記言語としての機能を果たした訓読を基調とする文体の価値を再認識するとともに、素読が担ってきた役割に気づくことも重要な観点である。文章表現研究者三浦勝也は戦後教育において「文語入門」が軽視されてきた経緯を踏まえつつ、近代の「普通文」を足がかりとして同時代の文体、さらには古典の文体へと遡るべき方法が望ましいと指摘した。[*12]

藤原定家は和歌の作成について「詞は古きを慕ひ、心は新しきを求め」（『近代秀歌』）と述べているが、故事成語もまたコード化した定型句を様々な場面で引いている点では同様である。日常生活の中で「引用型成語」使用の際には常に言葉の響きが体感されるが、かつて書記言語でもあった格調高い文語体のリズムは学習者の言語感覚の涵養につながるはずである。古典教材を現代語訳ではなく、あえて原文で取り扱う意義はこうした点にあるものと思われる。令和四年（二〇二二）度から高等学校において新設された「言語文化」の実施に伴い、改めて「言葉がもつ価値」に注目が集まる形となった。こうした流れの中で当該成語を含む「引用型成語」が有する文体意識がさらに求められることだろう。

漢文教材の指導では内容理解に重点を置いた文学教育のみを目的とするものではなく、本来は訓読を基調とした文体習得を中心に据えた言語教育だったことに留意する必要がある。そもそも古典の授業において教材の口語化に徹する指導そのものが文体意識の希薄さに拍車をかけるものではなかろうか。授業内では使用教材における言語との距離感をはかりながらその内容をじっくりと吟味させることが、指導上大変有効であるものと結論づけられる。

注

1 久木幸夫「明治儒教と教育（続）――世紀転換期を中心に――」四二～四三頁。（『横浜国立大学紀要』第二十九集 一九八九年十月）

2 玉井幸助「中等教科漢文廃止の実行」（育英書院『国語教育』第三巻第十号 一九一八年十月）

3 三浦勝也「標準文体の模索」一四三頁。（『近代日本語と文語文 今なお息づく美しいことば』勉誠出版 二〇一四年六月）

4 齋藤希史「漢文脈の地平」二二八頁。（『漢文脈と近代日本』角川書店 二〇一四年五月／初出二〇〇七年二月）

5 内田樹は「エクリチュール」について「社会言語（ソシオレクト）」あるいは「集団的言語運用」などと訳している（『街場の文体論』「エクリチュールと文化資本」一二一頁。ミシマ社 二〇一二年七月）。

6 垣内松三「解釈の力」七五～七六頁。（『国語の力』不老閣書房 一九二二年五月）

7　西尾実「読む作用としての体系」八五～八六頁。（『国語国文の教育』古今書院　一九二九年十一月）
8　山井湧ほか「座談会漢文について」二八頁。（『東京支那学会報』第十四号　一九五四年三月）
9　阿部吉雄「古典教育の方向（漢文）」二五頁。（『国文学解釈と教材の研究』第六巻二号　一九六一年三月）
10　前田愛「音読から黙読へ――近代読者の成立」一四三頁。（『近代読者の成立』有精堂　一九七三年十一月）
11　中井久夫「では古典語はどうなんだろうか」一〇二頁。（『私の日本語雑記』岩波書店　二〇一〇年五月）
12　三浦勝也「文語とどのように向き合うか」（前掲3所収）

第八章

「三国志考」

――故事成語を用いた言語活動への取り組み――

一　はじめに

平成二十一年（二〇〇九）三月告示の高等学校学習指導要領により、平成二十六年（二〇一四）度からは高校二学年次以上に配当されていた「古典講読」及び「古典」が、それぞれ「古典A」、「古典B」に改編された。これにより古典への理解を深め、読み比べたうえでの話し合いや説明などの言語活動に向けた具体的な取り組みが求められることになった。「古典A」の目標が「古典としての古文と漢文、古典に関連する文章を読むことによって、我が国の伝統と文化に対する理解を深め、生涯にわたって古典に親しむ態度を育てる」、「古典B」のそれは「古典としての古文と漢文を読む能力を養うとともに、ものの見方、感じ方、考え方を広くし、古典についての理解や関心を広めることによって人生を豊かにする態度を育てる」とあり、いずれも前学習指導要領から引き続き、生涯学習を意識した古典教育が念頭に置かれている。さらに、右の改訂において注目すべきこととして、初等教育段階から「伝統的な言語文化と国語の特質に関する事項」が設けられており、平成二十三年（二〇一一）度より全面実施された小学校高学年の当該事項には、親しみやすい古文や漢文、近代以降の文語調の文章について内容の大体を知って音読すること、昔の人のものの見方や感じ方を知ることなども盛り込まれた。このように、小学校から高等学校までの一貫した古典教育の道筋がつけられたものの、この教育理念によって指導を受けた生徒が古典学習の意義を感じながら自国文化に親しむ土壌が形成されるまでにはまだ数年を要するものと予想される。

筆者の勤務校は埼玉県西部に位置する私立高校であり、生徒はほとんど大学進学を意識しているため、授業に対しては常にまじめに取り組む姿勢が備わっている。ただ、これまで調べ学習などを取り入れてこなかったことから、目的意識を持って主体的に勉強する習慣が身についておらず、知識の定着には依然として課題が残っている。つまり、授業で教わった内容にしか関心が向かず、自ら知識を獲得していく意欲的な生徒があまり育っていないことが表面化しており、古典もまた受験科目の一つとしてしか見なされてこなかった。こうした現状を踏まえて、古典鑑賞を机上の学習のみで完結させることなく、学習者が生涯にわたって向き合うことのできる魅力的な教材作りが今後の課題であり、ひいては「生涯学習」に連なる方略となるものと考えるに至った。

中国古典文学の中で最もわが国で親しまれている作品の一つに『三国志演義』がある。ゲーム、アニメ、小説、映画の題材にもしばしば用いられて若者にも固定的・熱狂的なファンがいる一方で、戦闘場面を描いた長編作品でもあることから、必ずしも若年読者層に浸透している作品であるとは言えない。限られた授業の中だけでその魅力を語り尽くすことも難しく、指導者が思い入れを持って語ったところで、なかなかその世界観は伝わりにくいものがあると推察される。勤務校でも強く関心を持つ男子生徒が一部存在する程度で、特に女子生徒にとってはあまり興味関心の対象ではなかった現状がある。

平成二十四年（二〇一二）度には言語活動の一環として『三国志（演義）』の故事成語を身近な事例に置き換えて

活用していく実践を試みた。これは生徒の日常生活の中に『三国志（演義）』との関連を持たせることで古典を現代に活かす方法をねらったものである。実践に先立って、彼らに『三国志（演義）』の知識について次のような調査をおこなった。（文系三年生クラス28名・男子13名・女子15名）

㈠初めて『三国志（演義）』の存在を知ったのはいつか？

小学校　7・中学校　14・高校　7

㈡『三国志（演義）』の内容を知っているか？

よく知っている　1・少しだけ知っている　5

ほとんど知らない　19・全く知らない　3

㈢『三国志（演義）』を知ったきっかけは何か？

ゲーム　3・小説　1・アニメ　2・映画　2・漫画　1

世界史の授業　4

㈣『三国志（演義）』で好きな場面は何か？

阿斗救出・桃園の誓い・赤壁の戦い・五丈原・空城の計

事前調査㈠、㈡により『三国志（演義）』の名称自体は聞いたことがあるものの、内容については「ほとんど知らない」という実態が浮かびあがった。調査㈢、㈣からは、作品の存在を知った契機としては小説以外にも様々なメディアにあること、印象的な場面としては「空城の計」をあげられるほど作品に精通している者がいる一方で、映画「レッドクリフ」の影響からか「赤壁の戦い」と答えた者が少々いる程度で、大半の者が無回答という結果が得られた。この調査から『三国志（演義）』という名称については、生徒にとって多少なりとも耳なじみがあるものの、必ずしも魅力的な作品には映っていない実態も垣間見られた。

二　漢文教材としての『三国志（演義）』――『史記』《項羽と劉邦》と比較して――

『三国志演義』は中国四大奇書の一つであり、史書『三国志』（西晋陳寿編）を題材に取って、東晋末期の裴松之の本文注や『世説新語』に見える逸話、さらには「説三分」と呼ばれた講談や雑劇などの要素までも盛り込みつつ、元末明初の羅貫中の手によって編次されたものであると言われる。『三国志』が文言の歴史書であるのに対し、『三国志演義』は「文白混淆体」の白話小説[*1]であってその体裁も異なっている。「三顧の礼」を以て迎えられた諸葛亮（孔明）が「天下三分の計」を説くといった作品全体を通して「三」に貫かれた美学や、物語の普遍的な構造により様々な作品（『〇〇三国志』といった名称）に応用されてきた事例からは、歴史をロマンに転化させながら人々に親しまれた経緯を有していたことがわかる。[*2]中国では古くから読書人に愛好され、日本においても江戸時代以降広く読まれた。西晋の陳寿が史書『三国志』六十五巻を編纂した時代から、三国間においてその正統が長い間議論されてきた。陳寿は、魏を「本紀」に、蜀・呉を「列伝」に配置した構成を取って魏を正統に位置づけたが、これはそのように扱わないと魏から禅譲を受けた「晋」（陳寿が仕官する）の存在理由がなくなると考えたからのことである。同様に「魏正統」を支持しているのが、北宋の司馬光の『資治通鑑』である。辺境政権であった蜀王朝の存在を認めず、魏の年号を用いていることでその立場を明確にしている。これに対して、南宋の朱熹（朱子）は『資治通鑑綱目』で漢王朝（劉姓）の流れを汲む蜀正統論を掲げた。朱子は思想家であるため、そこには歴史家とはまた別の視点があろう。この史観が明代の白話小説『三国志演義』（羅貫中編次）の世界にも受け継がれていったのである。

わが国ではすでに平安時代の藤原佐世『日本国見在書目録』に「三国志六十五巻」とその書名が見えるが、『三国志』が一般に普及されるようになったのは江戸時代のことである。寛文十年（一六七〇）に田中止邱（田犀一角）が『新刊三国志』（正史『三国志』の和刻本）を上梓し、元禄二年（一六八九）には湖南文山による『三国志演義』の日本語訳『通俗三国志』が刊行されて以来、実に三百年以上にわたってこの作品が日本人の心を強く捉えてきたことは改めて言うまでもない。江戸初期の朱子学者山崎闇斎は易姓革命を認めず、忠誠論を主張したことから、弟子の浅見絅斎もその著書『靖献遺言』で八人の忠臣を評した。特に諸葛亮（孔明）については「孔明ガ漢ヲ助ケラレタニヨツテ忠義ヂヤ、アレガ呉ニ仕ヘタリ、魏ニ仕ヘタリシテモ、忠カモシレヌガ、全体名分ノ違ヒデ、役ニ立タヌ（講義）」と評している。さらに、絅斎は『箚録』でこの正統論にも言及し、『資治通鑑綱目』を踏まえつつ、後世の立場から朱子の判断で蜀正統論を唱えたことを是認している。異姓の王朝が林立している中で、当世の人には的確な判断を下すことなどはできず、後世の歴史観でもって正統を見極めるしかないという結論に達している。こうした様々な読みを引き出すことにより『三国志（演義）』なるテキストが作品そのものに魅力と活力を与えることに成功している。十九世紀になると、寄席や講釈などを通じて『三国志』作品が庶民にまで広く親しまれてきたことは次の噺本などからもうかがえる。

・夕部、横町のこうしやくを聞にいつたが、ごふてきに面白かつた。何の講釈だ。アノ三国志といふ唐人の軍よ。からには、ごふてきにつよひやつがあるの。ムヽ、夫ハ関羽か張飛だらう。いんにや、そんなものじやァねェ。むしやうに出てはたらくやつよ。そんなら趙雲か。いんにや、それでもねへ。ヲ、それ〳〵、アノたんへいきう。

（『笑嘉登』享和元年〈一八〇一〉）

・さけハ三国志よさだめし、から（＊辛〈唐〉）口だろう。さしてそふでもなかつた。して、どこが三国志だ。

それがめうだ。はじめから、かんを（＊燗を〈関羽〉）てうし（＊銚子〈張飛〉）でした。
（『正月もの』文化三年〈一八〇六〉）

・本の事だが孔明提灯を持て、楠草履をなほせといふのだよ。ヲヤ孔明といへバ台箱の上に通俗三国志。コレ〳〵噂をいへバ影がさすとハ爰の事だ。ハヽア平仮字付に写したのだ。今でハ真片カナの本も写本になほすからいゝ。斯すると女にも読るシ、おいらにもおちかづきの字になつていゝ。
（『浮世床』二篇下　文化九年〈一八一二〉）

雑俳集『誹風柳多留』にも「三国志手紙ハ読まず仕舞也」（四十七篇　文化六年〈一八〇九〉）、「三国志たんぺいきうハ強い人」（五十五篇　文化八年〈一八一一〉）などと詠まれている。『南総里見八犬伝』第百六十一回（天保十年〈一八三九〉）には登場人物が『三国志演義』の内容をめぐって談義が繰り広げられる場面がある。少し長い箇所になるが、以下に引用したい。

登桐山八良于ハ、小文吾に向ひていふやう、「在下近属、軍書の講を聞候ひしに、元人羅貫中が三国志演義に載たりと云。那魏公曹操が、呉の孫権を、攻伐まく欲りしける。赤壁の闘戦以前に、呉の都督周瑜が胸狭くて、劉玄徳の軍師なりける、諸葛孔明の才を忌む故に、猛可に数万の箭を求めて、其箭、約束の日を違へず、速に作り出さずハ、罪をもて斬らんといひしを、孔明輒く諾なひて、敢困じし面色せず、藁偶人を多く作りて、そを数十箇の艦に建て、野干玉の夜の深し時候に、敵の守る城ある所の、江辺に漕よせて、鼓を鳴らし鬨の声を挙げ、俄然として攻蒐るべき、勢ひを示せしかバ、城の士卒等驚き譟ぎて、箭を射出すこと、風に横吹く、驟雨よりも繁かりければ、其藁人を立ツ処、幾万幾千条なるを知らず。既にして孔明ハ、思ひの随に敵の箭を得て、軈て艦を漕返させしに、其箭数万ありけるを、則周瑜に与へしかバ、周瑜ハ其智に我を折て、いよ〳〵

娼く思ひきといへり。こは是演義の趣なり。爾るに犬川主ハ、この義を説かで、唐の張巡が手段に倣ふ、と宣ひしハ、こゝろ得かたかり。願ふハ誨え給ひね」と問ふを小文吾うち聞て、「否、我は只武を宗とするのミ。文字は犬塚・犬川に、及ぶべくもあらざれバ、いまだ其義を考得ず。犬川序次にうち出して、人の疑ひを解ずや」といへバ荘介微笑て、「然也。羅貫中が三国志演義の一書ハ、虚と実と相半して、作り設けし事も少からず。譬バ、目今登桐のいへりし、孔明が敵を計りて、数万の箭を拿る事ハ、素より陳寿が三国志にも、又宋の司馬光の通鑑にもなし。因て唐書を按するに、こは唐の張巡の故事を、羅貫が撮合したる也…」

この場面では登桐良于が『三国志演義』の講釈の疑問点を八犬士の犬田小文吾と犬川荘介に尋ねている。返答に窮した小文吾の代わりに、荘介が微笑みながら解説を加えている。赤壁以前に諸葛孔明が呉の都督周瑜の命令で多くの箭を集めた逸話（「草船借箭の計」）は、正史『三国志』にも『資治通鑑』にも記載されておらず、『唐書』にある安禄山の乱に際して張巡が箭を集めた故事をもとに羅貫中が『三国志演義』に書き加えたものだった。ここで荘介が「羅貫中が一書は、虚と実と相半して、作り設けし事も少からず」と述べた点こそ『三国志演義』の魅力であると考えられる。清の学者章学誠もまた「惟三国演義則七分実事三分虚構以致観者往往為所惑乱（惟だ三国演義則ち七分の実事三分の虚構にして以て観る者をして往往にして惑乱せしむる所と為るに致す）」（『丙辰札記』）と批評したが、この虚実織りなす「七実三虚」の世界観が『三国志演義』の読者を魅惑したと語っている。これは近松門左衛門の「虚実皮膜論」（『難波土産』発端）にも通底するものだが、結果的に『三国志演義』は多くの後続作品を生み出した。
以下に江戸時代と昭和期に刊行された「三国志」の名称を持った作品を掲げる。

【江戸時代】

自謙斎『本朝三国志』（宝永五年〈一七〇八〉）、草肥堂『誹諧三国志』（宝永六年〈一七〇九〉）、都の錦『近士武道三国志』（正徳二年〈一七一二〉）、近松門左衛門『本朝三国志』（享保四年〈一七一九〉）、音同舎『浄瑠璃三国志』（宝暦五年〈一七五五〉）、都賀庭鐘『呉服文服時代三国志』（安永十年〈一七八一〉）、桂宗信『画本三国志』（天明八年〈一七八八〉）、市川三升『風俗女三国志』（文政七〈一八二四〉）、墨川亭雪麿『傾城三国志』（文政十三〈一八三〇〉）、花笠文京『役者風俗三国志』（天保二年〈一八三一〉）、池田東籬『絵本通俗三国志』（天保六年〈一八三五〉）、十返舎一九『三国志画伝』（年代不詳）、千代丘草庵主人『讃極史』（年代不詳）

【昭和期】

吉川英治『江戸三国志』（昭和二年〈一九二七〉）、村上元三『次郎長三国志』（昭和二十八年〈一九五三〉）、秀ノ山勝一『相撲三国志』（昭和三十二年〈一九五七〉）、秋永芳郎『阿波三国志』（昭和三十九年〈一九六四〉）、平岩弓枝『かまくら三国志』（昭和四十九年〈一九七二〉）、大和球士『プロ野球三国志』（昭和四十八年〈一九七三〉）、柴田錬三郎『徳川三国志』（昭和五十一年〈一九七六〉）

つまり、いかに多くの作品がその趣向を『三国志』の世界観に求めていたかは一目瞭然である。また、この作品を典拠とする「故事成語」も数多く存在し、戦いの最中にも時折垣間見える人間愛なども魅力の一つである。これだけ読者を惹きつける潜在的な要素を持った作品であるにもかかわらず、筆者の勤務校の生徒には実際に作品を通読した者は少なかった。

　同種の戦乱期を扱った教材に、『史記』「項羽本紀」に典拠を持つ「漢楚興亡の故事《項羽と劉邦》」がある。始皇帝崩御の後、楚の覇王項籍（羽）と漢王劉邦が天下をめぐって争う物語には、力に誇る項羽が人望ある劉邦によって徐々に勢力を削ぎ落とされて滅亡に至るまでの経緯が詳細に描かれている。この物語については明代に『西漢通俗演義』という書名で小説化がなされ、わが国でも『通俗三国志』に遅れること数年、元禄八年（一六九五）には

『通俗漢楚軍談』の名で翻訳本が出版された。歴史書に取材しながら通俗小説まで普及し、本邦訳が三百年前から愛読されてきた点において『三国志（演義）』との類似点があげられる。この単元については、項羽の人物像に迫った授業実践がすでにいくつも報告されている。*3《鴻門の会》に見える項羽側の攻勢と《四面楚歌（項王の最期）》における滅亡の覚悟までの起伏は、この二つの単元を比較して読むことで容易に理解することができる。特に《四面楚歌》において、天運から見放されたことを潔く悟り、死に場所を求めて滅びた項羽の姿には、ある種の美学が貫かれており、その生き様を効果的に読者に伝えるような工夫が施されている。

『史記』《項羽と劉邦》教材の主題の明瞭さに比べると、『三国志（演義）』は各教科書で採録する箇所は異なっており、どの場面を取りあげるべきか見解が分かれるようだ。教科書中の《項羽と劉邦》が《鴻門の会》と《四面楚歌（項王の最期）》を二本柱としていること*4と比較しても、『三国志（演義）』の魅力的場面は多岐にわたるため、それだけ当該教材の定番化が難しいという側面を持っていることを意味する。本稿を発表した平成二十七年（二〇一五）当時に使用されていた「国語総合」、「古典A」、「古典B」教科書において、文語体漢文『三国志』の主要人物の故事を取材したものは左記の通りである。テキストの執筆者、もしくは話題の中心に置かれた人物などを項目別で分類をおこなった。（会社名は略称、数字は採録した教科書数）

【魏・曹操】

○《前有大梅林》（『世説新語』）　三省①
○《左右莫敢近者》（『世説新語』）　三省②
○《魏武捉刀》（『世説新語』）　東書①
○《人欲危己己輒心動》（『世説新語』）　教出①

○《乱世之姦雄》（『十八史略』） 三省②

【魏・曹操の息子達】

○（曹丕）《論文（文以気為主）》（『文選』） 筑摩②

○（曹植）《令七歩中作詩》（『世説新語』） 明治①

○（曹沖）《曹沖称象》（『三国志』） 教出②

【蜀・劉備・関羽・張飛】

○（劉備）《髀肉皆消》（『十八史略』） 三省② 明治①

○（劉備）《竭股肱之力（劉備の死・白帝城遺言）》（『十八史略』） 大修② 東書② 明治①

○（関羽）《削骨療毒》・（張飛）《拠水断橋》（『三国志』） 教出②

【蜀・諸葛亮（孔明）】

○《水魚之交（天下三分之計・三往乃見・孔明臥龍）》（『十八史略』・『三国志』・『蒙求』）
三省③ 桐原② 教出② 第一② 明治② 右文② 大修① 東書①

○《出師之表》（『十八史略』） 東書① 明治①

○《七縦七禽》（『十八史略』） 東書①

○《死諸葛走生仲達》（『十八史略』） 教出② 第一② 筑摩② 三省① 大修① 東書① 明治①

【魏・呉の家臣】

○魏（華歆・王朗）《華・王之優劣》（『世説新語』） 東書①

○魏（楊修）《蓋頭上題合字》（『世説新語』） 三省①

○呉（呂蒙）《（当）刮目相待》（『十八史略』）三省①　筑摩①

【赤壁の戦い】

《赤壁之戦（進遇於赤壁）》（『十八史略』）　明治④　桐原②　三省②　教出①　第一①

【影響作品（『三国志演義』も含む）】

○（盛唐・杜甫）《蜀相》教出①

○（北宋・蘇軾）《（前）赤壁賦》（『古文真宝後集』）　教出①　三省①　数研①　右文①

○（南宋・陸游）《入蜀記》第一①

○（元末明初・羅貫中）《張飛大鬧長坂橋》、《諸葛亮以智算華容関雲長義釈曹操》（『三国志演義』）　第一①

○（清・趙翼）《赤壁》右文①

○（日本・土井晩翠）《星落秋風五丈原》教出①

いずれの教科書会社も競って漢文作品の中に『三国志』の要素を取り入れていることがわかる。中には、《三国志の世界》という独自の項目を設けているものまで見られた（教出、三省、明治、第一）。また、『三国志演義』の本文を載せて、白話語彙には適宜「口語」の注を設けている教科書まで作られている（第一学習社「古典B」）。文語文を扱うことを目的とする漢文教材において「文白混淆体」の『三国志演義』を採録しているのは本来の趣旨に合致しているとは思われないが、これも生徒の苦手とする漢文の中から少しでも興味を惹きそうな「三国志人気」にあやかろうとした工夫のようにも見られる。

『三国志（演義）』教材として多く採録されている単元には《水魚之交》、《赤壁之戦》、《死諸葛走生仲達》などがあげられる。それぞれの教材の特徴について以下に確認したい。《水魚之交》は、劉備と諸葛亮（孔明）との結びつきが強調されている美談として名高い。この中では、孔明の「天下三分」の先見性が物語の展開に大きな役割を果たしているものの、関羽、張飛といった古参の家臣に不信感を抱かせてまで、なぜ「水魚の交わり」に至らねばならなかったのかは詳細には語られてはおらず、初読の者を理解させるにはやや難しいものがある。《赤壁之戦》は三国鼎立が確立する重要な戦いで、呉の孫権軍の火計が魏の曹操軍を打ち破った次第が記されている。結末箇所で曹操は、あっさり降伏した劉琮よりも自分を完膚なきまでに打ち負かした孫権を高く評価したが、劉琮についての知識を持ち合わせない生徒にとって、この発言の意図は摑みかねるものがあろう。ともすれば、もともと『三国志（演義）』への関心が強い生徒のみへの内輪受け的な喚起にとどまってしまう恐れがある。さらに、《死諸葛走生仲達》に至っては、死後においても強い存在感を残した孔明像を読み取らせることをねらって採録したものであろうが、果たしてこれが教材としてふさわしいのかは疑問が残る。持久戦を画策した司馬仲達を挑発するために孔明が婦人用の「巾幗婦人之服」を送り、挑発に乗らない仲達を婦女子と見なして嘲る場面がある。説明過程でこの蔑視的表現は避けられないため、孔明の偉大さにも水を差す懸念がある。ただでさえ関心の薄い女子生徒にとっては、一層親しみにくい印象を与えるだけの教材となってしまうことも予想される。

　結果的に漢文教材の『三国志（演義）』は、既存の知識を有する一部の生徒には歓迎されるのかもしれないが、単元として授業で扱ったからといって大半の生徒には伝わりにくい作品であるものと推察された。「日本でも愛読されてきた有名な小説であり、学習者も話のあらすじは知っていると思われるので、興味を持って漢文学習に取り組めると考えた」（第一学習社「古典B教科用指導書」《三国志の世界》）「単元のねらい」は、実態とは大きくかけ離れているものと思われた。ここに、現代の高校生の意識と教科書編集委員との間のミスマッチが浮き彫りとなる。

三　『三国志（演義）』の言語活動に向けた取り組み

平成二十六年（二〇一四）度は、高等学校において「国語総合」・「古典A」・「古典B」の教科書が使用されることになり、「伝統的な言語文化と国語の特質に関する事項」も明記され、これとともに「言語活動」のさらなる充実が求められるようになった。『三国志（演義）』の世界を言語的観点から見直すと、たくさんの故事成語に溢れていることに気づかされる。単元教材として本文そのものを扱うのではなく、言語活動的な側面から捉えると、この作品を有効活用することが可能になるものと思われた。英文学者外山滋比古はすでに一九六〇年代に「近代読者論」を提唱し、対話としての読みという観点から、テキストから離れた自由な解釈が可能になるとした。*5 近年では日本古典文学者竹村信治が、興味関心を超えて真に古典に親しむためには「根源的な問い」をめぐる古典テキストとの対話が是非とも必要であると説いている。*6

すでに語られた文字をなぞるだけのものであっては、古典は現代に生きる新しい力を持たずにその役目を終えてしまう。読者側からの対話こそ、これからのあるべき方法ではないだろうか。「故事成語」も原初のテキストから離れて、読み手側によって新たに解釈された言葉である。「矛盾」はそもそも古代の聖天子「堯」と「舜」を併称することができない事実を寓話にしたものであり、「狐借虎威」も楚の宣王の力を笠に着た「昭奚恤」なる人物の存在を当てこすったものだったが、どちらも当初指し示された対象を離れ、成語の援用者が立場によってその都度対象を読み換えてきたことで、普遍的な意味を持った「格言」として定着してきたはずである。

『三国志演義』が大作であることは改めて言うまでもない。しかしながら、これを教材として取り扱ったところで、限られた授業時間の中ではその魅力を語ることは難しいものと思われる。そこで、「故事成語」の観点から、平成二十四年（二〇一二）度には、受験生でもあった筆者の担当クラス「3年C組」をもじり、『三国志演義』由来の故事成語を用いたクラスの年間目標及び月間目標を定めた。[*7] 故事成語の説明に加えて、文語調のリズムに親しませるべく原文の一節のみを与え、朝のHR時に音読を繰り返した。さらに、年間の活動計画として打ち立て、学級日誌の月間予定表の欄には月間目標を必ず書き入れさせることにした。主要行事や学習課題などに関連づけながら組み込んで提示することで、一つ一つの故事成語が、人生における教訓として生徒の身近に迫るものと考えた。歴史書『三国志』と白話小説『三国志演義』はジャンルを異にする別個の作品ではあるが、一般に『三国志演義』を指して『三国志』と略称している事例に鑑み、厳密に区分する必要のある場合を除き、『三国志（演義）』の名称を用いた。ただし、今回の故事成語を用いる実践に当たっては、文言の『三国志』ではなく、あえて白話の『三国志演義』に着目した。本来ならば、古典漢文である『三国志』を用いるべきなのであろうが、それでは従来の漢文学習と変わらないし、実践後に作品に関心を持った生徒に向けて、「魏書」・「蜀書」・「呉書」の国別に編纂された紀伝体の『三国志』を紹介するのはやはり無理があると判断した。それに対して、『三国志演義』は日本語訳も数多く出版されており、章回小説でもあることから、登場人物の性格や心情を押さえながら、ストーリーとして受容することが可能であり、生徒が個人的に読書を希望する場合にも道筋を示しやすい。この点に関しては、漢文史伝教材の定番《項羽と劉邦》が、その典拠である『史記』「項羽本紀」のみを辿（たど）っていけば、話の大筋が把握できるのとは明らかに事情が異なっている。月間目標とその解釈は左記の通りである。（章回）は『三国志演義（一二〇回本）』の該当箇所である。原文には人民文学出版社版『三国演義』（一九九二年五月）を用いた。

年度当初　伏龍鳳雛（第三十五回）

「伏龍・鳳雛、両人得一、可安天下（伏龍・鳳雛、両人のうち一を得れば、天下を安んずべし）」

水鏡先生（司馬徽）が諸葛亮（孔明）を「伏龍（水中に伏した龍）」、龐統を「鳳雛（鳳凰の雛）」と評したことから、時を得ていないため、世に知られない有能な人物を指す。これを生徒になぞらえることで、飛躍を目指して大志を抱くべきことを唱えて冒頭を飾った。

四月　桃園の誓い（第一回）

「不求同年同月同日生、只願同年同月同日死（同年同月同日に生まるるを求めず、只だ同年同月同日に死せんと願ふのみ）」

物語の序盤において劉備・関羽・張飛の三人が桃園にて義兄弟の契りを結び、生死をともにすることを誓った故事。「死せんと願ふ」という箇所はともすれば生徒に不吉な印象を与えかねない。ここでは特に「必死」な気持ちで第一志望校に向けて初志を貫く気持ちを表明するように伝えた。

五月　泣いて馬謖を斬る（第九十六回）

「孔明揮涙斬馬謖（孔明涙を揮ひて馬謖を斬る）」（表題より）

諸葛孔明が軍令を違反した愛臣馬謖を厳しく処分した故事から、ゲームやスマホなどの学習を阻害する様々な誘惑を断ち切り、大学受験には毅然とした態度が必要であることに触れた。

六月　黄天当に立つべし・黄巾の乱（第一回）

「蒼天已死、黄天当立（蒼天已に死し、黄天当に立つべし）」

張角率いる黄巾賊が一様に黄色い布を身につけたことから、体育祭のクラスゼッケンをまとって「覇（優勝）」を目指し、一所懸命に競技種目で奮戦する様子に見立てて学級を鼓舞したものである。

七月　三顧の礼（第三十七回）

「三顧臣於草廬之中、諮臣以当世之事（三たび臣を草廬の中に顧み、臣に諮るに当世の事を以てす）」（「出師之表」より）

「三顧の礼」とは、劉備が礼を尽くして孔明を招聘した大変有名な故事であるが、これを生徒各自の大学入試の過去問題に置き換えた。繰り返して過去問を解く作業は自己の弱点を知ることであり、『孫子』「謀攻編第三」の「彼（敵）を知り己を知れば百戦殆うからず」の格言も合わせて紹介した。

八月　髀肉の嘆（第三十四回）

「往常身不離鞍、髀肉皆散。今久不騎、髀裏肉生（往常身鞍を離れず、髀肉皆散ず。今久しく騎せずして、髀裏に肉生ず）」

「髀肉の嘆」とは戦場において力を発揮する場がないことを嘆いた劉備の故事であるが、これを踏まえて模試の結果が芳しくない状況においてもくじけずに前進すべきことを強調した。

九月　水魚の交わり（第三十九回）

「吾得孔明、猶魚之得水也（吾の孔明を得るは、猶ほ魚の水を得るがごときなり）」

高校三学年次の文化祭は級友との団結力が求められる最後の学校行事となる。終生の友を念頭に置きながら、劉備と孔明の強い結びつきを表す「水魚の交わり」を掲げた。合わせて「刎頸の交わり」、「管鮑の交わり」、「知音」などの類義語にも言及し、漢文には友情を意味する故事成語が数多くあることにも触れた。

十月　鶏肋（第七十二回）

「鶏肋者、食之無肉、棄之有味（鶏肋は、之を食らふも肉無く、之を棄つるも味有り）」

「鶏肋」とは鶏のあばら骨を意味する。大して役には立たないが、捨てるには惜しいもののたとえであり、これを生徒の学習課題に見立てた。まだ復習する余地がある問題は保管し、しっかりと吟味するように促した。

十一月　千里独行（第二十七回）

「不忘故主、来去明白、真丈夫也（故主を忘れず、来去明白なるは、真の丈夫なり）」

徐州で劉備と別れた関羽が単騎で主君のもとに向かった故事から、人生においては時には孤独に立ち向かう精神的な強さが必要であることを語ったところ、孤独に忠義を全うしようとする関羽の姿には共感を覚える者も多くいた。

十二月　呉下の阿蒙に非ず[*8]

「士別三日、即当刮目相待（士別れて三日すれば、即ち当に刮目して相待つべし）」

見違えるような変貌を遂げた呉の名将呂蒙への賛。自己変革に心掛けていけば、短期間でも飛躍的に成長する可能性について語った。「阿蒙」とは「蒙坊や」の意。

一月　赤壁の戦い（第四十九回）

「欲破曹公、宜用火攻。万事倶備、只欠東風（曹公を破らんと欲せば、宜しく火攻を用ふべし。万事倶に備はり、只だ東風を欠くのみ）」

『三国志演義』の赤壁の戦いの場面では、諸葛孔明が火計の効果をねらって東南の風に変え、蜀・呉連合軍を勝利に導いた話が記されており、自己に有利な風向きに変えるためには何ができるのか生徒に考えさせた。

二月　出師の表（第九十一回）

「今天下三分、益州罷弊。此誠危急存亡之秋也（今天下三分して、益州罷弊す。此れ誠に危急存亡の秋なり）」

「出師の表」とは、諸葛孔明の北伐への決意を述べた上奏文のことである。大事に取り組む際には、強い気持ちを表明しなければならないこともある。ジュリアス＝シーザーの名ゼリフ「サイは投げられた」にも通じており、自己の「存亡」を賭けて奮迅する時節の到来と重なったようであった。

三月　出師の表（同前）

「臣不勝受恩感激。今当遠離、臨表涕泣、不知所云（臣恩を受くるの感激に勝へず。今遠く離るるに当たり、表に臨み涕泣して云ふ所を知らず）」

同じく「出師の表」の一節。この中には先君劉備に対する孔明の感謝の言葉が溢れている。卒業という節目に際して世話になった人へのお礼の気持ちに読み換えて締めくくりとした。

今回の実践では、『三国志演義』を取りあげたが、類義の故事成語にも言及することができた。言葉が言葉を引き出す波及効果などが言語習得のうえでは必要であることを実感し、授業ではその魅力を十分には語りきれない長編大作ほどこのような指導法が有効であると改めて確信した。この原文フレーズを音読する作業について生徒は、中学時代に暗唱した『徒然草』や『平家物語』といった古典作品の冒頭箇所の課題などを思い起こしていた。このクラス目標のもと、音読を通して身近な行事と結びつけられたことで、彼らは『三国志（演義）』の故事成語に親しみを覚えていたようであった。また、生徒をランダムに「魏・蜀・呉」の三つの班に分割し、それぞれにチーム目標を掲げさせたところ、次のようなものが完成した。

○魏チーム「魏り魏りまであきらめない」
○蜀チーム「才蜀兼備」
○呉チーム「受験に向かって呉ー呉ー呉ー」

チームへの帰属意識を持たせつつ、互いに切磋琢磨させることをねらったものであるが、生徒は興味を示しながらも「（最近の）アイドルグループみたいだ」とも話していた。

四　『三国志（演義）』を用いた韻文指導

平成二十四年（二〇一二）度当時、愛知県豊田市主催「高校生付け句コンクール」というイベントがあり、毎年勤務校でも参加し、多くの生徒作品を投稿していた。筆者の担当クラスでもこれにならって韻文指導の一環として毎年クラス杯「付け句コンクール」を実施した。「付け句」とは、「前句（お題・七七）」に合った「句（五七五）」を付けるもので、連句の一部に当たる。外部からの評価を受けず、詠み手も撰者も生徒自身であるため、創作にも当然熱が入るうえ、寸評することで鑑賞の目も培われる。この年のお題は『三国志（演義）』に絡めて、「諸葛孔明我に知を貸せ（七七）」で、天才軍師孔明に相談したい事柄について「五七五」の句を作らせた。後日、一人五票の持ち点で投票を実施した。上位作品と寸評は下記の通りである。

一位三色

「残り5分　マークのズレに　気がついた」13

（評 さすがの諸葛孔明もどうにもできない……私は気づけなかったー）

二位まいける

「周りから　無茶振りかなり　困りますだ」11（評 ファイト！　キャラ解禁！）

三位ショカツ

「マーク模試　勘に従い　3選ぶ」10

（評 私もマークでわからない時はいつも3を選んでいるので。一緒一緒～♪）

この言語活動は生徒同士が互いに創作と鑑賞を兼務する言語活動である。これに「諸葛孔明」を組み込むことで、彼の知謀の士としてのイメージを生徒に与えることができた。

次に漢詩鑑賞について紹介したい。漢詩は生徒にとって苦手とする分野であり、これになじませるにはどうすべきか検討を重ねてきた。『三国志演義』には曹操の「短歌行」（第四十八回）や曹植の「七歩詩」（第七十九回）といった登場人物による漢詩朗唱の場面があるが、この物語をテーマにした後世の詩人の作品については、中国古典文学者松浦友久『詩歌三国志』（新潮社　平成十年〈一九九八〉）や八木章好『「三国志」漢詩紀行』（集英社　平成二十一年〈二〇〇九〉）などにも紹介されている。こうした『三国志（演義）』の一連の流れからも、「漢詩」を取りあげることは適切であると考えた。この中でも晩唐の杜牧の「赤壁」はロマンに溢れている。

折戟沈沙鉄未銷　　折戟沙に沈んで　鉄未だ銷けず
自将磨洗認前朝　　自ら磨洗を将て　前朝を認む
東風不与周郎便　　東風周郎の与に　便せずんば
銅雀春深鎖二喬　　銅雀春深うして　二喬を鎖さん

たまたま拾った折れた戟が三国時代のものであることに感慨を覚え、東風が呉の都督周瑜のために利益をもたらさなかったならば、魏の曹操が建てた銅雀台には呉の美女二喬が連れ去られて幽閉されていたことだろうといった内容である。映画「レッドクリフ」の世界を思い浮かべながら感銘を深くする生徒も見られた。さらに、年間の取り組みをもとに筆者が十二月に創作した七言絶句を左のような形で生徒に提示した。（「〇」は「平声」、「●」は「仄声」、「◎」は「韻字」を表す。なお、転句二字目の「嘆」は平仄両用字。）

狭丘（受験）三国志　　通文亨

○ [●] ● [○] ○ [●] ◎
三タビ顧(かへり)ミ二典(てん)墳(ぶん)ヲ一更(か)ヘ二順風ニ一
何度も過去問を繙(ひもと)いて有利な風向きに変え、

○ [○] ● [●] ● [○] ◎
桃園ニ立テレ志ヲ競(きそ)フ二雌雄ヲ一
年初に志望大学を決めて、優劣を競い合う。

○ [○] ● [●] ○ [○] [●]
雖(いへど)モレ嘆クト二髀(ひ)肉(にく)ヲ一非(あら)ズレ無キニレ策
成果が出なくても、手だてが無いわけではない。

● [●] ● [○] ○ [●] ◎
願ハクハ有ランコトヲ二伏(ふく)龍(りょう)ノ扶(ふ)翼(よく)ノ功一
いつかは孔明のように国を補佐する功績を願っている。

【押韻】上平声一東（風・雄・功）

【注】「典墳」……古書のこと。ここでは特に大学入試の過去問を指す。

右の詩では「三顧」、「桃園」、「髀肉」、「伏龍」などの『三国志演義』由来の故事成語を詠み込みながら、複雑な配列を持つ「平仄」という漢詩の規則にも説明を施した。

❶二四不同・二六対（各句の二字目と四字目は「平仄」が逆で、二字目と六字目は同じとなること）

❷反法・粘法（各句の二・四・六字目における「平仄」は、起句と承句とは逆（＝「反法」）に、承句と転句とは同じ（＝「粘

法」）、転句と結句では逆（＝「反法」）となること）

❸下三連の禁（各句の五〜七字目は「平」と「仄」が混合でなければならず、どちらか一方に偏ってはならないこと）

❹孤平の禁（各句の四字目は単独で「平」であってはならず、三字目か五字目と複合の「平」（○○）とすること）

❺押韻（各句末において同じ韻目の字を用いること。例えば、同じ「アイ」と読む字であっても「哀〈○灰〉」と「愛〈●隊〉」では平仄・韻目ともに異なる。また、転句は必ず押韻しない）

『三国志演義』の故事成語は朝のHRで何度も触れてきているので、目で追いながらある程度詩意を理解したうえで鑑賞していた生徒もいた。漢詩という文学が現代の日本人の手で創作できる事実を知った生徒はわずかながらも興味を覚えた様子だった。

五　まとめとして

年度末の卒業時期に『三国志（演義）』由来の故事成語と行事を関連づけた今回の実践を振り返り、生徒の感想を再度調査した。

㈠年間の取り組みを通して「三国志（演義）」に興味を持ったか？
　大変関心を持った3・関心を持った18・変わらない7

㈡今年の「年間の計」で興味を持った故事を挙げよ。（3つまで）
（九月）水魚の交わり16

《クラス文集表紙》表面

裏面

（四月）桃園の誓い・（一月）赤壁の戦い　9
（六月）黄天当に立つべし（黄巾の乱）・（二・三月）出師の表　8
（七月）三顧の礼　6

㊂今年度の『三国志』の実践について感じたことを自由に述べよ。
・いつかは読みたい名作であると感じた。
・改めて日本人の「三国志」人気が高いことを知った。
・人物図などがあればさらに理解が深まったのではないか。

事後調査㊀からは、一年間の取り組みの結果で多少なりとも関心を持った者が過半数を占めることになった。また、調査㊁の結果において、文化祭における「水魚の交わり」を実感している者をはじめ、体育祭（六月）や、大学入試や卒業式（二、三月）などの主要行事と関連づけられた故事成語に高い人気が集まる形となった。このような取り組みによって調査㊂のような回答が寄せられ、多少なりとも『三国志（演義）』の世界が彼らの中に宿ったものと感じている。「大学受験」という特殊状況において、生徒もまたある意味で戦闘的な強靱さを持たなければならない。こうした中で、人間愛溢れながらも、時として毅然とした態度を示す『三国志（演義）』の故事を踏まえた実践を通して、一つ一つの故事成語が高校生にとって身近になることが確認された。

学習指導要領における「言語活動」に向けた取り組みの一環として、さらには「生涯学習」の観点から、まとまった古典教材を身近な事柄に読み換えて故事成語とともに受容することをねらった今回の実践により、古典を現代に生かす一つの道筋が見えたと結論づけられる。今回は指導者が提案した故事成語と行事の結びつきの実践例であり、ともすればやや強引な印象を与えたものもあったかもしれないが、一定の効果が得られたこともまた否定できない。

「読者論」の立場から『三国志（演義）』の「故事成語」に迫ることで、この教材が学習者にとってはより魅力的に映る可能性が浮かびあがった。

『三国志（演義）』という文学作品は、そのロマンゆえに脈々と後世まで読み継がれてきた歴史があったばかりでなく、その名称や世界観も様々な作品に転化されながら人口に膾炙してきた経緯を有している。勤務校の生徒にとっては、内容についての具体的な知識は持ち合わせないものの、表題（タイトル）には耳なじみのある作品とする調査結果が得られたのもこうした言語文化によるところが大きいものと考えられる。大半の高等学校においても状況はさほど変わらないのではないだろうか。故事成語に富み、多彩な人物が登場して人々を魅了してきた『三国志（演義）』は、授業において単元教材として部分的に与えられるよりは、自力で読み進めた方が深く味わうのに適していることは疑いようもない。こうした意味においては、そもそも生涯学習的な要素を持っている作品であるとは言えまいか。教材として断片的に取り扱ったところで、その興味は限定的なものにとどまることが懸念される。作品の要所を原文で鑑賞させながら、日常の事柄に読み換えることで、故事成語への意識が薄れかけた高校生が古典教材を身近に捉える契機となり、さらには故事そのものへの関心を深めていく態度まで見受けられた。古典作品の魅力は授業のみで完結されるべきものではなく、学習者一人一人に自己課題として向き合わせる方がより効果的な指導になる場合もある。当該生徒の中には、実際に卒業後に改めて『三国志演義』を読んだと報告する者まで現れた。今後は古典文学作品をどのような観点から導入していけば有効であるのか問い続けられることになるだろう。このような生徒各自にとっての「生涯学習」につながるような古典のあり方についてさらに検討を重ねたい。

注

1 金文京は『三国志演義』について文言を主とし、いくばくか口語体を混ぜた「文白混淆体」という名称を用いている（『三国志演義の世界』五三頁。東方書店　一九九三年十月）

2 金文京「物語は「三」からはじまる」（前掲1『三国志演義の世界』所収）

3 『史記』を歴史書という狭い枠から脱しつつ、「歴史認識」や「人間理解」を授業の場における生徒への問いかけ（糟谷一「史記の授業――歴史の実景に触れた読解――」（田辺洵一『たのしくわかる高校国語Ⅰ・Ⅱの授業3〈古典〉』あゆみ出版一九九〇年十月）、『史記』の「人間描写」・「情景描写」に着目し、会話を多用している事例を生徒達に体験させる指導法（森野繁夫「『史記』の教材研究」〈『漢文の教材研究――史伝篇〈二〉』渓水社　一九九八年五月〉）、「鴻門之会」の劇場的性格に着目した授業（山元隆春「確かな学力の育成――国語基本教材の授業アプローチの方法『史記』（司馬遷）の場合――」〈『広島大学学部・附属学校共同研究機構研究紀要』第三十九号　二〇一一年三月〉）など、『史記』の記述を踏まえながら、登場人物の心情を把握させるような工夫がなされている。

4 西田将は《項羽と劉邦》教材の採録状況について調査している（「『史記』「項羽と劉邦」の国語科授業での扱われ方――先行実践の分析をもとに――」二二九～二三一頁。『尾道市立大学日本文学論叢』第九号　二〇一三年十二月）

5 外山滋比古「作者と読者の対話」（『外山滋比古著作集〈2〉近代読者論』みすず書房　二〇〇二年五月／初出『近代読者論』垂水書房　一九六四年三月）

6 竹村信治「附論　古典教室へA文学教育のレッスン」五七五頁。（『言述論――for説話集論』笠間書院　二〇〇三年五月）

7 当該クラスでは、この年間目標（年間の計）を『受験3極C（三国志）点加算分（天下三分）の計』とした。

8 『三国志演義』には該当章回が所収されていないため、『十八史略』巻三「東漢」から引用した。

あとがき

高校時代、週一回のＬＨＲの時間には『論語』の授業があった。「朋有り遠方より来たる亦た楽しからずや」・「過ぎたるは猶ほ及ばざるがごとし」・「己の欲せざる所、人に施すこと勿かれ」などをノートに書き写しながらワンフレーズずつ声に出し、身近な事柄を例示しながら覚えていった。これらの格言には納得させられるところも多かったが、先人の言葉として教養程度に受容したのみで、とりたてて深い感銘を覚えることもなかった。当時の授業では漢文教材を取り扱うことは少なかったように記憶しているが、受験科目として自身で漢文句法をおさめつつ、個人的には陳舜臣の『十八史略』・『中国詩人伝』・『中国任侠伝』や蔡志忠の『マンガ孔子の思想』・『マンガ荘子の思想』などを通して、次第に漢文教材の魅力にとりつかれていった。

大学時代は近世（江戸）文学を専攻し、卒論ではどの作品を取り扱うか検討を続けた。西鶴も秋成も芭蕉も近松も馬琴も先行研究の分量が膨大なうえ、研究テーマも多岐にわたっていたため、食指が動くことはなかった。あれこれ文献を繙くうちに結果的に都賀庭鐘の『英草紙』に突き当たった。この作品は読本の嚆矢であり、中国白話小説の翻案作として後世への影響力も大きい。作品中には「三諫思想」・「知音」・「荘子の妻」・「三国志平話」などの要素がふんだんに盛り込まれ、随所に漢文関連知識が求められる体裁になっている。私の中で漢文学への渇望がいかに大きかったのか改めて知った次第である。

教職に就いてからは、生徒にとって古典教材は必ずしも歓迎されるものではないことを痛切に感じ取った。学習者からの「何のために古典を学ぶのか」という真摯なまなざしには誠実に向き合うようにつとめ続けた。彼らにとっての古典科目はあくまでも大学入試までの暫定的な付き合いであるということに過ぎない。高校生にとっての英語、数学が（指導者がその必要性を説かずとも学習者自身が学習意義を感じる）いわゆる「ホーム」科目であるならば、古典は疑いなく「アウェー」科目に該当するだろう。生徒にとって「アウェー」科目だからこそ、安易に学習者に迎合するのではなく、「ホーム」科目以上に核心に迫った授業が求められるのではないか、それでこそ生涯学習への道も拓かれるのではないかとの考えに至った。結果的に古典学習の効果的な指導方法とはいかなるものかが私にとって重要な課題となり、様々な実践に取り組んできた。漢文教育研究に専念するうちに漢文が中国由来の古典作品であることを理由に疎んじられてきた状況が浮き彫りとなったが、その教育的意義は内容面からも文体面からも古文教材と同等以上であり、生徒に資する部分が大きいものと実感している。

令和に入ってからは新型コロナウイルス感染拡大によりグループワークなどの言語活動にも自粛が要請される事態となり、その後は教材そのものに目を向けることとなった。本書にも触れているように故事成語は必須事項であるにもかかわらず、本格的な教材研究がほとんどなされていない実態も浮かびあがった。中国文学研究者にとって故事成語は漢文のイロハに当たるものであり、わが国における受容状況などは重要視されてこなかったためか、実質的な研究対象とは見なされず、現行の教科書や指導書もこれに倣（なら）ってただ前例を踏襲している体裁が見受けられた。こうした思い込みこそ漢文教育研究の課題である。実践報告である第八章を除き、本書はそのほとんどが令和以降に発表したもので構成されている。わが国における故事成語の受容状況を理解していただき、読者諸賢が様々な知見を得られることを切望する。本書の刊行は三重大学教授吉丸雄哉氏のお声掛けにより実現に至った。詳細においては文学通信の岡田圭介氏、西内友美氏に大変お世話になった。この場を借りて改めてお礼を申しあげる。

参考文献一覧

《辞書類》

» 池田四郎次郎編『故事熟語辞典』　宝文館　一九〇六
» 簡野道明編『故事成語大事典』　明治書院　一九〇七
» 山崎弓束編『漢和故事成語海』　集文館　一九一〇
» 藤井乙男編『諺語大辞典』　有朋堂　一九一〇
» 松村武雄編『故事成語漢和大辞林』　春洋社　一九二四
» 太田為三郎編『日本随筆索引』　岩波書店　一九六三
» 太田為三郎編『続日本随筆索引』　岩波書店　一九六三
» 物集高見編『群書索引』　名著普及会　一九七七
» 松葉軒東井編・宗政五十緒校『たとへづくし——譬喩尽——』　同朋舎　一九七九
» 吉川幸次郎編『漢語文典叢書』　汲古書院　一九七九～一九八〇
» 劉洁修編『漢語成語考釈詞典』　商務印書館　一九八五
» 羅竹風主編『漢語大詞典』　上海辞書出版社　一九八六
» ことわざ研究会編『俚諺資料集成』　大空社　一九八六
» 加藤定彦編『日本書誌学大系59　俚諺大成』　青裳堂書店　一九八九
» 諸橋轍次監修『大漢和辞典修訂第二版』　一九八九～一九九〇
» 『節用集大系』　大空社　一九九三～一九九五
» 北原保雄ほか編『日本国語大辞典第二版』　小学館　二〇〇〇～二〇〇二
» ことわざ研究会編『ことわざ資料叢書』　クレス出版　二〇〇二～二〇一三
» 趙応鋒主編『漢語典故大詞典』　上海辞書出版社　二〇〇七
» 山内洋一郎編著『本邦類書玉函秘抄・明文抄・管蠡抄の研究』　汲古書院　二〇一二
» 趙克勤ほか編『新華成語大詞典』　商務印書館　二〇一三
» 源為憲著・濱田寛編『世俗諺文全注釈』　新典社　二〇一五

《テキスト》

» 竹内照夫『新釈漢文大系12　韓非子下』　明治書院　一九六四
» 阿部吉雄『新釈漢文大系7　老子・荘子上』　明治書院　一九六六
» 林秀一『新釈漢文大系20　十八史略上』　明治書院　一九七二
» 吉田賢抗『新釈漢文大系38　史記（一）本紀』　明治書院　一九七三
» 吉田賢抗『新釈漢文大系85　史記（五）世家上』　明治書院　一九七七
» 吉田賢抗『新釈漢文大系86　史記（六）世家中』　明治書院　一九七九
» 吉田賢抗『新釈漢文大系87　史記（七）世家下』　明治書院　一九八二
» 水沢利忠『新釈漢文大系90　史記（十）列伝三』　明治書院　一九九六
» 林秀一『新釈漢文大系47　戦国策上』　明治書院　一九七七
» 林秀一『新釈漢文大系48　戦国策中』　明治書院　一九八一
» 林秀一『新釈漢文大系49　戦国策下』　明治書院　一九八八

» 楠山春樹『新釈漢文大系62　淮南子下』明治書院　一九八八
» 竹田晃『新釈漢文大系93　文選（文章篇）下』明治書院　二〇〇一
» 塚本哲三『漢文叢書　十八史略全』有朋堂　一九一九
» 塚本哲三『漢文叢書　説苑』有朋堂　一九二〇
» 塚本哲三『漢文叢書　戦国策全』有朋堂　一九二五
» 塚本哲三『漢文叢書　晏子春秋・新序』有朋堂　一九二五
» 金谷治『荘子【第一冊】内篇』岩波書店　一九七一
» 金谷治『韓非子【第三冊】』岩波書店　一九九四
» 谷中信一『新編漢文選 思想・歴史シリーズ晏子春秋上』明治書院　二〇〇〇
» 趙曄著・佐藤武俊訳注『東洋文庫873　呉越春秋』平凡社　二〇一六

《故事成語概論》

» 大西祝『大西博士全集第七巻　論文及歌集』警醒社　一九〇五
» 藤井乙男『俗諺論』富山房　一九〇六
» 後藤基巳・駒田信二・常石茂『中国故事物語』河出書房新社　一九六〇
» 奥野信太郎『Kawade　Paperbacks56　中国名言集』河出書房新社　一九六三
» 奥野信太郎『中国故事物語』河出書房　一九六七
» 駒田信二『中国の故事名言』ベストセラーズ　一九七二
» 飯塚朗『中国故事』角川書店　一九七四
» 藤堂明保『中国名言集』朝日新聞社　一九七四
» 大石智良『故事と成語』さ・え・ら書房　一九七八
» 陳舜臣『弥縫録　中国名言集』読売新聞社　一九八〇
» 村松暎『中国故事つれづれ草』あずさ書房　一九八二
» 陳浦清『中国古代寓言史』湖南教育出版社　一九八三
» 藤堂明保『中国の歴史と故事』旺文社　一九八五
» 合山究『故事成語』講談社　一九九一
» 北村孝一・時田昌瑞編『ことわざ研究資料集成第二十二巻論文』大空社　一九九四
» 中野清『成語故事』ディーエイチシー　一九九六
» 井波律子『中国名言集　一日一言』岩波書店　二〇〇八
» 多久弘一『故事成語で中国史を読む』筑摩書房　二〇〇八
» 陳力衛『日本の諺・中国の諺——両国の文化の違いを知る——』明治書院　二〇〇八
» 草森紳一『古人に学ぶ中国名言集』河出書房新社　二〇一〇
» 湯浅邦弘『故事成語の誕生と変容』角川書店　二〇一〇
» 松本肇『故事成語の知恵』日本経済新聞社　二〇一一
» 北村孝一編『故事俗信ことわざ大辞典第二版』小学館　二〇一二
» 小林祥次郎『日本語のなかの中国故事』勉誠出版　二〇一七
» 阿部幸信『中国史で読み解く故事成語』山川出版社　二〇二一

《国語学・国語教育関連》

» 島村抱月『新美辞学』東京専門学校出版部　一九〇二
» 西尾実『国語国文の教育』古今書院　一九二九
» 橋本進吉『橋本進吉博士著作集第一冊　国語学概論』岩波書店　一九四六

» 橋本進吉『橋本進吉博士著作集第三冊　文字及假名遣の研究』岩波書店　一九四九
» 時枝誠記『国語教育の方法改稿版』有精堂　一九六三
» 山本正秀『近代文体発生の史的研究』岩波書店　一九六五
» 前田愛『近代読者の成立』有精堂　一九七三
» 垣内松三『国語の力・国語の力（再稿）（国語教育名著選集）』明治図書出版　一九七七
» 丸谷才一『日本語のために』新潮社　一九七八
» 増淵恒吉編『国語教育史資料第五巻　教育課程史』東京法令出版　一九八一
» ワロン著・浜田寿美男訳『身体・自我・社会子どもの受けとる世界と子どもの働きかける世界』ミネルヴァ書房　一九八三
» 丸谷才一『桜もさよならも日本語』新潮社　一九八六
» 金田一京助『金田一京助全集巻四　国語学Ⅲ』三省堂　一九九二
» 佐伯胖『「学ぶ」ということの意味』岩波書店　一九九五
» 高島俊男『お言葉ですが…㊂せがれの凋落』文藝春秋　一九九九
» 外山滋比古『外山滋比古著作集〈2〉近代読者論』みすず書房　二〇〇二
» 福田恆存『私の國語教室』文藝春秋　二〇〇二
» 竹村信治『言述論――for 説話集論』笠間書院　二〇〇三
» 土屋道雄『國語問題論争史』玉川大学出版部　二〇〇五
» 山口謡司『日本語の奇跡〈アイウエオ〉と〈いろは〉の誕生』新潮社　二〇〇七
» 中井久夫『私の日本語雑記』岩波書店　二〇一〇
» イ・ヨンスク『「国語」という思想――近代日本の言語認識』岩波書店　二〇一二
» 川島幸希『国語教科書の闇』新潮社　二〇一三
» 三浦勝也『近代日本語と文語文　今なお息づく美しいことば』勉誠出版　二〇一四
» 河野順子『小学校国語科「批評読みとその交流」の授業づくり』明治図書　二〇一七
» 井上次夫ほか編『次世代に伝えたい新しい古典「令和」の言語文化の享受と継承に向けて』武蔵野書院　二〇二〇
» 野地潤家『国語教育学史研究』渓水社　二〇二一
» 文部省『高等学校学習指導要領解説国語編』好学社　一九六一
» 文部科学省『高等学校学習指導要領解説国語編』教育出版　二〇一〇
» 文部科学省『高等学校学習指導要領（平成30年告示）解説国語編』東洋館出版社
» 東京書籍・三省堂・大修館書店・数研出版・明治書院・筑摩書房・第一学習社・桐原書店・教育出版・右文書院・文英堂・光村図書「国語教科書」及び「教科用指導書　漢文編」

《漢文学・漢文教育関係》
» 松下大三郎『標準漢文法』紀元社　一九二七
» 山田孝雄『漢文の訓読によりて伝へられたる語法』宝文館　一九三五
» 倉石武四郎『支那語教育の理論と実際』岩波書店　一九四一
» 塚本哲三『漢文考え方解釈法』有朋堂　一九五二

≫藤井信雄『高等学校国語教育実践講座 第五（漢文の指導と実践）』學燈社　一九六二
≫鎌田正『漢文教育の理論と指導』大修館書店　一九七二
≫山田慶児『混沌の海へ　中国的思考の構造』筑摩書房　一九七五
≫鈴木修次『漢語と日本人』みすず書房　一九七八
≫広田二郎『蕉門と『荘子』』有精堂出版　一九七九
≫呂思勉・童書業編『古史弁第七冊下篇　唐虞夏史考』上海古籍出版社　一九八二
≫加地伸行『中国論理学史研究——経学の基礎的研究』研文出版　一九八三
≫青木正児『青木正児著作集第二巻　支那文藝論叢・支那文学藝術考』春秋社　一九八四
≫江連隆『漢文教育の理論と実践』大修館書店　一九八四
≫長沢規矩也『長沢規矩也著作集第八巻　地誌研究 漢文教育』汲古書院　一九八四
≫長谷川滋成『漢文教育序説』第一学習社　一九八四
≫李瀚撰・岡白駒箋注『箋註蒙求校本』中文出版社　一九八四
≫駒田信二『「論語」その裏おもて』旺文社　一九八五
≫野口武彦『王道と革命の間　日本思想と孟子問題』筑摩書房　一九八六
≫神田秀夫『荘子の蘇生——今なぜ荘子か——』明治書院　一九八八
≫荒木見悟『中国思想史の諸相』中国書店　一九八九
≫前田利鎌『臨済荘子』岩波書店　一九九〇
≫金文京『三国志演義の世界』東方書店　一九九三
≫楊寛『戦国史　一九九七増訂版』台湾商務印書館　一九九七
≫大野出『日本の近世と老荘思想——林羅山の思想をめぐって』ぺりかん社　一九九七
≫伊佐千尋『邯鄲の夢　中国——詩と歴史の旅』文藝春秋　一九九八
≫森野繁夫『漢文の教材研究——史伝篇〈二〉』渓水社　一九九八
≫松浦友久『詩歌三国志』新潮社　一九九八
≫三浦叶『明治の漢学』汲古書院　一九九八
≫高島俊男『漱石の夏やすみ　房総紀行「木屑録」』朔北社　二〇〇〇
≫向井哲夫『淮南子と諸子百家思想』朋友書店　二〇〇二
≫松浦友久『松浦友久著作選Ⅰ中国詩文の言語学——対句・声調・教学』二〇〇三
≫斯波六郎『六朝文学への思索』創文社　二〇〇四
≫田部井文雄編『漢文教育の諸相——研究と教育の視座から』大修館書店　二〇〇五
≫鷲野正明『はじめての漢詩創作』白帝社　二〇〇五
≫山田尚子『中国故事受容論考 古代中世日本における継承と展開』勉誠出版　二〇〇九
≫八木章好『「三国志」漢詩紀行』集英社　二〇〇九
≫石毛慎一『日本近代漢文教育の系譜』湘南社　二〇〇九
≫静永健『漢籍伝来——白楽天の詩歌と日本——』勉誠出版　二〇一〇
≫斎藤希史『漢文脈と近代日本』角川書店　二〇一四
≫中村春作『思想史のなかの日本語　訓読・翻訳・国語』勉誠

出版　二〇一七
»増子和男『日中怪異譚研究』汲古書院　二〇二〇
»程国興『日本における〈呉越説話〉の展開』汲古書院　二〇二二

《そのほか》
»湯川秀樹『本の中の世界』岩波書店　一九六三
»笹淵友一編『物語と小説——平安朝から近代まで』明治書院　一九八四
»北村四郎『北村四郎選集Ⅱ　本草の植物』保育社　一九八五
»荒井秀夫『日本』第二十巻　ゆまに書房　一九八九
»徳田武『日本近世小説と中国小説』青裳堂書店　一九八七
»寺島良安『和漢三才図会』東京美術　一九九五
»岩堀修一・門屋一臣『カンキツ総論』養賢堂　一九九九
»岡真理『シリーズ 思考のフロンティア記憶／物語』岩波書店　二〇〇〇
»柳田聖山・椎名宏雄編『禅学典籍叢刊第十一巻江湖風月集』臨川書店　二〇〇〇
»カール・R・ポパー著・森博訳『果てしなき探求（上）カール・R・ポパー』岩波書店　二〇〇四
»山本史華『無私と人称　二人称生成の倫理へ』東北大学出版会　二〇〇六
»ロラン・バルト著・石川美子訳『零度のエクリチュール』みすず書房　二〇〇八
»水門の会『水門　言葉と歴史21』勉誠出版　二〇〇九
»内田樹『街場の文体論』ミシマ社　二〇一二
»古田徹也『いつもの言葉を哲学する』朝日新聞出版社　二〇二一

《叢書・雑誌類》
»『群書類従』・『続群書類従』・『続続群書類従』・『叢書江戸文庫』国書刊行会
»『日本古典文学大系』・『新日本古典文学大系』・『大田南畝全集』・『契沖全集』岩波書店
»『日本古典文学全集』・『新編日本古典文学全集』小学館
»『日本随筆大成』・『国史大系』吉川弘文館／『山田統著作集』明治書院
»『和刻本類書集成』・『和刻本正史』・『蒙求古註集成』・『八文字屋本全集』汲古書院
»『吉川幸次郎全集』・『ちくま学芸文庫』・『本居宣長全集』筑摩書房
»『日本名著全集』日本名著全集刊行会／『東洋文庫』・『中国古典文学大系』平凡社
»『桑原武夫全集』朝日新聞社／『中村幸彦著述集』・『上田秋成全集』中央公論社／『噺本大系』・『仮名草子集成』東京堂出版／『誹風柳多留全集』三省堂
»『講談社学術文庫』講談社／『古典文庫』古典文庫／『岩波文庫』岩波書店
»『国語教育』育英書院／『あじあ遊学』勉誠出版／『文章世界』博文館
»『日本中国学会報』日本中国学会／『斯文』斯文会／『漢文教室』大修館書店

初出一覧

» 序　章「故事成語」の教材観——漢文の魅力を伝えるために——
（本書　書きおろし）

» 第一章「矛盾考」——漢文教材における反証的観点に照らして——
（解釈学会『解釈六十六号　通巻七一四集』二〇二〇年六月）

» 第二章「臥薪嘗胆考」——「引用型成語」と「摘要型成語」の観点に照らして——
（早稲田大学国語教育学会『早稲田大学国語教育研究』第四十二集二〇二二年三月）

» 第三章「江南橘考」——本草学と言語学の観点に照らして——
（解釈学会『解釈六十八巻　通巻七二六集』二〇二二年六月）

» 第四章「先従隗始考」——「引用型成語」における人称的観点に照らして——
（解釈学会『解釈六十五巻　通巻七〇八集』二〇一九年六月）

» 第五章「狐借虎威考」——「摘要型成語」における成立背景の観点に照らして——
（解釈学会『解釈六十七巻　通巻七二〇集』二〇二一年六月）

» 第六章「塞翁馬考」——「摘要型成語」における比較読みの観点に照らして——
（早稲田大学国語教育学会『早稲田大学国語教育研究』第四十三集二〇二三年三月）

» 第七章「燕雀鴻鵠考」——「引用型成語」における文体指導の観点に照らして——
（数研出版『国語通信つれづれ』第四十一号　二〇二二年五月）

» 第八章「三国志考」——故事成語を用いた言語活動への取り組み——
（『早稲田大学大学院教育学研究科紀要別冊』第二十七号二〇二〇年三月）
（解釈学会『解釈六十一巻　通巻六八四集』二〇一五年六月）
（数研出版『国語通信つれづれ』第二十八号　二〇一五年九月）

わ

や

ら

ま

た

か

書名索引

わ

ま

な

た

さ

【凡例】

本書に記載される書名及び人名を索引として付した（ただし、引用箇所、脚注は除く）。人名については歴史上の著名人から現代の教育関係者・文学研究者に至るまで一覧の形で収めている。なお、読み方の不明瞭なものについては通例に従った形で補読した。書名については歴史的資料価値のあるのものは教材・雑誌を含めて収録しているが、現代の学習指導要領、教科書教材、研究雑誌、辞書類等については除いた。

人名索引

著者

樋口敦士（ひぐち・あつし）

1973年千葉県出身。狭山ヶ丘高等学校教諭。専門は漢文教育。早稲田大学大学院教育学研究科博士後期課程単位取得済退学。学生時代は近世（江戸）文学を専攻していたが、教職に就いてからは国語教育に照らした漢文教育の研究につとめる。これまで多くの教材や問題集の執筆にも携わる一方で、勤務校では有志の生徒に漢詩創作指導にも取り組む。伊藤園おーいお茶新俳句大賞ユニーク賞や諸橋轍次博士記念全国漢詩大会秀作賞受賞。共著には『あらすじで読む日本の古典』（中経出版・新人物往来社）、『古典「漢文」の教材研究』（学文社）などがある。

故事成語教材考

2023（令和5）年8月28日　第1版第1刷発行

ISBN978-4-86766-015-7　C0095　

発行所　株式会社 **文学通信**

〒114-0001　東京都北区東十条1-18-1 東十条ビル1-101

電話 03-5939-9027　Fax 03-5939-9094

メール info@bungaku-report.com ウェブ https://bungaku-report.com

発行人　岡田圭介

印刷・製本　モリモト印刷

ご意見・ご感想はこちらからも送れます。上記のQRコードを読み取ってください。